AF193124

... **Títulos relacionados**

IFCT0310. ADMINISTRACIÓN DE BASES DE DATOS

[DISPONIBLE CERTIFICADO COMPLETO]

Solicítalos en
- Librería
- www.paraninfo.es
- Solicitudes nacionales +34 914 463 350
- Solicitudes fuera de España +34 913 308 907
  +34 913 308 919

Lenguajes de definición y modificación de datos SQL
UF1472

José Manuel Piñeiro Gómez

© 2025 Ediciones Paraninfo, S. A.
© 2025 José Manuel Piñeiro Gómez

Maquetación: Diseño & Control Gráfico

Impresión: Liberdigital (Casarrubuelos, Madrid)
ISBN: 978-84-283-6395-2
Depósito legal: M-24619-2025

Impreso en España

Cualquier forma de reproducción, distribución, comunicación pública o transformación de esta obra solo puede ser realizada con la autorización de sus titulares, salvo excepción prevista por la ley. Diríjase a CEDRO (Centro Español de Derechos Reprográficos, www.cedro.org <http://www.cedro.org>) si necesita fotocopiar o escanear algún fragmento de esta obra.

José Manuel Piñeiro Gómez es ingeniero en Informática por la Universidad de Deusto y máster oficial en la Sociedad de la Información y el Conocimiento por la Universitat Oberta de Catalunya. Desde el año 2000, es profesor de Enseñanza Secundaria por la especialidad de Informática, impartiendo docencia en ciclos formativos de FP. También ha trabajado como profesor asociado en la Universidad Pública de Navarra y en la Universidad de Burgos, y como profesor colaborador en la Universitat Oberta de Cataluyna. Trabaja como profesor-tutor en el centro asociado de la UNED en Pamplona. Tiene varias publicaciones en el mercado relacionadas con aspectos didácticos de la Informática, las bases de datos y el desarrollo de *software*.

Índice

Introducción normativa

La Ley Orgánica 3/2022, de 31 de marzo, de ordenación e integración de la Formación Profesional, contiene una disposición derogatoria única que afecta a la regulación de los certificados de profesionalidad, ahora denominados **Certificados Profesionales.** La referida normativa deroga la Ley Orgánica 5/2002, de 19 de junio, de las Cualificaciones y de la Formación Profesional, y abre un escenario de cambios que se irá implementando progresivamente.

La Ley Orgánica 3/2022, de 31 de marzo, de ordenación e integración de la Formación Profesional implica que toda la formación es acumulable. La oferta formativa se estructura de forma escalonada, siendo los Certificados Profesionales un nivel intermedio (Grado C) de una escala que va desde el Grado A hasta el E.

En los artículos 35 a 38 de la Ley 3/2022 se describe en qué consisten estos Certificados Profesionales: su oferta, formación asociada, estructura, duración, acceso, titulación y validez. Posteriormente, esta normativa se completa con lo dispuesto en el Real Decreto 659/2023, de 18 de julio, que desarrolla la ordenación del sistema de Formación Profesional. Concretamente en los artículos 67 a 81 es donde se hace referencia a la oferta formativa de Grado C, correspondiente a los Certificados Profesionales.

Están agrupados en 26 familias profesionales con características comunes del sector. En la actualidad hay más de medio millar de Certificados Profesionales incluidos en el Repertorio Nacional. Esta cifra no deja de crecer. Además, cada certificado está específicamente regulado por un real decreto.

Un Certificado Profesional corresponde al Grado C de la oferta del Sistema de Formación Profesional. Es un documento oficial, con validez en todo el territorio nacional y debe constar en el Catálogo Nacional de Ofertas de Formación Profesional, que certifica la capacitación para el desarrollo de una actividad profesional.

Debe detallar los módulos profesionales superados y los estándares de competencia profesional asociados a él e incluidos en el **Catálogo Nacional de Estándares de Competencias Profesionales**, así como su correspondencia con el Marco Español de Cualificaciones.

Despliegan su validez en un doble ámbito, laboral y académico:

- En el contexto laboral tienen validez profesional, porque acreditan las competencias en una determinada profesión. Para poder trabajar en algunas profesiones, se exigen determinadas cualificaciones, y los certificados sirven para acreditarlas.

- Asimismo, tienen validez académica, puesto que permiten continuar un itinerario formativo siempre que se cumplan los requisitos de acceso para cursar la titulación deseada. De tal modo que, los Certificados Profesionales que sean parte de un Grado D permitirán la matrícula modular para completar los módulos establecidos en el currículo y obtener el correspondiente título de técnico básico, técnico o técnico superior con validez en todo el territorio nacional.

Para obtener un Certificado Profesional (Grado C) es preciso cumplir con los requisitos de acceso para realizar la formación.

Estructura de los Certificados Profesionales

I. Identificación: denominación, familia y área profesional a la que pertenecen; nivel de cualificación profesional (1, 2 o 3); cualificación profesional de referencia; entorno profesional y módulos formativos que esté previsto cursar junto con la duración de cada uno de ellos.

II. Perfil profesional: incluye las competencias profesionales requeridas en el mercado laboral. En todas ellas se concretan las realizaciones profesionales y los criterios de realización.

III. Formación: describe los módulos formativos que esté previsto cursar para adquirir las competencias requeridas. En cada uno de ellos se indican las capacidades que se pretenden alcanzar y la duración del módulo de prácticas no laborales —PNL—, para el que cabe solicitar exención si se cumplen determinados requisitos.

IV. Prescripciones de las personas formadoras.

V. Requisitos mínimos de espacios, instalaciones y equipamiento.

Los Certificados Profesionales se identifican con una denominación concreta y un código alfanumérico propio, y sirven para acreditar una determinada cualificación profesional. Cada certificado está asociado a una relación de unidades de competencia que, a su vez, se vinculan con una serie de módulos formativos específicos. Algunos módulos están integrados por unidades formativas y tanto unos como otras son, en ocasiones, transversales, lo que significa que se trata de contenidos incluidos en más de un Certificado Profesional.

Los Certificados Profesionales se articulan en tres niveles de competencia profesional (1, 2 y 3) conforme a lo dispuesto en el que será el Catálogo Nacional de Estándares de Competencias Profesionales, anteriormente Catálogo Nacional de Cualificaciones Profesionales (CNCP), según los criterios establecidos de conocimientos, iniciativa, autonomía y complejidad de las tareas, en cada una de las ofertas de Formación Profesional.

La oferta formativa dirigida a la obtención de los Certificados Profesionales tiene carácter modular para favorecer la acreditación parcial acumulable de la formación recibida y posibilitar así el avance en el itinerario de Formación Profesional para cualquiera que sea la situación laboral de cada persona en cada momento.

En definitiva, el Grado C constituye la oferta, parcial y acumulable, del sistema de Formación Profesional, de varios módulos profesionales del catálogo modular de Formación Profesional por razón de su significado en el mercado laboral y conducente a la obtención de un Certificado Profesional.

Las ofertas de Grado C de Formación Profesional tendrán por objeto módulos profesionales incluidos previamente en el catálogo modular de formación profesional y asociados al Catálogo Nacional de Estándares de Competencias Profesionales.

Finalidad de los Certificados Profesionales

- Contribuir a la ordenación de un Sistema de Formación Profesional al servicio de un régimen de formación y acompañamiento profesionales que sea capaz de responder con flexibilidad a los intereses, expectativas y aspiraciones de cualificación profesional de las personas a lo largo de su vida.

- Combinar escuela y empresa situando a la persona en el centro del sistema.

- Facilitar el aprendizaje permanente de toda la ciudadanía mediante una formación abierta, flexible y accesible, estructurada de forma modular, a través de la oferta formativa asociada al certificado.

- Acreditar las cualificaciones profesionales o las unidades de competencia recogidas en estas, independientemente de su vía de adquisición, bien sea a través de la vía formativa, o mediante la experiencia laboral o vías no formales de formación.

- Favorecer, tanto en el ámbito nacional como europeo, la transparencia del mercado de trabajo.

- Contribuir a la calidad de la oferta de Formación Profesional.

Este libro

El presente libro desarrolla la Unidad Formativa denominada *Lenguajes de defi-nición y modificación de datos SQL,* UF1472.

Dicha unidad formativa está asociada a la Unidad de Competencia UC0225_3, forma parte del Módulo Formativo MF0225_3 *Gestión de bases de datos,* perte-neciente a la Cualificación Profesional de referencia IFCT0310, de nivel 3, inclui-da en el Certificado Profesional denominado *Administración de bases de datos,* dentro de la familia profesional Informática y comunicaciones.

Según el Real Decreto 1531/2011, de 31 de octubre modificado por el RD 628/2013, de 2 de agosto, los contenidos que en esta obra se recogen se corresponden con una duración de 60 horas.

Tanto la estructura como el desarrollo del libro se ajustan al citado real decreto y más concretamente a los contenidos de la Unidad Formativa que le da título *Lenguajes de definición y modificación de datos SQL,* UF1472.

Contenidos

1. **Análisis de los objetos y estructuras de almacenamiento de la información para diferentes SGBD**

   - Relación de estos elementos con tablas, vistas e índices.

   - Consecuencias prácticas de seleccionar los diferentes objetos de almacenamientos.

   - Diferentes métodos de fragmentación de la información en especial para bases de datos distribuidas.

2. **Lenguajes de definición, manipulación y control**

   - Conceptos básicos, nociones y estándares.

   - Lenguaje de definición de datos (DDL SQL) y aplicación en SGBD actuales.

   - Discriminación de los elementos existentes en el estándar SQL-92 de otros elementos existentes en bases de datos comerciales.

   - Sentencias de creación: CREATE:

     − Bases de datos.

     − Tablas.

     − Vistas.

- Disparadores o *triggers*.
- Procedimientos.

- Sentencias de modificación: ALTER:
  - Bases de datos.
  - Tablas.
  - Vistas.
  - Disparadores o *triggers*.
  - Procedimientos.

- Sentencias de borrado: DROP, TRUNCATE:
  - Bases de datos.
  - Tablas.
  - Vistas.
  - Disparadores o *triggers*.
  - Procedimientos.

- Lenguaje de manipulación de datos (DML SQL).
- Consultas de datos: SELECT.
- Inserción de datos: INSERT.
- Modificación de datos: UPDATE.
- Eliminación de datos: DELETE.
- Otros elementos de manipulación de datos:
  - DO.
  - REPLACE.
  - Otros elementos.

- Agregación de conjuntos de datos para consulta: JOIN, UNION.
- Subconsultas.
- Manipulación del diccionario de datos.
- Nociones sobre el almacenamiento de objetos en las bases de datos relacionales.
- Nociones sobre almacenamiento y recuperación de XML en las bases de datos relacionales:
  - Introducción del estándar SQL-2006.

3. Transaccionalidad y concurrencia

- Conceptos fundamentales.
- Identificación de los problemas de la concurrencia.
- Actualizaciones perdidas.
- Lecturas no repetibles.
- Lecturas ficticias.
- Nociones sobre control de la concurrencia:
- Optimista.
- Pesimista.
- Conocimiento de las propiedades fundamentales de las transacciones.
- ACID:
- Atomicidad.
- Consistencia.
- Aislamiento (*Isolation*).
- Durabilidad.
- Análisis de los niveles de aislamiento:
- Lectura confirmada.
- Lectura repetible.
- Serializable.
  - Desarrollo de un supuesto práctico en el que se ponga de manifiesto la relación y las implicaciones entre el modelo lógico de acceso y definición de datos y el modelo físico de almacenamiento de los datos.

■ Nota del Editor

En Ediciones Paraninfo estamos comprometidos con la calidad de la formación e intentamos que nuestros materiales respondan fielmente y con rigor a las necesidades de todos cuantos confían en nuestro sello editorial.

Tratamos de dar respuesta a los currículos de las unidades formativas y de los módulos que integran los distintos Certificados Profesionales, equilibrando la parte teórica con la práctica para que los procesos de aprendizaje se conviertan en experiencias gratificantes, tanto para docentes como para las personas inmersas en los procesos formativos.

Nuestros objetivos son contribuir de forma decisiva a afianzar aprendizajes, ayudar a adquirir destrezas que tengan significado para el empleo y conseguir potenciar el desarrollo personal.

Para lograrlo contamos con excelentes autores, expertos en las materias que abordan, en la mayoría de los casos docentes de dichas especialidades con dilatada experiencia tanto profesional como académica, porque buscamos perfiles familiarizados con los contextos laborales concretos a los que se refieren nuestros manuales.

Confiamos en poder serte de ayuda y esperamos tus impresiones acerca de nuestro trabajo. Sean positivas o negativas, serán muy bien recibidas y, sin duda, nos ayudarán a seguir mejorando y trabajando con ilusión para continuar siendo un referente en formación para el empleo.

Agradecemos tu confianza en nuestros manuales. Todo nuestro equipo queda a tu total disposición. Puedes contactar con nosotros en esta dirección de correo electrónico:

info@paraninfo.es

1. Análisis de los objetos y estructuras de almacenamiento de la información para diferentes SGBD

Contenido

En este tema se va a realizar un análisis de las estructuras de almacenamiento de la información en dos sistemas gestores de bases de datos (SGBD) ampliamente empleados, como son MySQL y PostgreSQL. En primer lugar, se recordarán los conceptos de tabla, vista e índice y se establecerá la relación entre los objetos de almacenamiento de la información en los SGBD y estos conceptos. Más tarde, se verá de qué manera puede afectar la elección de las diferentes estructuras de almacenamiento. Para finalizar el tema, se estudiarán diferentes técnicas de fragmentación de los datos, aplicables especialmente al caso de las bases de datos distribuidas.

1.1. Relación de esos elementos con tablas, vistas e índices

En una base de datos relacional los datos se almacenan en relaciones y una relación se puede representar por medio de una tabla.

Toda relación tiene un nombre y consta de un conjunto de filas y columnas. Las columnas se corresponden con los atributos de la relación o propiedades de la misma. Por su parte, las filas se llaman también tuplas y cada tupla contiene una serie de valores para cada uno de los atributos de la relación.

El número de columnas de una relación se llama grado y su número de filas, cardinalidad.

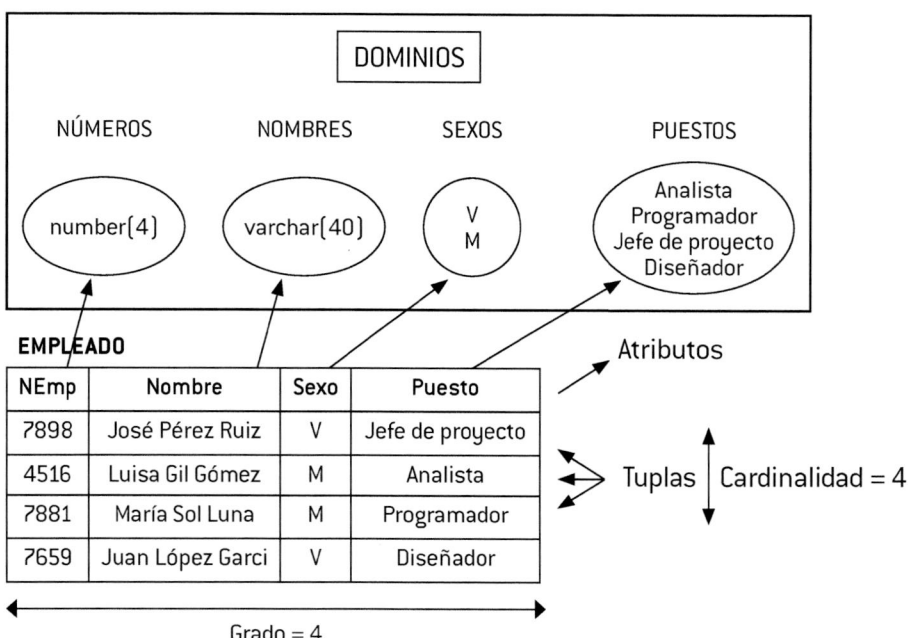

Figura 1.1. Ejemplo de relación.

La cabecera de una relación es la parte estática de la misma, es decir, aquella que se ve modificada muy de vez en cuando, y consta de un conjunto de atributos con sus dominios subyacentes. Un dominio es el conjunto de valores permitidos para un atributo. Por ejemplo, el dominio para el atributo *Sexo* se puede llamar *Sexos* e incluye solo dos posibles valores: V (que hace referencia a varón) y M (que hace referencia a mujer). El dominio para el atributo *Nombre* se puede llamar *Nombres* y hace referencia a cualquier cadena de hasta 40 caracteres.

Por su parte, el cuerpo de la relación es la parte dinámica de la misma y está constituido por una serie de tuplas que van variando con el paso del tiempo a medida que los usuarios introducen, eliminan y modifican datos.

El hecho de que una relación se represente por medio de una tabla es lo que ha originado el que en muchos casos se utilice el término tabla para hacer referencia a relación, columna para hacer referencia a atributo y fila para hacer referencia a tupla.

Uno de los objetivos de un SGBD es evitar a los usuarios los detalles relativos a la forma en que los datos se almacenan y se mantienen, por lo que el administrador de la base de datos debe describir la estructura de los datos en varios niveles que conforman lo que se conoce como arquitectura de los sistemas de bases de datos. La arquitectura más estandarizada es la que cumple con los requerimientos de la normativa ANSI/X3/SPARC, surgida en 1977, que establece que la arquitectura de una base de datos debe poseer tres niveles de abstracción:

- Nivel físico: es el nivel más bajo de abstracción, en el que se describe cómo se almacenan físicamente los datos; el tamaño de los bloques de datos, los métodos de direccionamiento, los índices, etcétera.

- Nivel lógico o conceptual: en este nivel se describe a nivel lógico la totalidad de los datos que van a ser almacenados en la base de datos mediante la especificación de las entidades (por ejemplo, clientes, pedidos y artículos), atributos o propiedades de las entidades (por ejemplo, NIF, nombre, dirección y teléfono del cliente; referencia y fecha del pedido, etc.), relaciones entre las entidades, restricciones de integridad y restricciones de confidencialidad. Este nivel y el anterior son utilizados solo por el administrador de la base de datos.

- Nivel externo o de vistas: muchos usuarios no tienen por qué trabajar con toda la información almacenada en la base de datos, pues precisan solo una parte de ella. Para dar una respuesta adecuada a esta situación, se define para cada usuario una vista externa o subesquema de la base de datos, que será, por tanto, la visión que de la base de datos tiene cada usuario. Una vista será un subconjunto de la estructura lógica global de la base de datos definida en el anterior nivel.

Por su parte, un índice es una estructura de datos que aumenta la velocidad en las operaciones de acceso a los datos. Por este motivo, se suelen crear índices para aquellos atributos sobre los que se hagan frecuentes búsquedas. Es de destacar que en la mayoría de los SGBD se crean índices de manera automática para los campos definidos como clave primaria y como atributos únicos (aquellos cuyo valor no se repite en varias filas de una tabla).

Pues bien, una vez recordados y contextualizados los conceptos de tabla, vista e índice vamos a estudiar los objetos de almacenamiento de la información que se emplean en los SGBD MySQL y PostgreSQL.

Los datos en MySQL pueden ser almacenados de diversas formas, con distintas técnicas que aportan diferentes funcionalidades. Aquí es donde nos encontramos con la importancia de los motores de almacenamiento. De hecho, el elemento más notable de la arquitectura de MySQL es la llamada arquitectura de motores de almacenamiento reemplazables. Un mismo servidor MySQL puede utilizar distintos motores de almacenamiento para diferentes bases de datos, permitiendo emplear el motor de almacenamiento más adecuado para cada necesidad concreta y también que terceros puedan implementar motores de almacenamiento nuevos para necesidades específicas, o adaptar el código de los existentes a ciertos requisitos de almacenamiento. En consecuencia, una tarea de diseño físico importante en MySQL es la de decidir el motor de almacenamiento más apropiado.

Los motores de almacenamiento más empleados en MySQL son InnoDB y MyISAM. El que se emplea por defecto en las últimas versiones de MySQL es InnoDB. Las diferencias entre ambos motores de almacenamiento se indican a continuación:

- Cada tabla creada con el motor de almacenamiento MyISAM se almacena en tres ficheros que contienen el nombre de la tabla. Estos ficheros para una tabla llamada *tabla1* serán los siguientes:

    — tabla1.frm: contiene la estructura o el diseño de la tabla.

    — tabla1.MYD: contiene los datos almacenados en la tabla.

    — tabla1.MYI: contiene los índices definidos para la tabla.

    Sin embargo, si una tabla ha sido creada empleando el motor de almacenamiento InnoDB, se almacena toda la información sobre la tabla en un único fichero con el nombre de la tabla y extensión frm.

- InnoDB proporciona tablas transaccionales, lo que quiere decir que es posible con este motor de almacenamiento crear transacciones y confirmarlas (COMMIT) o revocarlas (ROLLBACK), lo que permite deshacer operaciones de inserción, borrado o modificación realizadas sobre las tablas de la base de datos si aún no han sido confirmadas explícitamente con una instrucción COMMIT. Sin embargo, con MyISAM, se funciona siempre en modo AUTOCOMMIT, lo que quiere decir que todas las operaciones de actualización sobre la base de datos se confirman al momento y no es posible revocarlas con ROLLBACK porque en este motor de almacenamiento no existe el concepto de transacción.

- Para posibilitar la concurrencia, es decir, el que varios usuarios puedan realizar operaciones simultáneas sobre la base de datos, el motor MyISAM implementa bloqueos a nivel de tabla, lo que quiere decir que mientras un usuario realiza una operación de escritura sobre una tabla, esta quedará bloqueada para otros usuarios, los cuales no podrán efectuar mientras tanto ninguna otra operación sobre la tabla. Sin embargo, InnoDB posibilita bloqueos a nivel de fila, lo que es más eficiente cuando se necesita realizar una gran cantidad de inserciones, borrados o modificaciones sobre una tabla. Adicionalmente, InnoDB también soporta bloqueos de granularidad múltiple, permitiendo que existan tanto bloqueos a nivel de fila como a nivel de tablas enteras.

- El motor de almacenamiento InnoDB permite reflejar de manera adecuada restricciones de clave ajena. Permite, por tanto, crear claves ajenas y que se cumpla la restricción de integridad referencial según la cual «el valor de un atributo clave ajena debe ser o bien nulo o bien coincidir con el valor de la clave primaria de otra tabla». Sin embargo, el motor de almacenamiento MyISAM no permite crear restricciones de clave ajena.

- Las tablas MyISAM soportan un número de filas máximo y pueden tener hasta 64 archivos de índices por tabla. Además, los campos con los tipos text y *blob* se pueden indexar completamente, algo que no es posible en InnoDB, lo que hace que MyISAM sea más rápido en selecciones, inserciones o actualizaciones bajo circunstancias normales.

En PostgreSQL los ficheros de configuración y de datos usados por un clúster de la base de datos se almacenan conjuntamente con el directorio de datos del clúster, al que es común referirse con el nombre de PGDATA. Este directorio PGDATA contiene varios subdirectorios y ficheros de control, algunos de los cuales se indican a continuación. Además, los ficheros de configuración del clúster postgresql.conf, pg_hba.conf y pg_ident.conf se almacenan tradicionalmente en PGDATA, aunque es posible colocarlos en alguna otra ubicación:

- PG_VERSION: fichero que contiene la versión más alta de PostgreSQL.

- base: carpeta que contiene una subcarpeta por cada base de datos.

- current_logfiles: fichero que contiene los ficheros de registro (logs) generados actualmente.

- global: carpeta que contiene tablas a nivel de clúster, como pg_database.

- pg_serial: carpeta que contiene información acerca de transacciones serializables confirmadas.

- pg_stat: carpeta que contiene ficheros permanentes para el subsistema de estadísticas.

- pg_stat_tmp: carpeta que contiene ficheros temporales para el subsistema de estadísticas.

- pg_twophase: carpeta que contiene ficheros de estado para transacciones preparadas.

- postgresql_auto.conf: fichero usado para almacenar parámetros de configuración establecidos con ALTER SYSTEM.

- postmaster.opts: fichero que almacena opciones de línea de comandos con las que se inició el servidor.

- postmaster.pid: archivo que registra el identificativo del proceso (PID) actual del postmaster, la ruta de la carpeta de datos del clúster, la marca de tiempo de inicio del postmaster, el número de puerto, la ruta de la carpeta del socket del dominio Unix (puede estar vacía), la primera dirección de escucha válida (dirección IP o *, o vacía si no se escucha en TCP) y el identificativo del segmento de memoria compartida (este archivo no está presente después del apagado del servidor).

Para cada base de datos del clúster, existe una subcarpeta dentro de PGDATA/base, cuyo nombre se basa en el OID (*object identifier*: identificador de objeto) de la base de datos en pg_database. Esta subcarpeta es la ubicación predeterminada para los archivos de la base de datos.

Cada tabla e índice se almacena en un fichero independiente. Para las tablas, estos archivos se nombran según el número de nodo del archivo de la tabla o el índice, número que se puede encontrar en pg_class.relfilenode. En cualquier caso, además del archivo principal, cada tabla e índice tiene un mapa de espacio libre (*free space map*), que se almacena en un archivo con el número de nodo más el sufijo_fsm. Así, el archivo en el que se almacena una tabla puede tener como nombre 549 y su mapa de espacio libre, 549_fsm.

Cuando una tabla o un índice ocupa más de 1 GB, se divide en segmentos del tamaño de 1 GB. El nombre del archivo correspondiente al primer fragmento es como se indicó anteriormente; los siguientes segmentos se llaman filenode.1, filenode.2, etc. Esta técnica evita problemas en plataformas que tienen limitaciones de ocupación. El tamaño por defecto de los segmentos es 1 GB.

La función pg_relation_filepath() muestra la ruta relativa a PGDATA de cualquier tabla o índice. Normalmente es útil como un sustituto para recordar muchas de las normas indicadas anteriormente.

Los archivos temporales (para operaciones como ordenar una cantidad de datos mayor de la que cabe en memoria) se crean en PGDATA/base/pgsql_tmp.

1.2. Consecuencias prácticas de seleccionar los diferentes objetos de almacenamiento

Centrándonos en el caso concreto del SGBD MySQL, se puede deducir a partir de las diferencias explicadas en la sección anterior, las consecuencias que puede tener el seleccionar un motor de almacenamiento u otro para una determinada base de datos:

- Si necesitamos crear una base de datos con varias tablas conectadas entre sí mediante claves ajenas, como es lo habitual, debemos emplear el motor InnoDB, el cual permite crear de manera adecuada claves ajenas e implementa correctamente la restricción de integridad referencial.

- Si no necesitamos implementar claves ajenas y disponemos de muchos campos extensos de tipo *blob* o *text* y además se realizan muchas búsquedas basándose en estos campos, puede ser más conveniente emplear el motor de almacenamiento MyISAM.

- Si el nivel de concurrencia que nos interesa mantener en nuestro sistema es bastante elevado, puede resultar más adecuado emplear el motor de almacenamiento InnoDB, el cual no solo permite bloqueos a nivel de tabla, sino también bloqueos a nivel de fila, por lo que se puede aumentar el nivel de concurrencia.

- Si nos interesa poder echar hacia atrás o hacer ROLLBACK de operaciones de inserción, borrado o actualización sobre la base de datos, es necesario emplear el motor de almacenamiento InnoDB, el cual implementa transacciones y no confirma operaciones de actualización hasta que se realiza explícitamente un COMMIT.

1.3. Diferentes métodos de fragmentación de la información en especial para bases de datos distribuidas

Una base de datos distribuida es una base de datos que no está almacenada en una única localización física, sino que está extendida por una red de localizaciones geográficamente dispersas y conectadas mediante enlaces de comunicación. Esto quiere decir que una base de datos distribuida está compuesta por varios nodos conectados entre sí. Cada uno de estos nodos es un sistema de bases de datos en sí mismo en el sentido de que consta de una CPU, un SGBD y una serie de terminales. Estos nodos han convenido en trabajar conjuntamente con el fin de que un usuario de cualquiera de los sitios pueda tener acceso a los datos de cualquier nodo de la red igual que si los datos estuviesen almacenados en el nodo local del usuario en cuestión.

Un ejemplo típico de base de datos distribuida es la base de datos de que dispone una empresa con varias ubicaciones o sucursales; supongamos una en Bilbao, otra en Madrid y una tercera en Barcelona. En la base de datos de Bilbao estarán almacenados los datos de los clientes de Bilbao; en la de Madrid, los de los clientes de Madrid, y en la de Barcelona, los de los clientes de Barcelona. Las tres bases de datos están unidas formando una base de datos global distribuida. Esta disposición tiene la ventaja de que los datos están almacenados cerca del punto donde se usan más frecuentemente, lo que supone eficiencia de proceso, pero además existe una mayor disponibilidad o accesibilidad que en otros sistemas, porque es posible acceder a los datos ubicados en una localidad desde cualquier otra.

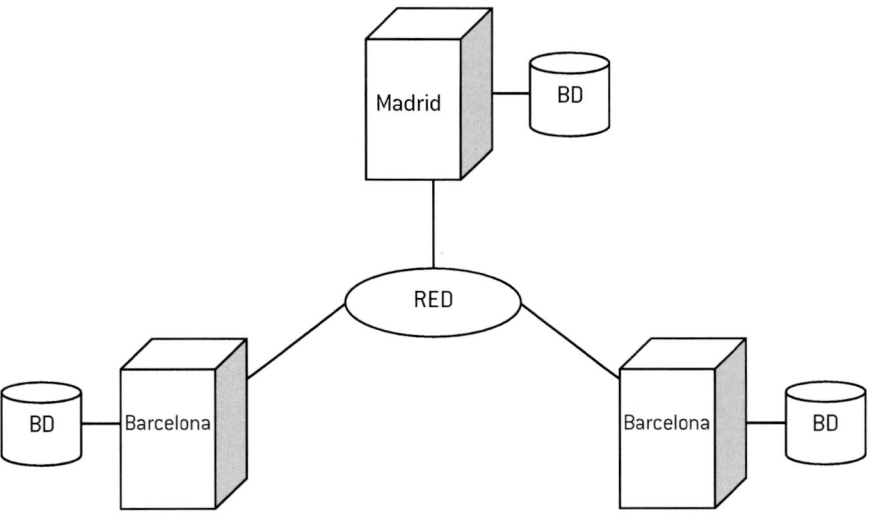

Figura 1.2. Esquema de una base de datos distribuida.

El concepto de fragmentación en bases de datos hace referencia a dividir tablas de la base de datos en porciones que se denominan fragmentos. La fragmentación es necesaria por motivos de rendimiento: los datos pueden así estar almacenados en la ubicación donde son usados más frecuentemente para que la mayoría de las operaciones sean locales y se reduzca el tráfico por la red.

Según la manera en que se formen los fragmentos, se puede hablar de distintos tipos de fragmentación, que se exponen a continuación.

1.3.1. Fragmentación vertical

Hacer una fragmentación vertical de una tabla consiste en tomar ciertas columnas o atributos de una tabla. Para realizar un fragmento vertical, por tanto, habrá que aplicar a una tabla el operador de proyección especificando los atributos que se desea que formen parte del fragmento en cuestión. Para el caso de las bases de datos distribuidas, lo habitual es dividir una tabla en varios fragmentos verticales, cada uno de los cuales se ubica en un nodo distinto conteniendo los datos que se usan más habitualmente en ese nodo.

Existe una restricción en cuanto a la composición de los fragmentos verticales, y es que estos deben contener el/los atributo/s que constituya/n la clave primaria de la relación que se fragmenta. El motivo de esta restricción es que debe ser posible identificar las filas correspondientes a cada fragmento y que para poder recuperar la relación original a partir de los fragmentos es necesario que la clave primaria forme parte de los fragmentos verticales.

Por ejemplo, para la base de datos distribuida de la Figura 1.2, supongamos que se dispone de una relación *Empleado* con los datos personales de los empleados de la empresa (número de empleado, NIF, nombre, dirección, teléfono) y la sucursal en la que trabajan. La clave primaria de esta tabla es el atributo *NumEmp*:

Empleado (<u>NumEmp</u>, NIFEmp, NomEmp, DirEmp, TelEmp, SucursalEmp)

Pues bien, para esta relación, una fragmentación vertical consistiría en dividir la relación *Empleado* en dos relaciones: por un lado, *EmpleadoA*, conteniendo los datos de identificación del empleado, y, por otro, *EmpleadoB*, conteniendo los restantes datos.

Cada uno de estos fragmentos se obtendría realizando una proyección sobre la relación *Empleado* con los atributos correspondientes a cada fragmento. Los fragmentos se obtendrían con las siguientes expresiones del álgebra relacional:

$$\text{EmpleadoA} \rightarrow \pi_{\text{NumEmp, NIFEmp, NomEmp}} (\text{Empleado})$$

$$\text{EmpleadoB} \rightarrow \pi_{\text{NumEmp, DirEmp, TelEmp, SucursalEmp}} (\text{Empleado})$$

Se puede observar que los dos fragmentos contienen el atributo clave primaria de la relación *Empleado* (*NumEmp*).

Vemos en la siguiente figura un ejemplo de contenido de la tabla *Empleado* y de sus fragmentos *EmpleadoA* y *EmpleadoB*.

Empleado

NumEmp	NIFEmp	NomEmp	DirEmp	TelEmp	SucursalEmp
1	22334455A	José García Ruiz	Arenal, 12 1.º A	911234567	Madrid
2	99887766F	Luisa Gil Gutiérrez	Avda. Diagonal, 123 5.º F	937654321	Barcelona
3	12345678G	Ángela Pérez Roy	Gran Vía, 5 1.º A	653111111	Madrid
4	98765432Q	Pedro Val Román	Gran Vía, 8 2.º E	943456789	Bilbao
5	12121212R	Luis Piña Sal	Ercilla, 11 3.º	668989898	Bilbao

EmpleadoA → $\pi_{NumEmp, NIFEmp, NomEmp}$ (Empleado)

NumEmp	NIFEmp	NomEmp
1	22334455A	José García Ruiz
2	99887766F	Luisa Gil Gutiérrez
3	12345678G	Ángela Pérez Roy
4	98765432Q	Pedro Val Román
5	12121212R	Luis Piña Sal

EmpleadoB → $\pi_{NumEmp, DirEmp, TelEmp, SucursalEmp}$ (Empleado)

NumEmp	DirEmp	TelEmp	SucursalEmp
1	Arenal, 12 1.º A	911234567	Madrid
2	Avda. Diagonal, 123 5º F	937654321	Barcelona
3	Gran Vía, 5 1.º A	653111111	Madrid
4	Gran Vía, 8 2.º E	943456789	Bilbao
5	Ercilla, 11 3.º	668989898	Bilbao

Figura 1.3. Ejemplo de fragmentación vertical.

Siempre que se crean fragmentos a partir de una tabla, debe ser posible recuperar la tabla original (sin fragmentar), en este caso la tabla *Empleado*, mediante la aplicación de algún operador del álgebra relacional. Pues bien, para recuperar la relación original a partir de sus fragmentos verticales, será necesario realizar la operación de reunión natural sobre todos sus fragmentos. Para el caso que nos ocupa, la relación *Empleado* se obtendrá por medio de la siguiente operación:

$$\text{EmpleadoA} \bowtie \text{EmpleadoB}$$

1.3.2. Fragmentación horizontal

Hacer una fragmentación horizontal de una tabla consiste en tomar ciertas filas o tuplas de una tabla. Para realizar un fragmento horizontal, por tanto, habrá que aplicar a una tabla el operador de selección o restricción especificando en el predicado correspondiente la condición por la que se indican las filas que se desea que formen parte del fragmento en cuestión. Para el caso de las bases de datos distribuidas, lo habitual es dividir una tabla en varios fragmentos horizontales, cada uno de los cuales se ubica en un nodo distinto conteniendo los datos que se usan más habitualmente en ese nodo.

Para la relación *Empleado* referida en el anterior apartado, una fragmentación horizontal consistiría en dividir la relación *Empleado* en tres relaciones *EmpleadoMad*, *EmpleadoBio* y *EmpleadoBcn* conteniendo los datos de los empleados que trabajen en Madrid, Bilbao y Barcelona, respectivamente.

Cada uno de estos fragmentos se obtendría realizando una selección sobre la relación *Empleado* con un predicado que indique que el atributo *SucursalEmp* debe tomar los valores 'Madrid', 'Bilbao' o 'Barcelona'. Los fragmentos se obtendrían con las siguientes expresiones del álgebra relacional:

$$\text{EmpleadoMad} \rightarrow \sigma_{\text{SucursalEmp = 'Madrid'}}(\text{Empleado})$$

$$\text{EmpleadoBio} \rightarrow \sigma_{\text{SucursalEmp = 'Bilbao'}}(\text{Empleado})$$

$$\text{EmpleadoBcn} \rightarrow \sigma_{\text{SucursalEmp = 'Barcelona'}}(\text{Empleado})$$

Vemos en la Figura 1.4 un ejemplo de contenido de la tabla *Empleado* y de sus fragmentos *EmpleadoMad*, *EmpleadoBio* y *EmpleadoBcn*:

Empleado

NumEmp	NIFEmp	NomEmp	DirEmp	TelEmp	SucursalEmp
1	22334455A	José García Ruiz	Arenal, 12 1.º A	911234567	Madrid
2	99887766F	Luisa Gil Gutiérrez	Avda. Diagonal, 123, 5.º F	937654321	Barcelona
3	12345678G	Ángela Pérez Roy	Gran Vía, 5 1.º A	653111111	Madrid
4	987654320	Pedro Val Román	Gran Vía, 8 2.º E	943456789	Bilbao
5	12121212R	Luis Piña Sal	Ercilla, 11 3.º	668989898	Bilbao

EmpleadoMad $\rightarrow \sigma_{\text{SucursalEmp} = \text{'Madrid'}}$ (Empleado)

NumEmp	NIFEmp	NomEmp	DirEmp	TelEmp	SucursalEmp
1	22334455A	José García Ruiz	Arenal, 12 1.ºA	911234567	Madrid
3	12345678G	Ángela Pérez Roy	Gran Vía, 5 1º A	653111111	Madrid

EmpleadoBio $\rightarrow \sigma_{\text{SucursalEmp} = \text{'Bilbao'}}$ (Empleado)

NumEmp	NIFEmp	NomEmp	DirEmp	TelEmp	SucursalEmp
4	987654320	Pedro Val Román	Gran Vía, 8 2.º E	943456789	Bilbao
5	12121212R	Luis Piña Sal	Ercilla, 11 3.º	668989898	Bilbao

EmpleadoBcn $\rightarrow \sigma_{\text{SucursalEmp} = \text{'Barcelona'}}$ (Empleado)

NumEmp	NIFEmp	NomEmp	DirEmp	TelEmp	SucursalEmp
2	99887766F	Luisa Gil Gutiérrez	Avda. Diagonal, 123 5.ºF	937654321	Barcelona

Figura 1.4. Ejemplo de fragmentación horizontal.

En el caso de la fragmentación horizontal, se debe usar el operador unión (∪) para recuperar la relación original a partir de sus fragmentos, es decir, la relación *Empleado* se obtendrá a partir de sus fragmentos mediante la siguiente operación:

EmpleadoMad ∪ EmpleadoBio ∪ EmpleadoBcn

1.3.3. Fragmentación mixta

La fragmentación mixta consiste en la creación de fragmentos a partir de una relación seleccionando de dicha relación determinadas filas o tuplas y determinados atributos, es decir, consiste en aplicar conjuntamente la fragmentación horizontal y la fragmentación vertical.

2. Lenguajes de definición, manipulación y control

Contenido

2.1. Conceptos básicos, nociones y estándares

Las funciones esenciales de un SGBD son la de definición o descripción, la función de manipulación y la función de control o utilización.

La función de definición debe permitir al diseñador de la base de datos especificar los elementos de datos que integran la base de datos (tablas, vistas, índices, etc.). Esta función, que se lleva a cabo mediante el empleo de un lenguaje de definición de datos (DDL: *Data Definition Language*) debe suministrar, por tanto, los medios necesarios para crear los elementos de la base de datos (mediante sentencias del tipo CREATE), modificar su definición (mediante sentencias del tipo ALTER) y eliminarlos (mediante sentencias del tipo DROP).

Por su parte, la función de manipulación ha de permitir a los usuarios consultar y actualizar los datos almacenados en la base de datos. La actualización de una base de datos puede implicar tres tipos de operaciones:

- Inserción o adición de nuevos datos, por ejemplo, añadir los datos de un nuevo artículo que vende la empresa.

- Borrado o eliminación, por ejemplo, eliminar los datos de un artículo que la empresa ha dejado de vender.

- Modificación, por ejemplo, cambiar el precio de un determinado artículo.

Esta función de manipulación se lleva a cabo por medio de un lenguaje de manipulación de datos (DML: *Data Manipulation Language*). Estos lenguajes deben permitir, por tanto, realizar operaciones de consulta (SELECT), inserción (INSERT), borrado (DELETE) y modificación (UPDATE).

Los lenguajes de manipulación de datos se pueden clasificar atendiendo a diferentes criterios:

- Según la posibilidad de emplear el DML de manera independiente o no, podemos hablar de lenguajes huésped, autocontenidos o duales. Los DML huésped son aquellos cuyas instrucciones de manipulación de datos deben embeberse o incluirse en otro lenguaje de programación (lenguaje anfitrión). Los DML autocontenidos, por su parte, son lenguajes autosuficientes que pueden ser empleados por usuarios con pocos conocimientos de programación para, desde un terminal y de un modo interactivo, acceder a la base de datos y manipular los datos almacenados en ella sin necesidad de apoyarse en un lenguaje de programación. Los lenguajes, como el SQL, que pueden operar como huésped o como autocontenido, reciben el nombre de lenguajes duales.

- Según el detalle con el que sea preciso especificar el procedimiento para acceder a los datos y consultarlos o actualizarlos, tenemos lenguajes muy procedimentales o poco procedimentales. En el primer caso, es preciso especificar detalladamente dicho procedimiento; en el caso de los poco procedimentales, sin embargo, basta con indicar qué operación se desea llevar a cabo, obviando el cómo realizarlo, el algoritmo. Los lenguajes orientados a usuarios con pocos conocimientos informáticos deben ser poco procedimentales.

- Según la manera de recuperar o actualizar los datos, podemos distinguir entre lenguajes de especificación y lenguajes navegacionales. En el primer caso, cada sentencia del DML puede recuperar o actualizar un conjunto de registros que satisfaga un criterio de selección especificado; en el caso de los lenguajes navegacionales, cada sentencia recupera o actualiza un solo registro, siendo el programador el encargado de indicar el camino que se debe recorrer hasta llegar al registro buscado.

Por último, la función de control integra una serie de instrumentos que facilita la tarea del administrador de la base de datos. Incluye, por un lado, las utilidades para la gestión de usuarios y permisos y, por otro lado, las que permiten la administración del sistema. Con respecto a estas últimas, hemos de tener en cuenta que los administradores deben monitorizar el funcionamiento de la base de datos, realizar copias de seguridad, proteger la base de datos frente a accesos no autorizados, etc. Para llevar a cabo la función de control el SGBD proporciona un lenguaje de control de datos (DCL: *Data Control Language*), el cual facilita instrucciones para crear, eliminar y modificar usuarios; conceder y retirar permisos sobre los distintos objetos de la base de datos; realizar y restaurar copias de seguridad, etcétera.

El lenguaje que se utiliza en el ámbito internacional como estándar y que incluye instrucciones de definición, de manipulación y de control de datos es el lenguaje de consultas estándar SQL (*Standard Query Language*). SQL ha sido adoptado como un estándar oficial en Estados Unidos por el American National Standards Institute (ANSI) y como un estándar internacional por la International Standards Organization (ISO). SQL es un lenguaje dual, poco procedimental y de especificación.

Del lenguaje SQL han surgido diferentes versiones. Se muestran en la siguiente tabla para las diferentes versiones que han ido surgiendo, el año de su aparición, el nombre de la versión, su alias y diversos comentarios:

Año	Nombre	Alias	Comentarios
1986	SQL-86	SQL-87	Primera publicación hecha por ANSI. Ratificada por ISO en 1987.
1989	SQL-89	FIPS 127-1	Revisión menor.
1992	SQL-92	SQL2 FIPS 127-2	Revisión mayor (ISO 9075).
1999	SQL:1999	SQL3	Se añaden expresiones regulares, consultas recursivas, disparadores, soporte para sentencias de control de flujo y procedimientos, tipos no escalares y algunas características orientadas a objetos.
2003	SQL:2003		Se añaden aspectos relacionados con XML, cambios en las funciones, estandarización de las secuencias y las columnas autonuméricas.
2006	SQL:2006		Se define la manera en que se puede utilizar SQL en combinación con XML, la forma de importar y almacenar datos XML en una base de datos SQL, manipulándolos dentro de la base de datos y publicando el XML y los datos SQL convencionales en forma XML. Proporciona facilidades para que aplicaciones puedan incorporar en su código SQL el uso de XQuery, lenguaje de consulta XML publicado por el W3C para acceso concurrente a datos ordinarios SQL y documentos XML.
2008	SQL:2008		Permite el uso de la cláusula ORDER BY fuera de las definiciones de los cursores. Incluye disparadores de tipo INSTEAD OF y la sentencia TRUNCATE.
2011	SQL:2011		Incorpora bases de datos temporales (tipos de datos para periodos de tiempo, claves primarias temporales, predicados para hacer consultas sobre periodos de tiempo, etc.), y mejoras en las funciones de ventana o analíticas y en la cláusula FETCH.
2016	SQL:2016		Incluye soporte para JSON, funciones polimórficas para tablas y búsquedas en tablas según el patrón definido por una expresión regular.
2019	SQL:2019-2020		Incluye arrays multidimensionales (tipo MDarray y operadores).
2023	SQL:2023		Incluye el tipo de dato JSON y el lenguaje Property Graph Queries (SQL/PGQ), que es un lenguaje de consulta sobre grafos que se añade al SQL estándar.

2.2. Lenguaje de definición de datos (DDL SQL) y aplicación en SGBD actuales

El lenguaje de definición de datos SQL incluye tres tipos de sentencias básicamente:

- Las sentencias de tipo CREATE, para crear los diferentes objetos de que consta la base de datos.

- Las sentencias de tipo ALTER, para modificar la definición de los objetos creados previamente con una instrucción CREATE.

- Las sentencias de tipo DROP, para eliminar de la base de datos los objetos creados con anterioridad.

Los objetos que se pueden crear, modificar y borrar en SQL son básicamente los siguientes:

- Bases de datos o esquemas (*databases / schemas*).

- Tablas (*tables*) incluidas dentro de una base de datos o esquema.

- Dominios (*domains*) de datos, sobre los que se definen los atributos de las tablas.

- Vistas (*views*), que son tablas virtuales creadas sobre una o varias tablas de la base de datos.

- Procedimientos (*procedures*) y funciones (*functions*), que son programas que incluyen varias instrucciones para realizar tareas complejas y es posible invocarlos de una sola vez sin tener que ejecutar cada una de sus acciones una a una.

- Disparadores (*triggers*), que son procedimientos cuya ejecución se desencadena cuando se lleva a cabo alguna operación de actualización sobre la base de datos (INSERT, UPDATE o DELETE).

- Índices (*indexes*), que sirven para acelerar las operaciones de consulta.

Así, por ejemplo, para crear una tabla se emplea la instrucción CREATE TABLE, para modificar una vista una vez creada se usa la instrucción ALTER VIEW y para borrar un disparador se emplea la instrucción DROP TRIGGER.

La mayoría de los SGBD que se emplean en la actualidad permiten realizar todas las tareas que se acaban de indicar, aunque existen algunas excepciones que se comentan en la Sección 2.2.1.

2.2.1. Discriminación de los elementos existentes en el estándar SQL-92 de otros elementos existentes en bases de datos comerciales

En cuanto a MySQL, no permite la creación, modificación y eliminación de dominios. Se van a indicar a continuación las extensiones más importantes de MySQL en relación con el estándar SQL-92:

- En comandos SQL se puede acceder a tablas de distintas bases de datos con la sintaxis NombreBD.NombreTabla.

- Existen comandos CREATE DATABASE y DROP DATABASE para crear y eliminar bases de datos.

- Se puede usar el comando EXPLAIN SELECT para obtener una descripción de cómo usa el sistema las tablas en la sentencia SELECT.

- Incluye el comando SET, que se puede usar para asignar un valor a una variable.

- Incluye el comando SHOW.

- Se puede usar el comando RENAME TABLE para cambiar el nombre de una tabla.

- Se puede usar el comando REPLACE en lugar de emplear primero el comando DELETE y luego el comando INSERT.

- Incluye el comando DO.

- Se pueden crear índices a la vez que se crea una tabla en la sentencia CREATE TABLE.

- Se puede usar la cláusula IF NOT EXISTS en la sentencia CREATE TABLE.

- Se puede usar la opción IF EXISTS con la orden DROP TABLE. Se pueden borrar varias tablas con la misma sentencia DROP TABLE.

- Se puede usar la opción ORDER BY en los comandos UPDATE y DELETE.

- La sentencia INSERT admite la modalidad SET nombre_atributo = valor... que permite añadir una fila a una tabla.

- Existe la cláusula LIMIT en el comando SELECT.

- En consultas de agrupación no es necesario especificar en la cláusula SELECT todos los atributos detallados en la cláusula GROUP BY.

- En cuanto a tipos de datos, existen en MySQL los tipos MEDIUMINT, SET, ENUM y los distintos tipos BLOB y TEXT. En MySQL existen los atributos AUTO_INCREMENT, BINARY, UNSIGNED y ZEROFILL.

- En MySQL se puede usar el operador || como sinónimo de OR y el operador && como sinónimo de AND. Estos operadores (|| y &&) se emplean en lenguajes como C y Java. Debido a esta sintaxis, MySQL Server no soporta el operador estándar SQL || para concatenar cadenas de caracteres; en su lugar, se debe usar la función CONCAT(), la cual admite cualquier número de parámetros separados por comas.

- Todas las comparaciones de cadenas de caracteres son case-insensitive por defecto, es decir, se consideran las letras minúsculas igual que las mayúsculas correspondientes. Si no se desea que sea así, se puede asignar al atributo correspondiente el modificador BINARY, con lo que las letras minúsculas y sus correspondientes mayúsculas serán diferentes.

- El operador % es sinónimo de la función MOD, esto es, A%B es lo mismo que MOD (A,B). En ambos casos se nos proporciona el resto de una división.

- El operador LIKE se puede emplear no solo con cadenas de caracteres, sino también con campos numéricos.

Se van a indicar a continuación las extensiones más importantes de PostgreSQL en relación con el estándar SQL-92:

- Existen comandos CREATE DATABASE, ALTER DATABASE y DROP DATABASE, que se estudian en las Secciones 2.2.2.1, 2.2.3.1 y 2.2.4.1, respectivamente.

- El comando CREATE SCHEMA, que se estudia en la Sección 2.2.2.2, incluye la opción IF NOT EXISTS.

- El comando DROP SCHEMA, que se estudia en la Sección 2.2.4.2, permite eliminar más de un esquema e incluye la opción IF EXISTS.

- PostgreSQL permite que los esquemas contengan objetos cuyo propietario sea un usuario diferente del propietario del esquema. Esto solo es posible si el propietario del esquema concede el privilegio CREATE sobre su esquema a algún usuario.

- En relación con la orden CREATE TABLE, que se estudia en la Sección 2.2.2.3, si bien el estándar SQL establece que los nombres de las restricciones deben ser únicos en el ámbito del esquema sobre el que se define la tabla, en PostgreSQL solo deben ser únicos en el ámbito de tabla, si bien esto no es aplicable a restricciones basadas en índices (PRIMARY KEY y UNIQUE). En PostgreSQL no se registran nombres asociados a restricciones NOT NULL.

- Es posible crear tablas sin atributos.

- El comando DROP TABLE, que se estudia en la Sección 2.2.4.3, permite eliminar más de una tabla e incluye la opción IF EXISTS.

- El comando DROP VIEW, que se estudia en la Sección 2.2.4.5, permite eliminar más de una vista e incluye la opción IF EXISTS.

- Las vistas materializadas son una extensión de PostgreSQL.

- En consultas no es necesario especificar en la cláusula ORDER BY atributos especificados en la cláusula SELECT.

- En consultas de agrupación no es necesario especificar en la cláusula GROUP BY atributos especificados en la cláusula SELECT.

- Existe la cláusula LIMIT en el comando SELECT.

- Se puede usar el comando EXPLAIN SELECT para obtener una descripción de cómo usa el sistema las tablas en la sentencia SELECT.

- Incluye el comando SHOW, que se estudia en la Sección 2.3.5.3.

- Se puede usar la opción RETURNING en los comandos INSERT, UPDATE y DELETE. Estos comandos se estudian en las Secciones 2.3.2, 2.3.3 y 2.3.4, respectivamente.

- Existe el comando DO, que se estudia en la Sección 2.3.5.1.

- Los comandos ALTER PROCEDURE y ALTER FUNCTION, que se estudian en la Sección 2.2.3.7, incluyen más posibilidades que en el estándar, como modificar el nombre del procedimiento o función, el nombre de su propietario y el esquema al que pertenece.

- Los comandos CREATE PROCEDURE y CREATE FUNCTION, que se estudian en la Sección 2.2.2.7, incluyen la opción OR REPLACE para que, si existe un procedimiento o función con el nombre indicado, sea sustituido por el que se está creando.

- Los comandos DROP PROCEDURE y DROP FUNCTION, que se estudian en la Sección 2.2.4.7, permiten eliminar más de un procedimiento o función con un único comando y permiten la opción IF EXISTS.

2.2.2. Sentencias de creación: CREATE

Para crear los elementos de que consta una base de datos se usa la sentencia CREATE, cuyas modalidades se estudian en esta sección.

Antes de nada, para trabajar con bases de datos, hemos de instalar en nuestro ordenador un SGBD en concreto. En este caso vamos a optar por un SGBD libre, como es PostgreSQL. Se trata del SGBD libre más potente de la actualidad. Se incluyen en el Anexo I las instrucciones para su instalación.

Tras llevar a cabo exitosamente la instalación nos podremos conectar a PostgreSQL en modo línea de comandos, o bien utilizando la aplicación pgAdmin.

Para conectarse a la línea de comandos de PostgreSQL, disponemos de dos opciones:

- Acceder al programa *psql* desde inicio de Windows. Para realizar la conexión se deben indicar diferentes parámetros. Para cada uno de ellos se indica entre corchetes el valor por defecto, de forma que si se desea el valor que se muestra, basta con pulsar la tecla Intro; en caso de desear un valor diferente, hay que teclearlo y pulsar Intro. Los parámetros que se solicitan son:

  — El equipo al que deseamos conectarnos, por defecto el equipo local (*localhost*).

  — La base de datos, por defecto *postgres*.

  — El puerto, por defecto el 5432.

  — El nombre del usuario, por defecto *postgres*.

  — La contraseña: en este caso no se muestra valor por defecto, como es obvio, sino que se debe introducir su valor.

Una vez introducidos los datos correctamente, aparecerá un *prompt* con el nombre de la base de datos y el símbolo almohadilla (#), desde donde se podrán introducir comandos (Figura 2.1).

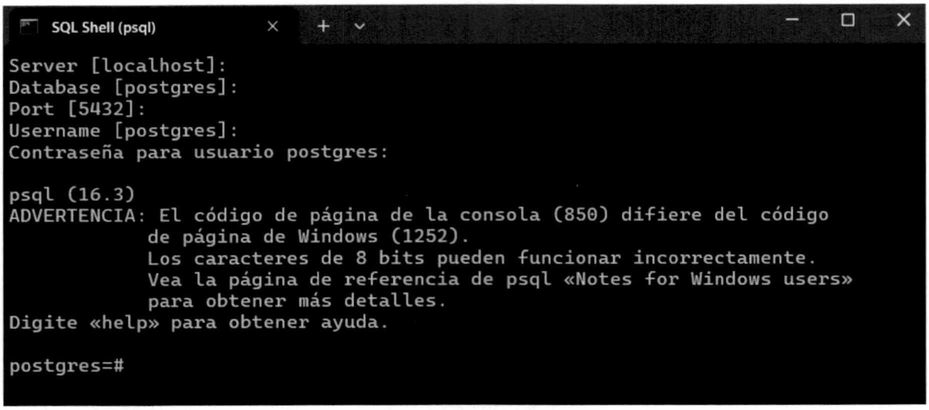

Figura 2.1. Conexión a PostgreSQL desde *psql*.

- Desde el símbolo del sistema deberemos dirigirnos a la carpeta C:\Program Files\PostgreSQL\16\bin y conectarnos escribiendo el comando *psql –d baseDatos –U usuario –W*, indicando la base de datos y el usuario con el que se desea realizar la conexión (Figura 2.2).

```
Símbolo del sistema - psql -d    ×    +  ∨                                  —    □

Microsoft Windows [Versión 10.0.22631.3737]
(c) Microsoft Corporation. Todos los derechos reservados.

C:\Users\jmcap>cd C:\Program Files\PostgreSQL\16\bin

C:\Program Files\PostgreSQL\16\bin>psql –d postgres –U postgres –W
Contraseña:

psql (16.3)
ADVERTENCIA: El código de página de la consola (850) difiere del código
            de página de Windows (1252).
            Los caracteres de 8 bits pueden funcionar incorrectamente.
            Vea la página de referencia de psql «Notes for Windows users»
            para obtener más detalles.
Digite «help» para obtener ayuda.

postgres=#
```

Figura 2.2. Conexión a PostgreSQL desde el indicador del sistema.

Para ejecutar órdenes SQL simplemente habrá que escribirlas tras el prompt y después de escribir la orden, escribir el símbolo punto y coma (;) y pulsar Intro. Una misma orden puede abarcar varias líneas. Para pasar de una línea a la siguiente dentro de la misma orden se deberá pulsar la tecla Intro, y para indicar que la orden ha finalizado se deberá escribir punto y coma (;) y pulsar Intro. Para visualizar las bases de datos disponibles, se debe teclear el comando \l:

```
postgres=# \l
                                               Listado de base de datos
Nombre     |  Dueño   |Codificación|Proveedor de locale|   Collate         | ...
-----------+----------+------------+-------------------+-------------------+ ...
postgres   | postgres | UTF8       |libc               | Spanish_Spain.1252 | ...
template0  | postgres | UTF8       |libc               | Spanish_Spain.1252 | ...
template1  | postgres | UTF8       |libc               | Spanish_Spain.1252 | ...
(3 filas)
```

Las bases de datos *postgres*, *template0* y *template1* se crearon al instalar el servidor PostgreSQL. Para crear nuevas bases de datos se deberá utilizar la correspondiente orden *CREATE DATABASE*.

Para conectarse a una nueva base de datos, se debe usar el comando \c con el formato:

```
\c baseDatos [usuario]
```

Al llevar a cabo esta acción, se cierra la conexión anterior. En caso de que se omita el nombre del usuario, se asume el usuario actual. Ejemplo de conexión a la base de datos pedidos sin cambiar de usuario:

```
postgres=# \c pedidos
Ahora está conectado a la base de datos «pedidos» con el usuario «postgres».
```

Para visualizar las tablas disponibles en la base de datos actual, se debe usar el comando \dt:

```
pedidos=# \dt
           Listado de relaciones
 Esquema |      Nombre      | Tipo  |  Dueño
---------+------------------+-------+----------
 public  | articulo         | tabla | postgres
 public  | lineapedido      | tabla | postgres
 public  | pedido           | tabla | postgres
 public  | pedido2          | tabla | postgres
 public  | resumenpedidos   | tabla | postgres
(5 filas)
```

Para trabajar con PostgreSQL también podemos hacer uso de la herramienta de gestión pgAdmin 4, que nos aparecerá como un programa en el equipo. Tras lanzar esta aplicación, en la parte izquierda de la pantalla desplegamos *Servers* y nos debe aparecer un servidor con cruz roja y se nos pedirá la contraseña del usuario *postgres* que introdujimos en el proceso de instalación.

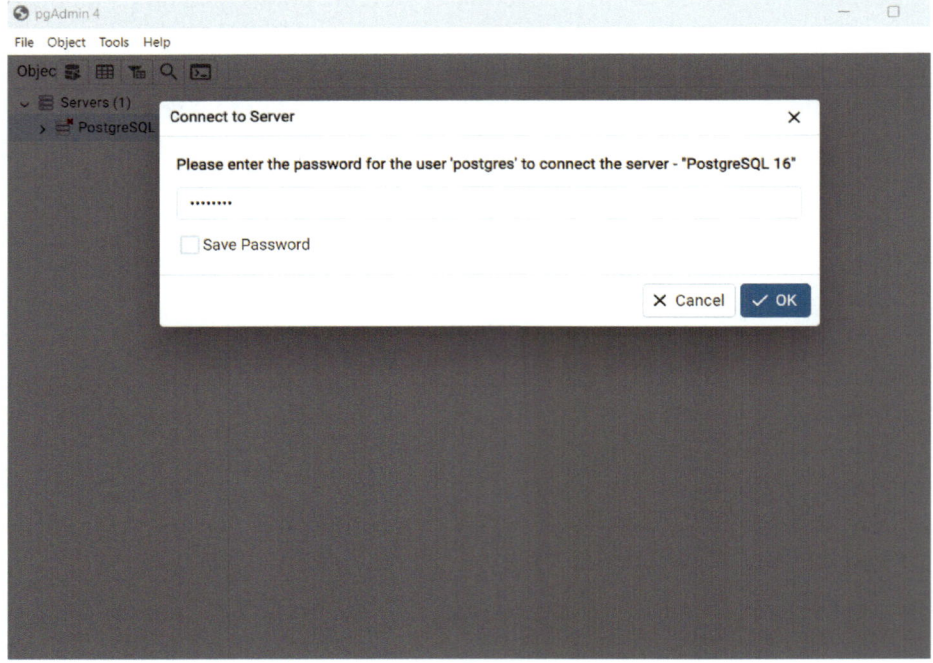

Figura 2.3. Inicio de la herramienta pgAdmin 4.

Se nos desplegarán en la parte izquierda los distintos elementos del servidor. Si hacemos clic en el icono ![icon] de la izquierda de la parte superior de la pantalla, nos aparecerá en la parte derecha una zona para escribir nuestras consultas en la parte superior. Podremos ver el resultado de la ejecución en la parte inferior tras pulsar el icono ▶ o la tecla F5.

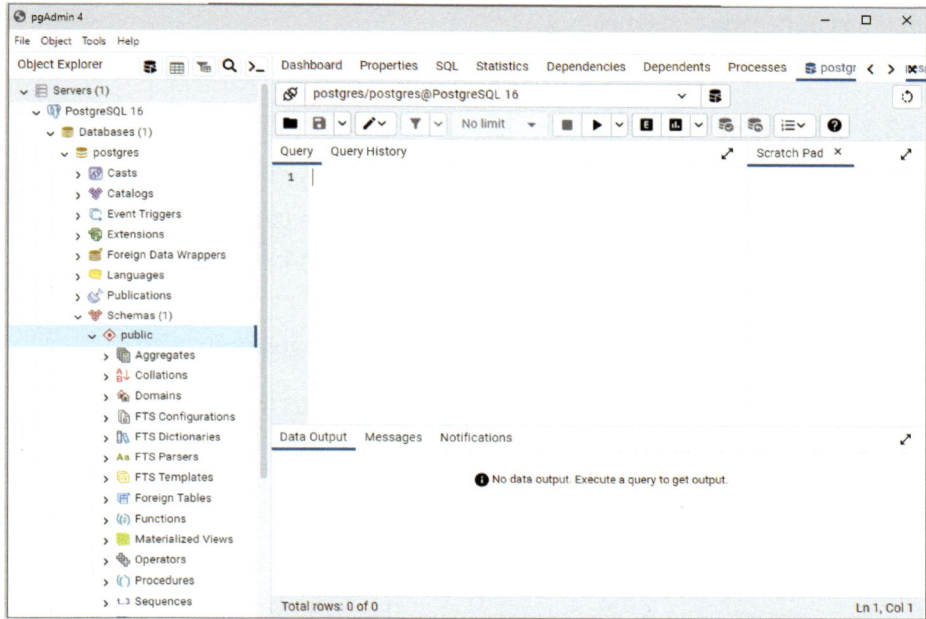

Figura 2.4. Uso de pgAdmin 4.

Cada servidor PostgreSQL maneja una o más bases de datos, por lo que se puede afirmar que controla un clúster de bases de datos. Las bases de datos constituyen el nivel jerárquico superior para la organización de objetos. Pocos objetos, como los roles y las bases de datos, se definen a nivel de clúster. Dentro de un clúster hay varias bases de datos que están aisladas de las demás bases de datos, pero que pueden acceder a objetos a nivel de clúster.

Dentro de una base de datos puede haber múltiples esquemas, que contienen objetos, como tablas y funciones. La jerarquía de PostgreSQL incluye, por tanto, los siguientes niveles: clúster, base de datos, esquema y tabla (o algún otro tipo de objeto, como función).

Al conectarse al servidor PostgreSQL, un cliente debe especificar el nombre de la base de datos a la que se desea conectar. No es posible acceder a más de una base de datos en una conexión. Sin embargo, es posible establecer múltiples conexiones con la misma o diferentes bases de datos.

Si el servidor está pensado para contener proyectos que no están relacionados o usuarios que no necesitan conocer la labor de otros usuarios, es recomendable colocarlos en distintas bases de datos, estableciendo convenientemente el control de acceso y autorizaciones. Sin embargo, si los proyectos o usuarios están relacionados, de manera que es necesario que hagan uso de otros proyectos o usuarios, deberían emplear la misma base de datos y diferentes esquemas para cada uno de ellos.

2.2.2.1. Bases de datos

Para crear bases de datos se hace uso de la sentencia CREATE DATABASE. En los formatos de las instrucciones que se van a mostrar a partir de ahora, lo que se especifica entre corchetes ([]) es opcional y la barra vertical (ffl) indica que se debe escribir una de las opciones que se indican.

El formato de la instrucción CREATE DATABASE es el siguiente:

```
CREATE DATABASE nombre_BD [TEMPLATE nombre_plantilla]
[especificación_creación];

Especificación_creación:
       WITH
       [ENCODING = nombre_codificación]
       [OWNER = nombre_rol]
       [ALLOW_CONNECTIONS = {true | false}]
       [CONNECTION LIMIT = número]
[IS_TEMPLATE = {true | false}]
```

Como se puede observar, se debe indicar después de CREATE DATABASE el nombre que se desea dar a la base de datos, teniendo en cuenta que no puede haber en el servidor otra base de datos con el mismo nombre. Se puede indicar la base de datos a partir de la que se desea crear la base de datos especificando después de TEMPLATE el nombre de la base de datos que se toma como plantilla. Si no se especifica nada al respecto, se toma como plantilla la base de datos *template1*.

Si ya existe en el sistema una base de datos con el nombre indicado, se mostrará un mensaje de error.

Además, se puede indicar opcionalmente:

- La codificación que se desea para la base de datos.

- El nombre del rol propietario de la base de datos. Si no se indica, se sobreentiende que el propietario es el rol actual.

- Si se permiten o no conexiones, siendo el valor por defecto *true*.

- El número máximo de conexiones simultáneas a la base de datos que se va a permitir.

- Si va a poder ser utilizada como plantilla al crear otras bases de datos.

A modo de ejemplo, se va a crear con el usuario *postgres* una base de datos para una empresa en la que se va a almacenar información sobre los pedidos realizados a la misma. A la base de datos la vamos a llamar *Pedidos*, vamos a asignarle la codificación *utf8*, el propietario *postgres* y un número máximo de conexiones simultáneas de 40.

```
postgres=# CREATE DATABASE Pedidos
postgres-# WITH ENCODING = UTF8
postgres-# OWNER = postgres
postgres-# CONNECTION LIMIT = 40;
CREATE DATABASE
```

2.2.2.2. Esquemas

Un esquema es un espacio de nombres que contiene objetos de base de datos, como tablas, vistas, índices, funciones, etc. Una base de datos puede contener uno o varios esquemas y cada esquema solo puede pertenecer a una base de datos. Puede haber objetos con el mismo nombre en distintos esquemas.

Hay algunos escenarios en los que es conveniente disponer de varios esquemas:

- Los esquemas ayudan a organizar objetos de bases de datos, como tablas, en grupos lógicos para hacerlos más manejables.

- Los esquemas permiten que varios usuarios utilicen la misma base de datos sin interferir entre ellos.

PostgreSQL crea automáticamente un esquema llamado *public* cada vez que se crea una base de datos. Si se crea cualquier objeto sin especificar el nombre del esquema, lo colocará en el esquema *public*.

Para acceder a un objeto de un esquema es necesario cualificarlo, es decir, hay que escribir nombre_esquema.nombre_objeto. No obstante, es posible no especificar el nombre del esquema, en cuyo caso PostgreSQL buscará dicho objeto en el camino de búsqueda de los esquemas disponibles dentro de la base de datos, de manera que escogerá el primer esquema en dicho camino. Si no se encuentra el objeto en ninguno de los esquemas, se producirá un error. El primer esquema en el camino es el esquema actual. Hay que tener en cuenta que cuando se crea un objeto sin especificar el nombre del esquema, PostgreSQL usará el esquema actual para el nuevo objeto. La función current_schema ( ) devuelve el esquema actual:

```
postgres=# SELECT current_schema;
 current_schema
----------------
 public
(1 fila)
```

Este es el motivo por el que PostgreSQL crea las nuevas tablas en el esquema public. Se puede visualizar el camino de búsqueda de esquemas con el comando SHOW SEARCH_PATH:

```
postgres=# SHOW SEARCH_PATH;
   SEARCH_PATH
----------------
 "$user", public
    (1 fila)
```

En este resultado "$user" indica que el primer esquema que usará PostgreSQL para buscar objetos será uno con el mismo nombre que el usuario conectado. Por ejemplo, si nos conectamos con el usuario *postgres*, y accedemos a una tabla llamada *A*, PostgreSQL buscará la tabla A en el esquema *postgres*. Si no la puede encontrar, seguirá buscando la tabla A en el esquema *public*, que es el segundo que aparece en el camino de búsqueda de esquemas.

Para crear un nuevo esquema se usa la orden CREATE SCHEMA, que debe seguir la siguiente sintaxis:

```
CREATE SCHEMA [IF NOT EXISTS] nombre_esquema
```

Como se puede observar, después de CREATE SCHEMA se debe indicar el nombre del esquema que se desea crear. Esta orden, en el caso de que ya exista un esquema con ese nombre en la base de datos actual, devolverá un mensaje de error; se puede usar la cláusula IF NOT EXISTS si se quiere omitir el mensaje de error en este caso.

Por ejemplo, con la siguiente orden, creamos un esquema llamado *pedidos* en la base de datos actual (*postgres*):

```
postgres=# CREATE SCHEMA pedidos;
CREATE SCHEMA
```

Para añadir el nuevo esquema al camino de búsquedas de esquemas, se debe usar el siguiente comando:

```
postgres=# SET SEARCH_PATH TO pedidos, public;
SET
```

Ahora, si se incluye un orden CREATE TABLE para crear una tabla llamada *Articulo*, por ejemplo, esa tabla se incluirá dentro del esquema *pedidos* porque es el primero que aparece en el camino de búsqueda de esquemas.

2.2.2.3. Tablas

Las tablas, que son el objeto fundamental de que consta una base de datos, se deben crear en PostgreSQL dentro de un esquema. Para cada atributo de una tabla es necesario especificar su tipo de dato. En los tipos que se indican a continuación lo que se especifica entre corchetes es opcional. Pues bien, los tipos de datos los vamos a clasificar del siguiente modo:

1. BOOLEAN o BOOL: permite almacenar uno de los siguientes valores: *true*, *false* o *null*. Al insertar datos en un atributo booleano, PostgreSQL realiza las siguientes conversiones:

    a) *1*, *yes*, *y*, *t* y *true* son convertidos a *true*.

    b) *0*, *no*, *false* y *f* son convertidos a *false*.

2. Tipos numéricos: permiten almacenar números, los cuales pueden ser enteros (sin parte decimal) o reales (con parte decimal). Los tipos de datos numéricos más empleados son los siguientes:

    a) SMALLINT: sirve para almacenar números enteros pequeños. El rango es entre -32 768 y 32 767.

    b) INT o INTEGER: sirve para almacenar números enteros de tamaño normal. El rango es entre -2 147 483 648 y 2 147 483 647.

    c) BIGINT: sirve para almacenar números enteros grandes. El rango es entre -2^{63} y 2^{63}-1.

    d) SMALSERIAL, SERIAL y BIGSERIAL: son tipos enteros con la peculiaridad de que PostgreSQL generará los valores de un atributo de este tipo automáticamente y se tratará de números correlativos empezando por el 1. El rango es desde 1 hasta 32 767 para SMALLSERIAL, desde 1 hasta 2 147 483 647 para SERIAL y desde 1 hasta 2^{63}-1 para BIGSERIAL.

    e) NUMERIC [(n,d)]: es un tipo estándar de SQL que sirve para almacenar números con decimales exactos. Se usa, por tanto, cuando es importante mantener una precisión exacta, por ejemplo, con datos monetarios. Se suele especificar la precisión y la escala, siendo *n* la precisión o número total de dígitos y *d* la escala o número de dígitos después de la coma. Por ejemplo, con un tipo numeric (6,2) se pueden almacenar valores desde -9999,99 hasta 9999,99. El valor máximo de *n* es 131 082 y el de *d*, 16 383. Además de los valores numéricos ordinarios, el tipo numeric permite tres valores especiales:

- *Infinity*: representa el número infinito (∞).

- *-Infinity*: representa el número menos infinito ($-\infty$).

- *NaN*: representa un valor no numérico (*not a number*) y se usa para representar resultados indefinidos de operaciones.

f) DECIMAL [(n, d)]: es un tipo equivalente a numeric.

g) REAL: sirve para almacenar en 4 bytes números con decimales aproximados de precisión simple. Los valores permitidos van desde -1.10^{37} hasta 1.10^{37} con una precisión de al menos 6 dígitos decimales. Se pueden emplear como sinónimos los tipos no estándar de SQL FLOAT o FLOAT4. También se permiten los valores *Infinity*, *-Infinity* y *NaN*.

h) DOUBLE PRECISION: sirve para almacenar en 8 bytes números con decimales aproximados de precisión doble. Los valores permitidos van desde -1.10^{307} hasta 1.10^{307} con una precisión de al menos 15 dígitos decimales. Se puede emplear como sinónimo no estándar de SQL el tipo FLOAT8. También se permiten los valores *Infinity*, *-Infinity* y *NaN*.

3. Tipos de fecha y hora: permiten almacenar fechas y horas. Los tipos de fecha y hora más empleados son los siguientes:

a) DATE: permite almacenar una fecha en el formato 'AAAA-MM-DD'. Se puede asignar como valor por defecto a un campo de este tipo el valor CURRENT_DATE, que hace referencia a la fecha actual.

b) TIMESTAMP: permite almacenar una fecha y una hora en el formato 'AAAA-MM-DD HH:MM:SS'. Se puede asignar como valor por defecto a un campo de este tipo el valor CURRENT_TIMESTAMP, que hace referencia a la fecha y hora actual.

c) TIME: permite almacenar una hora en el formato 'HH:MM:SS.mmm' donde mmm hace referencia a los milisegundos, que se pueden omitir. Permite el rango desde '00:00:00' hasta '24:00:00'.

d) INTERVAL: permite almacenar un intervalo de tiempo en años, meses, días, horas, minutos, segundos, etc. Por ejemplo, se podrían almacenar los siguientes intervalos: *interval '4 months ago'* o *interval '2 hours 40 minutes'*.

4. Tipos de cadenas de caracteres: permiten almacenar cadenas de caracteres, que incluyen cualquier carácter comprendido dentro del conjunto de caracteres correspondiente a la tabla. Los tipos de cadenas de caracteres más utilizados son los que se indican a continuación:

a) CHARACTER [(M)] o CHAR [(M)]: sirve para almacenar cadenas de caracteres de longitud fija, esto es, cadenas que siempre ocupan el número de caracteres especificado en M. Si no se especifica M, se supone la longitud 1, por lo que CHAR y CHAR(1) son equivalentes. Si la cadena que se asigna a un dato con este tipo de dato tiene una longitud menor que M, se rellenará con espacios en blanco a la derecha hasta alcanzar la longitud M. El rango de M es desde 1 hasta 10 485 760.

b) CHARACTER VARYING(M) o VARCHAR(M): permite almacenar cadenas de caracteres de longitud variable, siendo la longitud máxima permitida M. El rango de M es desde 1 hasta 10 485 760.

c) CHARACTER VARYING o VARCHAR: permite almacenar cadenas de caracteres de cualquier longitud.

d) TEXT: permite almacenar cadenas de caracteres de cualquier longitud, igual que el tipo varchar.

e) BYTEA: permite almacenar objetos binarios de longitud variable.

5. XML: permite almacenar datos XML. Su ventaja respecto a almacenar datos XML en un campo de tipo texto es que se comprueba si los datos tienen una estructura correcta y, además, existen en PostgreSQL funciones específicas para datos de este tipo que permiten llevar a cabo operaciones seguras. Este tipo permite almacenar documentos correctos de acuerdo con el estándar XML, así como fragmentos de código definidos de acuerdo con el modelo de datos de XQuery y XPath.

La orden para crear una tabla es CREATE TABLE, cuyo formato genérico es el siguiente:

```
CREATE TABLE [IF NOT EXISTS] nombre_tabla
(columna₁ tipo_dato₁ [DEFAULT valor_defecto₁] [COLLATE nombre_cotejamiento]
                    [restricciones_columna₁],
columna₂ tipo_dato₂ [DEFAULT <valor_defecto₂] [COLLATE nombre_cotejamiento]
                    [restricciones_columna₂],
….
columnaₙ tipo_datoₙ [DEFAULT valor_defectoₙ] [COLLATE nombre_cotejamiento]
                    [restricciones_columnaₙ],
[restricción_tabla₁],
[restricción_tabla₂], …);
```

Si ya existe dentro del esquema una tabla con el nombre indicado, se mostrará un mensaje de error. Para evitar esto, se puede incluir antes del nombre de la tabla la cláusula IF NOT EXISTS, de tal forma que, en este caso, si no existe ninguna tabla con el nombre indicado dentro del esquema, se crea; en caso contrario, no se crea, pero no se muestra ningún mensaje de error.

Una tabla consta de varios campos, atributos o columnas. Pues bien, por cada uno de estos atributos habrá de indicarse obligatoriamente su nombre y su tipo de dato y, opcionalmente, su valor por defecto, cotejamiento y las restricciones que debe soportar.

Con *DEFAULT valor* se puede especificar el valor por defecto que toma un atributo, de manera que para todas las filas que se añadan a la tabla, ese atributo tomará ese valor inicial o por defecto a no ser que se especifique un valor distinto.

- Si se trata de un valor numérico se especifica poniendo después de la palabra DEFAULT el número en cuestión. Si se trata de un número real, se emplea el punto para separar la parte entera de la parte decimal. Ejemplos: edad smallint DEFAULT 25, salario numeric(6,2) DEFAULT 1123.45.

- Si se trata de una cadena de caracteres, se especifica el valor por defecto entre comillas simples. Ejemplo: provincia varchar(20) DEFAULT 'Ávila '.

- Si se trata de una fecha o una hora, se especifica el valor por defecto entre comillas simples siguiendo la fecha el formato 'aaaa-mm-dd' y la hora el formato 'hh:mm:ss'. Ejemplo: fecnac date DEFAULT '1990-01-01'.

Con COLLATE podemos especificar el cotejamiento deseado para el atributo. Un cotejamiento es un conjunto de reglas que permite comparar caracteres incluidos dentro de un conjunto de caracteres. Tengamos en cuenta que en un conjunto de caracteres a cada carácter se le asigna un código, como, por ejemplo, el código ASCII correspondiente. A la hora de comparar dos caracteres y saber cuál es menor, por ejemplo, se comparan sus códigos. Supongamos que, por ejemplo, la letra «A» tiene asignado el código 0 y la letra «B» el código 1. De esta manera podremos decir que la letra A es «menor» que la letra B porque su código lo es. Hay cotejamientos correspondientes a diversos idiomas, por lo que si deseamos almacenar en un atributo que va almacenar cadenas (*char, varchar, text*, etc.) caracteres propios de un idioma, como la ñ o las letras con tilde, propias del español, deberemos asignar a este atributo el cotejamiento correspondiente a ese idioma escribiendo después de la palabra COLLATE entre comillas dobles, el nombre de dicho cotejamiento; en el caso del español, "es-ES-x-icu".

Las restricciones que afectan a un único atributo se llaman restricciones de columna. A todas ellas se les puede asignar un nombre, aunque esto no es obligatorio. Para ello, se debe especificar la palabra CONSTRAINT y a continuación el nombre que se desea asignar a la restricción. Las restricciones de columna pueden ser las siguientes:

- [CONSTRAINT nombre_restricción] NOT NULL: indica que el atributo correspondiente es requerido u obligatorio, es decir, que se debe rellenar obligatoriamente.

- [CONSTRAINT nombre_restricción] PRIMARY KEY: sirve para indicar que ese atributo será la clave primaria de la tabla, lo que quiere decir que no podrá contener valores nulos ni podrá haber valores duplicados.

- [CONSTRAINT nombre_restricción] UNIQUE: sirve para indicar que ese atributo debe tomar un valor único, es decir, que no podrá haber dos filas con el mismo valor en ese campo. Sirve para definir claves alternativas.

- [CONSTRAINT nombre_restricción] CHECK (expresión): sirve para crear restricciones de rechazo, de manera que, si al actualizar el valor del atributo indicado no se cumpliese la condición especificada entre paréntesis, la operación en cuestión sería rechazada. En la expresión se incluirá el nombre del atributo en cuestión y muy probablemente algún valor constante. En la expresión se pueden emplear operadores aritméticos (+, - *, /), relacionales (>, >=, <, <=, =, < >, between ... and ..., in (..., ..., ...)) y lógicos (and, or, not). Ejemplo: CHECK (edad between 16 and 65).

- [CONSTRAINT nombre_restricción] FOREIGN KEY (columna$_1$) REFERENCES tabla [(columna$_2$)] [ON DELETE opción_referencia] [ON UPDATE opción_referencia]: sirve para indicar que el atributo columna$_1$ de la tabla que se está definiendo constituye una clave ajena que hace referencia a la tabla indicada después de la palabra REFERENCES y el atributo indicado a continuación entre paréntesis. Si no se indica este último atributo, se sobreentiende que la clave ajena hace referencia al atributo clave primaria de la tabla referenciada.

  Se pueden indicar después de la cláusula REFERENCES las opciones seleccionadas para el borrado y modificación de filas que contienen la clave referenciada. Estas opciones pueden ser diferentes.

  ```
  opción_referencia:
  {RESTRICT | CASCADE | SET NULL | NO ACTION | SET DEFAULT}
  ```

  El significado de estas opciones es el siguiente:

  — RESTRICT: no se va a permitir el borrado o modificación de filas de la relación referenciada si hay alguna fila en la otra relación que contiene el mismo valor en la clave ajena. Es la opción por defecto.

  — CASCADE: el borrado o modificación de filas de la relación que contiene la clave referenciada implica el borrado o modificación en cascada de las tuplas correspondientes en la tabla que contiene la clave ajena.

— SET NULL: el borrado o modificación de filas de la relación que contiene la clave referenciada lleva consigo poner a valor nulo el atributo que constituye la clave ajena.

— NO ACTION: es equivalente a la opción RESTRICT.

— SET DEFAULT: el borrado o modificación de filas de la relación que contiene la clave referenciada lleva consigo asignar al atributo que constituye la clave ajena el valor establecido por defecto para ese atributo.

Un atributo derivado es aquel cuyo valor se puede calcular a partir una expresión en la que aparecen otro u otros atributos. Se debe indicar el tipo de dato del atributo y la expresión por medio de la cual se calcula su valor. Estos atributos se definen del siguiente modo:

```
columna tipo_dato GENERATED ALWAYS AS (expresión) STORED
```

A modo de ejemplo, se van a incluir en el esquema *pedidos* que se creó anteriormente dentro de la base de datos *postgres*, varias tablas, concretamente, las que aparecen en el siguiente esquema relacional. Este esquema contiene información sobre los artículos que vende una librería (tabla *Articulo*), los pedidos realizados a la librería por parte de sus clientes (tabla *Pedido*) e información sobre los artículos solicitados en cada uno de los pedidos (tabla *LineaPedido*).

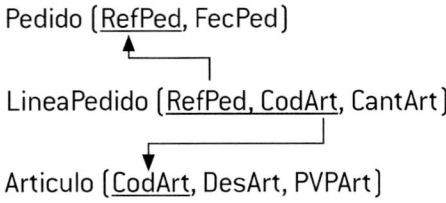

Pedido (RefPed, FecPed)

LineaPedido (RefPed, CodArt, CantArt)

Articulo (CodArt, DesArt, PVPArt)

Algunos datos que podrían contener estas tablas se muestran a continuación:

PEDIDO

RefPed	FecPed
P0001	16/02/2024
P0002	18/02/2024
P0003	23/02/2024
P0004	25/02/2024

LINEAPEDIDO

RefPed	CodArt	CantArt
P0001	A0043	10
P0001	A0078	12
P0002	A0043	5
P0003	A0075	20
P0004	A0012	15
P0004	A0043	5
P0004	A0089	50

ARTICULO i

CodArt	DesArt	PVPArt
A0043	Bolígrafo azul fino	0,78
A0078	Bolígrafo rojo normal	1,05
A0075	Lápiz 2B	0,55
A0012	Goma de borrar	0,15

Figura 2.5. Contenido del esquema *Pedidos*.

Pues bien, para crear estas tablas, en primer lugar, deberemos acceder al esquema *pedidos* dentro de la base de datos *postgres*, que creamos con anterioridad, por lo que incluiremos este esquema al principio del camino de búsqueda de esquemas con la siguiente orden:

```
postgres=# SET SEARCH_PATH TO pedidos, public;
SET
```

Comencemos creando la tabla *Pedido*:

- Al atributo *RefPed* le asignamos el tipo char(5), ya que las referencias de los pedidos son cadenas de caracteres de longitud fija 5. Además, este atributo es la clave primaria de la tabla, por lo que pondremos la restricción *PRIMARY KEY*.

- Al atributo *FecPed* le asignamos el tipo date y, dado que es obligatorio, le pondremos la restricción *NOT NULL*.

La orden CREATE TABLE quedará así sin asignar nombre a las restricciones:

```
CREATE TABLE Pedido
(RefPed char(5) PRIMARY KEY,
FecPed date NOT NULL);
```

Tras crear una tabla, podemos ver que efectivamente está incluida dentro de la base de datos activa, escribiendo \d, como se puede observar a continuación.

```
pedidos=# \d
        Listado de relaciones
 Esquema | Nombre | Tipo  | Dueño
---------+--------+-------+----------
 pedidos | pedido | tabla | postgres
(1 fila)
```

Además, se puede observar la estructura o el diseño de una tabla en concreto escribiendo \d y a continuación el nombre de la tabla:

```
pedidos=# \d pedido
                    Tabla ½pedidos.pedido¬
 Columna |      Tipo     | Ordenamiento | Nulable  | Por omisi¾n
---------+---------------+--------------+----------+-------------
 refped  | character(5)  |              | NOT NULL |
 fecped  | date          |              | NOT NULL |
=ndices:
    "pedido_pkey" PRIMARY KEY, btree (refped)
```

En *pgAdmin* podremos ver la estructura de la tabla si hacemos clic en la opción de menú *Properties* que aparece si clicamos el botón derecho del ratón sobre el nombre de la tabla *Pedido*. Nos aparecerán diversas pestañas y en la pestaña *Columns* se nos muestra información sobre los atributos de la tabla.

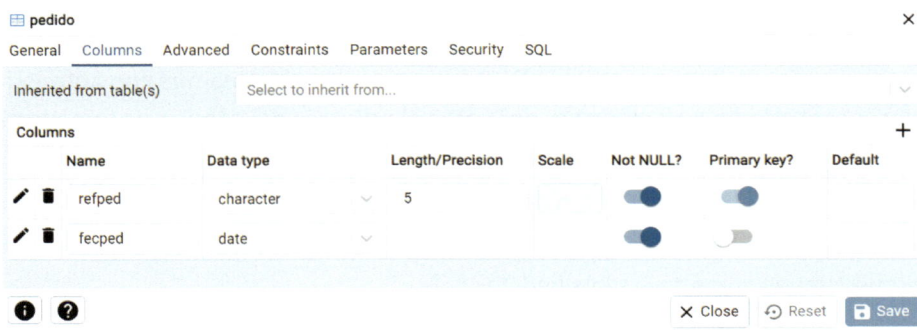

Figura 2.6. Información sobre los atributos de la tabla *Pedido* que se muestra en *pgAdmin*.

Creemos a continuación la tabla *Articulo*:

- Al atributo *CodArt* le asignaremos el tipo char(5) y la restricción *PRIMARY KEY* por ser este atributo la clave primaria de la tabla.

- Las descripciones de los artículos son cadenas alfanuméricas sin longitud fija, por lo que al atributo *DesArt* le asignaremos el tipo varchar(30) (se ha considerado 30 como longitud máxima). Como queremos almacenar cadenas de caracteres que pueden incluir caracteres propios del español, como letras con tilde, le asignaremos el cotejamiento "es-ES-x-icu". Además, pondremos la restricción *NOT NULL* por ser un atributo obligatorio.

- Al atributo *PVPArt* le asignaremos el tipo numeric (6,2) por ser una cantidad monetaria, que, por tanto, debe ser exacta. Contiene un máximo de 6 dígitos, de los cuales se sitúan dos después del separador decimal. Además, incluiremos la restricción NOT NULL por ser obligatorio.

Para impedir precios de artículos incorrectos, indicaremos mediante una restricción de rechazo que el atributo *PVPArt* debe tomar un valor mayor que 0, asignando a la restricción el nombre *ck_PVPArt*.

La instrucción quedará como sigue:

```
CREATE TABLE Articulo
(CodArt char(5) PRIMARY KEY,
DesArt varchar(30) COLLATE "es-ES-x-icu" NOT NULL,
PVPArt numeric(6,2) NOT NULL CONSTRAINT ck_PVPArt CHECK (PVPArt > 0));

pedidos=# \d Articulo
                                      Tabla ½pedidos.articulo⌐
 Columna |         Tipo         | Ordenamiento | Nulable  | Por omisi¾n
---------+----------------------+--------------+----------+-------------
 codart  | character(5)         |              | not null |
 desart  | character varying(30)| es-ES-x-icu  | not null |
 pvpart  | numeric(6,2)         |              | not null |
=ndices:
    "articulo_pkey" PRIMARY KEY, btree (codart)
Restricciones CHECK:
    "ck_pvpart" CHECK (pvpart > 0::numeric)
```

Además, se pueden incluir, normalmente tras la definición de todos los atributos, una o varias restricciones de tabla, que son aquellas que afectan a varias columnas o atributos. Las restricciones de tabla permitidas son las siguientes:

- [CONSTRAINT nombre_restricción] PRIMARY KEY (columna$_1$, columna$_2$, ...): sirve para especificar que los atributos indicados entre paréntesis y separados por comas constituirán la clave primaria de la tabla, lo que quiere decir que ninguno de ellos podrá contener valor nulo ni podrá haber valores duplicados para el grupo de atributos indicado.

- [CONSTRAINT nombre_restricción] UNIQUE (columna$_1$, columna$_2$, ...): sirve para indicar que el conjunto de atributos especificados entre paréntesis debe tomar un valor único, es decir, que no podrá haber dos filas con la misma combinación de valores para el grupo de atributos. Sirve para definir claves alternativas.

- [CONSTRAINT nombre_restricción] FOREIGN KEY (columna$_{11}$, columna$_{12}$, ...) REFERENCES tabla [(columna$_{21}$, columna$_{22}$, ...)] [ON DELETE opción_referencia] [ON UPDATE opción_referencia]: sirve para indicar que los atributos columna$_{11}$, columna$_{12}$, *E* de la tabla que se está definiendo constituyen una clave ajena que hace referencia a la tabla indicada después de la palabra REFERENCES y a los atributos especificados a continuación entre paréntesis. Se pueden indicar después de la cláusula REFERENCES las opciones seleccionadas para el borrado y modificación de filas que contienen la clave referenciada.

- [CONSTRAINT nombre_restricción] CHECK (expresión): permite crear restricciones de rechazo en cuya expresión aparecen varios atributos de la tabla.

Para el esquema *pedidos* nos falta por crear la tabla *LineaPedido*. Pues bien, con respecto a esta tabla:

- Al atributo *RefPed* le asignaremos el tipo char(5), tipo exactamente igual que la clave primaria de la tabla *Pedido*, atributo al que referencia. Se trata de un atributo obligatorio, pero no es necesario que incluyamos en este caso la restricción NOT NULL. Tengamos en cuenta que este atributo forma parte de la clave primaria de la tabla (aspecto que indicaremos más abajo en la definición de la tabla) y por la restricción de integridad de la entidad, ningún atributo que forme parte de la clave primaria de una tabla puede tomar valor nulo, lo que se encuentra implementado en el SGBD PostgreSQL.

- Al atributo *CodArt* le asignaremos el tipo char(5), tipo exactamente igual que la clave primaria de la tabla *Articulo*, atributo al que referencia. Por el mismo motivo aducido para el atributo *RefPed*, no es necesario incluir la restricción NOT NULL, a pesar de tratarse de un atributo obligatorio.

- Al atributo *CantArt* le asignaremos el tipo int, pues es un número sin decimales. Además, le asignaremos como valor por defecto un 1. Por considerar que es obligatorio, pondremos la restricción NOT NULL. Para evitar cantidades incorrectas, indicaremos mediante una restricción de rechazo que *CantArt* debe ser mayor que 0.

- Especificaremos una restricción de clave ajena para el atributo *RefPed*. Recordemos que apunta al atributo homónimo de la tabla *Pedido*. Si deseamos que, al modificar la referencia de un pedido en la tabla *Pedido*, se modifique el atributo *RefPed* para todas sus líneas de pedido, entonces es necesario que añadamos la cláusula ON UPDATE CASCADE. Para el caso del borrado, es aconsejable ser más cauteloso y no realizar borrados en cascada. Por ello, optamos por la opción por defecto (RESTRICT). Al tratarse de la opción por defecto, no es necesario escribir nada.

- Especificaremos una restricción de clave ajena para el atributo *CodArt*. Recordemos que apunta al atributo homónimo de la tabla *Ariculo*. Si deseamos que al modificar el código de un artículo en la tabla *Articulo*, se modifique el atributo *CodArt* para todas las líneas de pedido en que aparece, entonces es necesario que añadamos la cláusula ON UPDATE CASCADE. Para el caso del borrado, es aconsejable ser más precavido y no realizar borrados en cascada.

- Debemos indicar mediante una restricción de tabla que la clave primaria de esta tabla está formada por la pareja de atributos (*RefPed*, *CodArt*).

La instrucción quedará como sigue:

```
CREATE TABLE LineaPedido
(RefPed char(5),
CodArt char(5),
CantArt int DEFAULT 1 NOT NULL CONSTRAINT ck_CantArt CHECK (CantArt > 0),
CONSTRAINT fk_RefPed_LineaPedido FOREIGN KEY (RefPed)
               REFERENCES Pedido(RefPed) ON UPDATE CASCADE,
CONSTRAINT fk_CodArt_LineaPedido FOREIGN KEY (CodArt)
               REFERENCES Articulo(CodArt) ON UPDATE CASCADE,
CONSTRAINT pk_LineaPedido PRIMARY KEY (RefPed, CodArt));
```

```
pedidos=# \d LineaPedido
                    Tabla ½public.lineapedido¬
  Columna |     Tipo     | Ordenamiento | Nulable  | Por omisi¾n
 ---------+--------------+--------------+----------+-------------
  refped  | character(5) |              | NOT NULL |
  codart  | character(5) |              | NOT NULL |
  cantart | integer      |              |          | 1
=ndices:
    "pk_lineapedido" PRIMARY KEY, btree (refped, codart)
Restricciones CHECK:
    "ck_cantart" CHECK (cantart > 0)
Restricciones de llave forßnea:
  "fk_codart_lineapedido" FOREIGN KEY (codart) REFERENCES articulo(codart)
ON UPDATE CASCADE
  "fk_refped_lineapedido" FOREIGN KEY (refped) REFERENCES pedido(refped)
ON UPDATE CASCADE
```

Una vez creada la tabla *LineaPedido*, en *pgAdmin* se puede ver información sobre su estructura, e incluso modificarla si hacemos clic el botón derecho del ratón sobre el nombre de la tabla *LineaPedido* y elegimos la opción de menú *Properties*. Nos aparecerán diversas pestañas. Así, en la pestaña *Columns* se nos muestra información que se puede modificar sobre los atributos de la tabla:

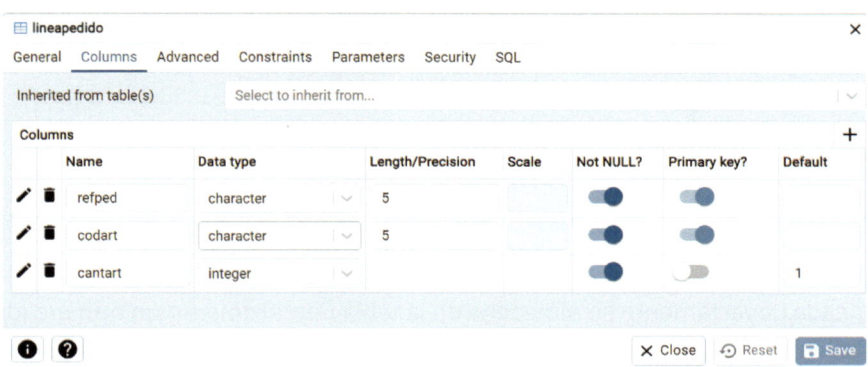

Figura 2.7. Se muestra en *pgAdmin* información modificable sobre los atributos de la tabla *LineaPedido*.

Al hacer clic en la pestaña *Constraints* y en la subpestaña *FOREIGN KEY*, se muestra información sobre las claves ajenas existentes en la tabla *LineaPedido*, como se muestra a continuación:

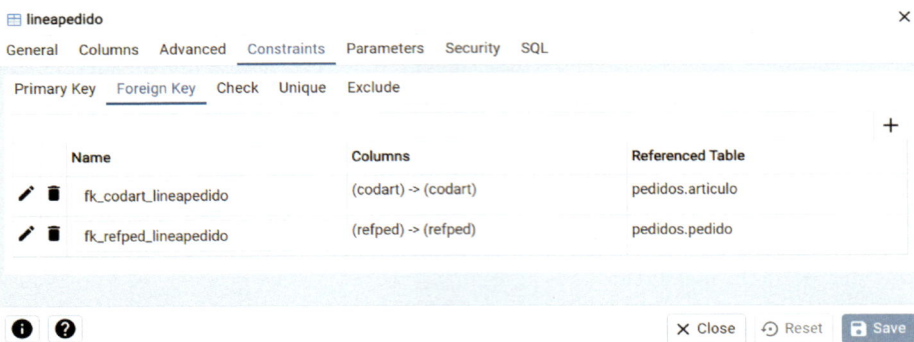

Figura 2.8. Se muestra en *pgAdmin* información modificable sobre las claves ajenas de la tabla *LineaPedido*.

Si bien a la hora de crear la tabla *LineaPedido*, se ha distinguido entre restricciones de columna (aquellas que afectan a un solo atributo) y restricciones de tabla, todas ellas (tanto las de columna como las de tabla) se pueden especificar como si fuesen restricciones de tabla aunque afecten a un solo atributo.

Se proporcionan las instrucciones necesarias para crear el esquema *pedidos* y añadir datos en las tablas por medio del archivo *pedidos.sql* disponible en la web de Paraninfo.

A modo de segundo ejemplo, se va a crear en la base de datos *postgres* un esquema llamada *empresa* en el que se van a crear dos tablas, concretamente, las que aparecen en el siguiente esquema relacional. Este esquema contiene información sobre los departamentos en que se divide una empresa (tabla *Departamento*) y los empleados que trabajan en los mismos (tabla *Empleado*):

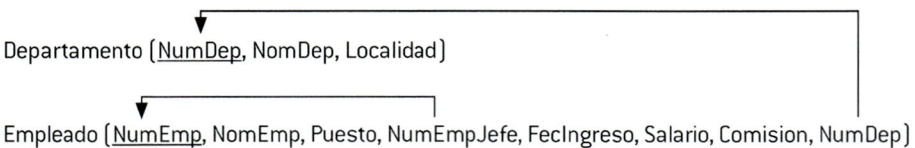

Departamento (<u>NumDep</u>, NomDep, Localidad)

Empleado (<u>NumEmp</u>, NomEmp, Puesto, NumEmpJefe, FecIngreso, Salario, Comision, NumDep)

Por cada departamento se almacena en la tabla *Departamento* un número identificativo (*NumDep*), su nombre (*NomDep*) y la ciudad o localidad en la que está ubicado (*Localidad*). Por otro lado, por cada empleado se almacena un número que lo identifica (*EumEmp*), su nombre (*NomEmp*), el puesto que desempeña en la empresa (*Puesto*), el número de su empleado jefe (*NumEmpJefe*), su fecha de ingreso en la empresa (*FecIngreso*), el salario que cobra (*Salario*), su comisión (*Comision*) y el número identificativo del departamento en el que trabaja (*NumDep*). Los datos que se van a almacenar en esta base de datos se muestran en la Figura 2.9:

Tabla Departamento

NumDep	NomDep	Localidad
1	Compras	Madrid
2	Recursos humanos	Barcelona
3	Ventas	Bilbao

Tabla Empleado

NumEmp	NomEmp	Puesto	NumEmpJefe	FecIngreso	Salario	Comision	NumDep
1	Alberto Rey Ruiz	Gerente	NULL	2014-01-02	5500.00	0.00	1
2	Luis Grande Gil	Director	1	2014-01-02	3200.00	0.00	1
3	Ana Ruiz Almeida	Empleado	2	2014-01-02	1525.00	0.00	1
4	Albert Rius García	Director	1	2016-02-02	3100.00	0.00	2
5	Georgina Ruiz Plá	Empleado	4	2016-02-02	1420.00	0.00	2
6	Laura Díaz Folgado	Empleado	4	2016-12-12	1320.00	0.00	2
7	Esther Gómez Bilbao	Director	1	2018-01-02	2800.00	0.00	3
8	Vanessa Amor López	Vendedor	7	2018-01-02	1600.00	250.00	3
9	Ángel Jiménez Sánchez	Empleado	8	2018-01-02	1450.00	0.00	3
10	Sandra Rojo Núñez	Vendedor	8	2018-01-02	1900.00	400.00	3
11	María Galiano Lastra	Vendedor	10	2020-01-15	1300.00	900.00	3
12	Pedro Gómez Sanz	Vendedor	10	2022-05-05	1250.00	300.00	3

Figura 2.9. Contenido del esquema *empresa*.

En primer lugar, crearemos el esquema *empresa* dentro de la base de datos *postgres* y lo añadiremos al camino de búsqueda de esquemas:

```
postgres=# CREATE SCHEMA empresa;
CREATE SCHEMA
postgres=# SET SEARCH_PATH TO empresa, pedidos, public;
SET
```

Ahora pasaremos a crear las tablas. Comenzaremos creando la tabla *Departamento* porque *Empleado* tiene una clave ajena a *Departamento*:

- En cuanto al atributo *NumDep,* le asignaremos el tipo int. Indicaremos que este atributo es la clave primaria de la tabla y que solo puede tomar valores entre 1 y 100.

- Al atributo *NomDep* le asignaremos el tipo varchar por ser una cadena de caracteres de longitud variable. Como queremos almacenar cadenas de caracteres que pueden incluir caracteres propios del español, como letras con tilde, le asignaremos el cotejamiento "es-ES-x-icu". Pondremos la restricción *NOT NULL* por ser un atributo obligatorio y si sabemos además que los nombres de los departamentos no se pueden repetir, le asignaremos también la restricción UNIQUE.

- El atributo *Localidad* lo definiremos también como cadena de caracteres de longitud variable, le asignaremos el cotejamiento del español e indicaremos que es obligatorio.

La orden CREATE TABLE nos quedará como sigue:

```
CREATE TABLE Departamento
(NumDep int PRIMARY KEY
           CONSTRAINT cK_NumDep CHECK (NumDep between 1 and 100),
NomDep varchar(40) COLLATE "es-ES-x-icu" NOT NULL
                   CONSTRAINT UQ_NomDep_Departamento UNIQUE,
Localidad varchar(40) COLLATE "es-ES-x-icu" NOT NULL);

postgres=# \d Departamento
                    Tabla ½empresa.departamento¬
  Columna  |          Tipo          |Ordenamiento | Nulable  | Por omisi¾n
-----------+------------------------+-------------+----------+------------
 numdep    | integer                |             | not null |
 nomdep    | character varying(40)  |es-ES-x-icu  | not null |
 localidad | character varying(40)  |es-ES-x-icu  | not null |
=ndices:
    "departamento_pkey" PRIMARY KEY, btree (numdep)
    "uq_nomdep_departamento" UNIQUE CONSTRAINT, btree (nomdep)
Restricciones CHECK:
    "ck_numdep" CHECK (numdep >= 1 AND numdep <= 100)
```

En cuanto a la tabla *Empleado*:

- Como vemos en la Figura 2.9, el atributo *NumEmp* es un campo numérico entero. Además, se debe indicar que es clave primaria. Para impedir números negativos, pondremos una restricción de tipo *CHECK*.

- Al atributo *NomEmp* le asignaremos el tipo varchar y longitud máxima 40. Además, le asignaremos el cotejamiento del español e indicaremos que es obligatorio con la restricción NOT NULL.

- El puesto de los empleados solo puede tomar los valores 'Gerente', 'Director', 'Empleado' o 'Vendedor'. Lo definiremos de tipo varchar con la longitud máxima de estos 4 valores (8). Le asignaremos el cotejamiento del español y obligaremos a introducir siempre uno de estos valores poniendo la restricción NOT NULL. Para restringir los valores a solo estos 4, incluiremos una restricción de tipo CHECK indicando que el atributo *Puesto* solo puede tomar uno de los valores de la lista indicada después del operador *in*.

- El atributo *NumEmpJefe* es una clave ajena al atributo *NumEmp* de la misma tabla *Empleado*, por lo que su tipo debe ser igual (int). Como este atributo es una clave ajena, deberemos especificar una restricción de clave ajena indicando que apunta al atributo *NumEmp* de la tabla *Empleado* (cláusula REFERENCES). Si deseamos que al cambiar el atributo *NumEmp* de un empleado, se modifique automáticamente el atributo *NumEmpJefe* para aquellos empleados que lo tienen como jefe, pondremos la cláusula ON UPDATE CASCADE.

- El atributo *FecIngreso* es de tipo date. Lo pondremos como un atributo obligatorio (NOT NULL).

- El atributo *Salario* debe ser un atributo de tipo real exacto por ser un dato monetario. Si consideramos que el salario debe tener como máximo 4 dígitos antes del separador decimal y 2 después de este, le pondremos el tipo numeric (6,2). Indicaremos que es un atributo obligatorio y mediante una restricción de rechazo, que el salario mínimo es de 1100 €.

- El atributo *Comision* será del mismo tipo que el atributo *Salario*, pero en este caso, no es obligatorio. Indicaremos mediante una restricción de rechazo que la comisión no puede ser negativa.

- El atributo *NumDep* es clave ajena al atributo homónimo de la tabla *Departamento*, por lo que su tipo debe ser igual (int). Le asignaremos por defecto el valor 1 y lo pondremos como obligatorio. Por tratarse de una clave ajena, especificaremos una restricción FOREIGN KEY apuntando al atributo *NumDep* de la tabla *Departamento*. Nos interesa que al modificarse el número de un departamento en la tabla *Departamento* se modifique automáticamente el atributo *NumDep* para los empleados que trabajen en ese departamento, por lo que añadimos ON UPDATE CASCADE.

- Sabemos que hay una limitación en la comisión de un empleado consistente en que esta no puede superar el salario multiplicado por 1,5. Crearemos, para reflejar esta limitación, una restricción de tipo CHECK indicando que la comisión debe ser menor o igual que el salario * 1,5.

La orden CREATE TABLE nos quedará como sigue:

```
CREATE TABLE Empleado
(NumEmp int PRIMARY KEY CONSTRAINT ck_NumEmp CHECK (NumEmp > 0),
NomEmp varchar(40) COLLATE "es-ES-x-icu" NOT NULL,
Puesto varchar(8) COLLATE "es-ES-x-icu" NOT NULL CONSTRAINT ck_Puesto
    CHECK (Puesto in ('Gerente', 'Director', 'Empleado', 'Vendedor')),
NumEmpJefe int,
FecIngreso date NOT NULL,
```

```
Salario numeric(6,2) NOT NULL
        CONSTRAINT ck_salario CHECK (salario >= 1100),
Comision numeric(6,2) CONSTRAINT ck_comision CHECK (comision >= 0),
NumDep int DEFAULT 1 NOT NULL,
CONSTRAINT fk_Jefe_Empleado FOREIGN KEY(NumEmpJefe)
        REFERENCES Empleado(NumEmp)ON UPDATE CASCADE,
CONSTRAINT fk_NumDep_Empleado FOREIGN KEY(NumDep)
        REFERENCES departamento(NumDep) ON UPDATE CASCADE,
CONSTRAINT ck_comision_salario CHECK (Comision <= 1.5 * Salario));


postgres=# \d Empleado
                    Tabla ½empresa.empleado¶
  Columna   |         Tipo         | Ordenamiento| Nulable  | Por omisi¾n
------------+----------------------+-------------+----------+------------
 numemp     | integer              |             | not null |
 nomemp     | character varying(40)| es-ES-x-icu | not null |
 puesto     | character varying(8) | es-ES-x-icu | not null |
 numempjefe | integer              |             |          |
 fecingreso | date                 |             | not null |
 salario    | numeric(6,2)         |             | not null |
 comision   | numeric(6,2)         |             |          |
 numdep     | integer              |             | not null | 1
=ndices:
    "empleado_pkey" PRIMARY KEY, btree (numemp)
Restricciones CHECK:
    "ck_comision" CHECK (comision >= 0::numeric)
    "ck_comision_salario" CHECK (comision <= (1.5 * salario))
    "ck_numemp" CHECK (numemp > 0)
    "ck_puesto" CHECK (puesto::text = ANY (ARRAY['Gerente'::character
varying, 'Director'::character varying, 'Empleado'::character varying,
'Vendedor'::character varying]::text[]))
    "ck_salario" CHECK (salario >= 1100::numeric)
Restricciones de llave forßnea:
    "fk_jefe_empleado" FOREIGN KEY (numempjefe) REFERENCES empleado(numemp)
ON UPDATE CASCADE
    "fk_numdep_empleado"    FOREIGN    KEY    (numdep)    REFERENCES
departamento(numdep) ON UPDATE CASCADE
Referenciada por:
    TABLE "empleado" CONSTRAINT "fk_jefe_empleado" FOREIGN KEY (numempjefe)
REFERENCES empleado(numemp) ON UPDATE CASCADE
```

Se proporcionan las instrucciones necesarias para crear el esquema *empresa* y añadir datos en las tablas por medio del archivo *empresa.sql* disponible en la web de Paraninfo.

2.2.2.4. Dominios

Un dominio es un tipo de dato con restricciones opcionales. Son útiles cuando en una base de datos hay que usar dominios con restricciones en varios casos. De esta forma, no es necesario repetir en todos los casos las restricciones.

Para crear un dominio se usa la instrucción CREATE DOMAIN, cuya sintaxis es la siguiente:

```
CREATE DOMAIN Nombre_Dominio [AS] Tipo_Dato
[DEFAULT expresión]
[restricción1, [restricción2]...]
Restricción:
[CONSTRAINT Nombre_Restricción] {NOT NULL|NULL|CHECK (expresión)}
```

Supongamos que en una empresa que fabrica ciertos artículos en base al ensamblaje de diversas piezas, es necesario almacenar el color principal de los artículos y de los componentes. Pues bien, se sabe que el color principal puede ser blanco, rojo, amarillo, verde, azul o negro y que el color más habitual es el blanco. Es posible crear un dominio llamado color de la siguiente manera:

```
CREATE DOMAIN color VARCHAR(8)
DEFAULT 'blanco'
CONSTRAINT CK_Color CHECK (VALUE IN ('blanco', 'rojo', 'amarillo',
                                     'verde', 'azul', 'negro'));
```

Ahora es posible crear una tabla Pieza con un atributo al que se le asigne el dominio color que se acaba de crear:

```
CREATE TABLE Pieza
(IdPieza char(5) PRIMARY KEY,
DescPieza varchar(40) NOT NULL,
ColorPieza color NOT NULL);
```

Probemos ahora a añadir dos piezas sin asignarles color, luego una con un color perteneciente al dominio y otra con un color incorrecto:

```
postgres=# INSERT INTO Pieza (IdPieza, DescPieza) VALUES ('T0011', 'Teja'),
('P0001', 'Piloto');
INSERT 0 2
postgres=# INSERT INTO Pieza VALUES ('L0022', 'Luz de paso', 'verde');
INSERT 0 1
postgres=# SELECT * FROM Pieza;
 idpieza |  descpieza   | colorpieza
---------+--------------+------------
 T0011   | Teja         | blanco
 P0001   | Piloto       | blanco
 L0022   | Luz de paso  | verde
(3 filas)

postgres=# INSERT INTO Pieza VALUES ('L0044', 'Luz rosa', 'rosa');
ERROR:  el valor para el dominio color viola la restricción «check»
«ck_color»
```

2.2.2.5. Vistas

Para poder comprender los contenidos de esta sección, se recomienda leer anteriormente la Sección 2.3 dedicada al lenguaje de manipulación de datos SQL.

Las vistas son objetos de la base de datos que incluyen mediante una consulta un subconjunto de datos de la base de datos. A veces se llama a las vistas «tablas virtuales» porque se puede trabajar con ellas en la mayoría de los casos como si fuesen tablas, pero no lo son porque las vistas no contienen datos almacenados. Las tablas que aparecen en la consulta asociada a la vista reciben el nombre de tablas subyacentes. Cada vez que se realiza una operación sobre una vista, se ejecuta la sentencia SELECT asociada a la vista para obtener los datos de la misma. Las vistas no almacenan datos excepto si se trata de vistas materializadas.

Las vistas pueden ser útiles por diversos motivos:

- Una vista simplifica la complejidad de una consulta porque se puede realizar una consulta sobre una vista basada en una consulta compleja mediante una SELECT sencilla.

- Las vistas permiten que el administrador de la base de datos solo ponga a disposición de determinados usuarios aquellos datos a los que estos deben poder acceder creando las vistas correspondientes. Para los usuarios ver los datos contenidos en tablas o en vistas es exactamente igual, pero no para el administrador, quien debe velar por la integridad de los datos. Además, es posible dar permisos sobre vistas como si se tratase de tablas, permitiendo de esta manera proteger las tablas originales.

- Una vista proporciona una capa consistente incluso si cambian las columnas de la tabla o tablas subyacentes.

Para crear una vista se debe emplear la sentencia CREATE VIEW, cuyo formato es el siguiente:

```
CREATE [OR REPLACE]
VIEW Nombre_vista [(atributo₁, atributo₂, …, atributoₙ)]
AS sentencia_SELECT
[WITH CHECK OPTION];
```

La opción OR REPLACE sirve para que en el caso de que ya exista una vista con el nombre indicado, no se produzca un mensaje de error y esa vista sea sustituida por la que se está creando.

A toda vista es necesario asignarle un nombre, que no puede coincidir con el nombre de ninguna otra vista ni tabla dentro del esquema actual. Después de indicar el nombre de la vista se pueden especificar entre paréntesis y separados por comas los nombres de sus atributos. En caso de omitir esta lista, se asignan a los atributos de la vista los mismos nombres que aparecen en la sentencia SELECT con la que se crea la vista.

Vamos a trabajar con vistas a partir de algunas tablas del esquema *pedidos*, cuyo esquema relacional se muestra a continuación:

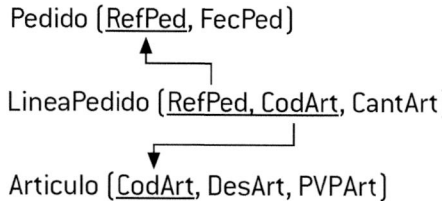

Pedido (<u>RefPed</u>, FecPed)

LineaPedido (<u>RefPed, CodArt</u>, CantArt)

Articulo (<u>CodArt</u>, DesArt, PVPArt)

A modo de ejemplo, se va a crear una vista llamada *ArticulosBaratos* con la descripción y precio de los artículos cuyo precio es inferior a 0,50 €. En este caso no se van a especificar los nombres de los atributos de la vista, por lo que coincidirán con los de la tabla *Articulo* sobre la que se define:

```
CREATE VIEW ArticulosBaratos
AS SELECT DesArt, PVPArt FROM Articulo WHERE PVPArt < 0.50;

postgres=# SELECT * FROM ArticulosBaratos;

     desart     | pvpart
----------------+--------
 Goma de borrar |   0.15
 Sacapuntas     |   0.25
(2 filas)
```

En la sentencia SELECT asociada a la vista pueden aparecer varias tablas o vistas en su cláusula FROM.

Si a algún atributo de la vista se le desea asignar un nombre diferente de lo que viene especificado en la cláusula SELECT de la consulta con la que se crea la vista, se puede obrar de una de las dos siguientes maneras:

- Asignar un alias al atributo en la sentencia SELECT.

- Escribir después del nombre de la vista dentro de un paréntesis los nombres de todos sus atributos separados por comas.

A modo de ejemplo, vamos a crear una vista que contenga por cada artículo solicitado en más de un pedido, su código, descripción, el número de pedidos en que ha sido solicitado y el número de unidades totales solicitadas del artículo. Para obtener estos dos últimos datos tenemos que realizar agrupamientos y aplicar funciones de grupo (*count* y *sum*) a dos atributos. La podemos crear con la siguiente instrucción:

```
CREATE VIEW ArticulosPedidos AS
SELECT A.CodArt, DesArt, count(RefPed), sum(CantArt)
FROM LineaPedido L JOIN Articulo A ON L.CodArt = A.CodArt
GROUP BY A.CodArt, DesArt
HAVING count(RefPed) > 1;

postgres=# SELECT * FROM ArticulosPedidos;
```

```
 codart  |     desart      | count | sum
--------+-----------------+-------+-----
 A0043  | Bolígrafo azul  |     3 |  20
(1 fila)
```

Pero de esta manera hay dos atributos en la vista (los dos últimos), cuyos nombres pueden no resultar muy adecuados. Para asignarles otros nombres podríamos haber ejecutado una de las dos siguientes órdenes:

```
CREATE VIEW ArticulosPedidos (CodArt, DesArt, NumPed, Unidades)AS
SELECT A.CodArt, DesArt, count(RefPed), sum(CantArt)
FROM LineaPedido L JOIN Articulo A ON L.CodArt = A.CodArt
GROUP BY A.CodArt, DesArt
HAVING count(RefPed) > 1;

CREATE VIEW ArticulosPedidos AS
SELECT A.CodArt, DesArt, count(RefPed) NumPed, sum(CantArt) Unidades
FROM LineaPedido L JOIN Articulo A ON L.CodArt = A.CodArt
GROUP BY A.CodArt, DesArt

HAVING count(RefPed) > 1;
```

Vamos a crear ahora dentro del esquema *empresa* una vista llamada *Salarios-Anuales* con los números de empleado, nombre y salarios anuales de los empleados de la tabla *Empleado* que trabajan en el departamento número 2. Hemos de tener en cuenta que los salarios en la tabla *Empleado* son mensuales, por lo que para obtener los anuales, si no consideramos pagas extra, habrá que multiplicarlos por 12. Crearemos la vista con la siguiente sentencia:

```
CREATE VIEW SalariosAnuales (Número, Nombre, SalarioAnual)
AS SELECT NumEmp, NomEmp, Salario * 12
FROM Empleado
WHERE NumDep = 2;

postgres=# SELECT * FROM SalariosAnuales;

 número |       nombre        | salarioanual
--------+---------------------+--------------
      4 | Albert Rius García  |     37200.00
      6 | Laura Díaz Folgado  |     15840.00
(2 filas)
```

2.2.2.6. Disparadores o *triggers*

Para poder comprender los contenidos de esta sección se recomienda leer anteriormente la Sección 2.2.2.7 dedicada a la creación de procedimientos y funciones y la Sección 2.3 dedicada al lenguaje de manipulación de datos SQL.

Un disparador es un tipo especial de rutina almacenada asociada a una tabla que se ejecuta o dispara automáticamente cuando ocurre una inserción (INSERT), borrado (DELETE) o modificación (UPDATE) sobre una tabla. Los disparadores se pueden emplear para diferentes propósitos, entre los que se encuentran:

- Implementar restricciones complejas de seguridad o de integridad.

- Impedir transacciones erróneas.

- Generar automáticamente valores derivados.

- Auditar actualizaciones, incluso enviando alertas.

La orden para crear un disparador es CREATE TRIGGER y requiere de la siguiente sintaxis:

```
CREATE [OR REPLACE] TRIGGER nombre_disparador
momento_disparo evento_disparo
ON nombre_tabla FOR [EACH] {ROW | STATEMENT} [WHEN (condición)]
EXECUTE FUNCTION nombre_función
```

Como se puede fácilmente deducir, después de la palabra TRIGGER hay que escribir el nombre que se desea asignar al disparador. Si se incluye la opción OR REPLACE, se está indicando que, si ya existe un disparador con el nombre indicado, se sustituya por el que se está creando.

Después se debe indicar obligatoriamente el momento del disparo, que puede ser BEFORE (antes), AFTER (después) o INSTEAD OF (en lugar de). La opción INSTEAD OF se puede usar únicamente en caso de que el disparador se cree para ejecutarse al realizar inserciones, modificaciones o borrados sobre una vista. A continuación, se debe indicar el evento del disparo, que puede ser INSERT, UPDATE o DELETE. Luego se debe poner la palabra ON y el nombre de una tabla o vista. Con toda esta información estaremos indicando si el disparador se tiene que ejecutar antes, después o en lugar de realizar una inserción, borrado o modificación sobre una tabla o vistas. En caso de que el evento del disparo sea UPDATE, se puede indicar UPDATE OF nombre_atributo para indicar que el disparador solo se ejecute en caso de que se modifique el valor del atributo indicado.

Es posible indicar que un disparador se ejecute para varios eventos usando el operador lógico OR. Por ejemplo, si se quiere crear un disparador que se ejecute después de realizar una inserción, modificación o borrado sobre una tabla o vista, se pueden indicar como momento y evento de disparo AFTER INSERT OR UPDATE OR DELETE.

Después se escribirá FOR EACH ROW o bien FOR EACH STATEMENT. En el primer caso, se estará creando un disparador a nivel de fila (*row-level trigger*), que se ejecutará una vez por cada fila que se inserte, borre o actualice sobre la tabla o vista especificada tras la palabra ON. En caso de especificar FOR EACH STATEMENT, se estará creando un diparador a nivel de sentencia (*statement-level trigger*), de forma que el disparador solo se ejecutará una vez para la operación indicada independientemente de cuántas filas se vean afectadas por la inserción, modificación o borrado. Los disparadores creados para su ejecución antes, después o en lugar de realizar una operación sobre una vista, solo pueden hacer uso de la opción FOR EACH STATEMENT, no FOR EACH ROW.

En caso de definir varios disparadores para el mismo evento, estos se lanzarán en un orden dado por el orden alfabético de sus nombres.

También se pueden crear disparadores para su ejecución al realizar una operación TRUNCATE sobre una tabla, pero estos disparadores solo pueden ser disparadores a nivel de sentencia.

También se puede especificar una condición booleana, la cual será comprobada antes de lanzar el disparador y solo se ejecutará este si la condición es verdadera. En disparadores a nivel de fila, en esta condición se puede hacer referencia a valores viejos o nuevos de la fila que se está añadiendo, modificando o borrando, según el caso.

Para indicar las instrucciones que se desea que se ejecuten al realizar la operación asociada al disparador, se debe crear una función, cuyo nombre se debe indicar después de EXECUTE FUNCTION. Este tipo de funciones no admite parámetros y su cabecera debe finalizar con RETURNS TRIGGER. Cuando se llama a una función desde un disparador, se crean automáticamente una serie de variables especiales, de las cuales las más relevantes son las siguientes:

- NEW: nueva fila que se añade si es un disparador a nivel de fila para una operación INSERT o la nueva fila tras una operación UPDATE. Esta variable toma valor NULL en el caso de disparadores a nivel de sentencia y para operaciones DELETE.

- OLD: fila antigua que se borra si es un disparador a nivel de fila para una operación DELETE o la fila antes de una operación UPDATE. Esta variable toma valor NULL en el caso de disparadores a nivel de sentencia y para operaciones INSERT.

- TG_NAME: nombre del disparador que ha desencadenado la ejecución de la función.

- TG_WHEN: BEFORE, AFTER o INSTEAD OF, dependiendo de la definición del disparador.

- TG_LEVEL: ROW o STATEMENT, dependiendo de la definición del disparador.

- TG_OP: operación que desencadenó el disparador: INSERT, UPDATE, DELETE o TRUNCATE.

- TG_TABLE_NAME: nombre de la tabla que provocó la invocación del disparador.

- TG_TABLE_SCHEMA: nombre del esquema al que pertenece la tabla que provocó la invocación del disparador.

Una función de este tipo debe devolver NULL o una fila que tenga exactamente la estructura de la tabla que causó la invocación del disparador.

Las funciones invocadas por disparadores a nivel de sentencia siempre deben devolver un valor NULL. En caso de que devuelvan un valor distinto, este será ignorado. También es aplicable a disparadores a nivel de fila que se lanzan después de una operación (AFTER).

En el caso de los disparadores a nivel de fila, la función invocada puede devolver una fila de la tabla. Un disparador que se lanza después del evento debe devolver la fila insertada, modificada o borrada con RETURN NEW.

Un disparador a nivel de fila que se lanza antes de una operación presenta las siguientes opciones:

- Si devuelve valor NULL, se indica que no se lleve a cabo la operación a nivel de fila invocada por el disparador.

- Para disparadores asociados a eventos INSERT o UPDATE, la fila devuelta se convierte en la que será insertada o sustituirá a la fila que se está modificando, lo que permite al disparador modificar la fila que se está añadiendo o modificando. Si no se desea que la fila insertada o modificada sea cambiada, deberán devolver NEW.

- Para disparadores asociados al evento DELETE, deberán devolver OLD a no ser que se desee que la operación no se lleve a cabo, en cuyo caso deberán devolver valor NULL.

A las columnas de la tabla asociada con el disparador nos podemos referir con los alias OLD y NEW. Con OLD.nombre_atributo nos referimos al valor de un atributo de una fila existente antes de ser borrada o modificada. Con NEW.nombre_atributo nos referimos al valor de un atributo en una nueva fila que va a ser insertada o después de ser modificada una fila existente.

Para trabajar con disparadores vamos a crear dos tablas similares a *Empleado* y *Departamento*. Comenzaremos creando en el esquema *empresa* una tabla llamada *Dep* conteniendo por cada departamento su número, nombre y el número de empleados que tiene:

```
CREATE TABLE Dep
(NumDep int PRIMARY KEY,
NomDep varchar(40) COLLATE "es-ES-x-icu" NOT NULL,
NumEmpleados int NOT NULL DEFAULT 0);
```

Creamos la tabla *Emp*, conteniendo por cada empleado, su número, nombre, salario y número del departamento en el que trabaja, que es una clave ajena a la tabla *Dep*:

```
CREATE TABLE Emp
(NumEmp int PRIMARY KEY,
NomEmp varchar(40) COLLATE "es-ES-x-icu" NOT NULL,
Salario numeric(6,2) NOT NULL,
NumDep int NOT NULL,
CONSTRAINT fk_NumDep_Emp FOREIGN KEY(NumDep)
         REFERENCES Dep(NumDep) ON UPDATE CASCADE);
```

Queremos que el atributo *NumEmpleados* de la tabla *Dep* se mantenga siempre actualizado, de manera que refleje de forma fiel el número de empleados de cada departamento. Se ha asignado a este atributo el valor por defecto cero para que cuando se cree un departamento, si no se indica valor en la correspondiente sentencia INSERT, se le asigne un 0 a este atributo, como debe ser. Para mantener actualizado este atributo hemos de considerar las siguientes situaciones:

- Cada vez que se añada un nuevo empleado a la tabla *Emp*, se debe incrementar en una unidad el número de empleados (atributo *NumEmpleados*) para la fila correspondiente al departamento del empleado en la tabla *Dep*. Por ello, se debe crear un disparador AFTER INSERT sobre la tabla *Emp*. En la sentencia del disparador deberemos indicar que se incremente el valor del atributo *NumEmpleados* de la tabla *Dep* en 1 para la fila cuyo número de departamento (*NumDep*) sea el del departamento del nuevo empleado que se acaba de añadir. En primer lugar, creemos la función asociada al disparador:

```
CREATE FUNCTION IncNumEmple() RETURNS TRIGGER
LANGUAGE plpgsql
AS $$
BEGIN
UPDATE Dep SET NumEmpleados = NumEmpleados + 1
WHERE NumDep = NEW.NumDep;
RETURN NULL;
END $$;
```

Ahora creemos el disparador que llame a esta función:

```
CREATE TRIGGER NuevoEmpleado AFTER INSERT ON Emp
FOR EACH ROW EXECUTE FUNCTION IncNumEmple();
```

Para probar que este disparador funciona correctamente vamos a insertar primero dos departamentos en la tabla Dep y luego vamos a añadir un empleado al departamento número 1.

```
postgres=# INSERT INTO DEP (NumDep, NomDep)
postgres-# VALUES (1, 'Compras'), (2, 'Ventas');
INSERT 0 2
postgres=# INSERT INTO Emp VALUES (1, 'Jose Gil', 1550.45, 1);
INSERT 0 1
```

Para comprobar si el disparador funciona correctamente, veamos el contenido de la tabla *Dep*.

```
postgres=# SELECT * FROM Dep;
 numdep | nomdep  | numempleados
--------+---------+--------------
      2 | Ventas  |            0
      1 | Compras |            1
(2 filas)
```

Podemos observar como el número de empleados del departamento número 1 es 1, lo que quiere decir que el disparador se ha ejecutado y ha incrementado el número de empleados de la tabla *Dep* de cero a uno.

- Cada vez que se elimine a un empleado de la tabla *Emp*, se debe decrementar en una unidad el número de empleados (atributo *NumEmpleados*) para la fila correspondiente al departamento del empleado en la tabla *Dep*. Por ello, deberemos crear un disparador AFTER DELETE sobre la tabla *Emp*. En la sentencia del disparador deberemos indicar que se decremente el valor del atributo *NumEmpleados* de la tabla *Dep* en 1 para la fila cuyo número de departamento (*NumDep*) sea el del departamento del empleado que se acaba de borrar. En primer lugar, creemos la función asociada al disparador:

```
CREATE FUNCTION RedNumEmple() RETURNS TRIGGER
LANGUAGE plpgsql
AS $$
BEGIN
UPDATE Dep SET NumEmpleados = NumEmpleados - 1
WHERE NumDep = OLD.NumDep;
RETURN NULL;
END $$;
```

Ahora creemos el disparador que llame a esta función:

```
CREATE TRIGGER BajaEmpleado AFTER DELETE ON Emp
FOR EACH ROW EXECUTE FUNCTION RedNumEmple();
```

Para probar si el disparador funciona correctamente eliminemos al empleado 1 creado con anterioridad, con lo que el número de empleados de su departamento (el número 1) deberá volver a tomar valor cero.

```
postgres=# DELETE FROM Emp WHERE NumEmp = 1;
DELETE 1
postgres=# SELECT * FROM Dep;
 numdep | nomdep  | numempleados
--------+---------+--------------
      2 | Ventas  |            0
      1 | Compras |            0
(2 filas)
```

- Para terminar, cada vez que se cambie en la tabla *Emp* el número del departamento en el que trabaja un empleado, se debe decrementar en una unidad el número de empleados (atributo *NumEmpleados*) para la fila correspondiente al departamento en el que trabajaba el empleado en la tabla *Dep* e incrementar en una unidad el número de empleados (atributo *NumEmpleados*) para la fila correspondiente al nuevo departamento en el que trabaja el empleado. Creemos la función asociada al disparador:

```
CREATE FUNCTION CambioNumEmple() RETURNS TRIGGER
LANGUAGE plpgsql
AS $$
BEGIN
UPDATE Dep SET NumEmpleados = NumEmpleados - 1
WHERE NumDep = OLD.NumDep;
UPDATE Dep SET NumEmpleados = NumEmpleados + 1
WHERE NumDep = NEW.NumDep;
RETURN NULL;
END $$;
```

Ahora creemos un disparador AFTER UPDATE sobre el atributo *NumDep* de la tabla *Emp* que llame a la función que se acaba de crear:

```
CREATE TRIGGER CambioDep AFTER UPDATE OF NumDep ON Emp
FOR EACH ROW EXECUTE FUNCTION CambioNumEmple();
```

Para probar el funcionamiento de este disparador añadamos dos empleados a la tabla *Emp* asignados al departamento número 1.

```
postgres=# INSERT INTO Emp VALUES (1, 'Ana Gil', 1650, 1),
postgres-# (2, 'Luisa Gómez', 2456.78, 1);
INSERT 0 2
```

Como podemos ver a continuación, el contenido de la tabla *Dep* en cuanto al número de empleados del departamento número 1 es correcto, ya que le acabamos de asignar dos empleados.

```
postgres=# SELECT * FROM Dep;
 numdep | nomdep  | numempleados
--------+---------+--------------
      2 | Ventas  |            0
      1 | Compras |            2
(2 filas)
```

Ahora vamos a cambiar el número de departamento en el que trabaja la empleada número 1, asignándole el departamento número 2:

```
postgres=# UPDATE Emp SET NumDep = 2 WHERE NumEmp = 1;
UPDATE 1
```

Tras esta modificación el número de empleados del departamento 1 debe ser 1 y el número de empleados del departamento número 2 debe ser 1 también. Comprobémoslo:

```
postgres=# SELECT * FROM Dep;
 numdep | nomdep  | numempleados
--------+---------+--------------
      1 | Compras |            1
      2 | Ventas  |            1
(2 filas)
```

En este caso, en vez de crear tres disparadores con sus correspondientes funciones, se puede crear un único disparador que se ejecute al realizar una inserción o un borrado sobre la tabla *Emp* o al realizar una modificación sobre el atributo *NumDep* de dicha tabla. En este caso, es suficiente con crear una única función en la que se pregunte por la operación que desencadenó el disparador por medio de la variable especial TG_OP. Se muestran a continuación el código de la función y el del disparador:

```
CREATE FUNCTION ActualizarNumEmple() RETURNS TRIGGER
LANGUAGE plpgsql
AS $$
BEGIN
IF TG_OP = 'INSERT' THEN
      UPDATE Dep SET NumEmpleados = NumEmpleados + 1
      WHERE NumDep = NEW.NumDep;
ELSIF TG_OP = 'DELETE' THEN
      UPDATE Dep SET NumEmpleados = NumEmpleados - 1
      WHERE NumDep = OLD.NumDep;
ELSE
      UPDATE Dep SET NumEmpleados = NumEmpleados - 1
      WHERE NumDep = OLD.NumDep;
      UPDATE Dep SET NumEmpleados = NumEmpleados + 1
      WHERE NumDep = NEW.NumDep;
END IF;
RETURN NULL;
END $$;

CREATE TRIGGER ActNumEmp AFTER INSERT OR DELETE OR UPDATE OF NumDep ON Emp
FOR EACH ROW EXECUTE FUNCTION ActualizarNumEmple();
```

2.2.2.7. Procedimientos y funciones

Como es conocido, el lenguaje SQL es utilizado por PostgreSQL y otros SGBD relacionales como un lenguaje de consultas. Es un lenguaje portable y fácil de usar, pero cada orden SQL debe ser ejecutada individualmente por el SGBD. Esto conlleva que las aplicaciones clientes deben enviar cada consulta al servidor, esperar a que sea procesada, recibir y procesar los resultados, realizar algún cálculo o computación y enviar más consultas al servidor. Esto conlleva comunicación entre procesos y sobrecarga de la red en caso de que el cliente se encuentre en una máquina distinta de la del servidor de la base de datos.

Con el lenguaje PL/pgSQL se puede agrupar en un bloque un conjunto de computaciones y de consultas sobre la base de datos. De esta forma, es posible aprovechar las ventajas que proporciona un lenguaje procedural junto con la facilidad de uso de SQL y reducir la sobrecarga relacionada con las comunicaciones cliente/servidor.

En un lenguaje procedural, como PL/pgSQL se pueden crear subprogramas almacenados, que pueden ser de dos tipos: procedimientos o funciones. Una vez que se crea un subprograma, los clientes no necesitan ejecutar comandos individuales, sino que en su lugar pueden realizar una llamada al subprograma almacenado. Los subprogramas pueden mejorar el rendimiento, ya que se necesita enviar menos información entre el servidor y el cliente.

Una función es un subprograma almacenado que devuelve un valor, mientras que los procedimientos no devuelven ningún valor.

El uso del lenguaje PL/pgSQL permite un incremento considerable del rendimiento en relación con una aplicación que no haga uso de procedimientos y funciones. Además, se puede hacer uso en PL/pgSQL de todos los tipos de datos, operadores y funciones de SQL.

El lenguaje PL/pgSQL es un lenguaje estructurado en bloques. Todo bloque tiene la siguiente estructura:

```
[etiqueta]
[DECLARE
      declaraciones]
BEGIN
      Instrucciones
END [etiqueta];
```

La zona de declaraciones es opcional. Cada declaración y cada instrucción dentro de un bloque debe finalizar con el símbolo punto y coma (;). Sin embargo, el END que finaliza el cuerpo de un procedimiento o una función no requiere punto y coma.

En PL/pgSQL se puede crear un bloque anónimo, es decir, un programa que se ejecute, pero que no se almacene en el servidor. Para ello, simplemente habrá que escribir la palabra DO delante del bloque.

En PL/pgSQL para mostrar un mensaje en pantalla se usa la siguiente instrucción:

```
RAISE NOTICE 'Texto del mensaje';
```

A modo de ejemplo, el siguiente bloque muestra simplemente el mensaje «¡Hola, mundo!» por pantalla. Se muestra después del bloque el resultado de su ejecución:

```
DO $$
BEGIN
RAISE NOTICE '¡Hola, mundo!';
END $$;
NOTICE:  Hola, mundo!
DO
```

En un procedimiento o en una función se pueden incluir comentarios para explicar cierto bloque de instrucciones complejas, explicar el cometido de una determinada variable, etc. Se pueden usar dos símbolos para los comentarios:

- El doble guion (--) se usa para iniciar un comentario que finaliza en la misma línea.

- Con /* se inicia un comentario que finaliza con */ y puede abarcar varias líneas.

Todo subprograma, como en todos los lenguajes de programación, consta de una cabecera y un cuerpo:

- La cabecera del subprograma incluye:

  — El nombre del subprograma.

  — Los datos que recibe el subprograma, que reciben el nombre de parámetros. Por cada uno de ellos se debe indicar el nombre y el tipo de dato asociado.

  — El tipo del valor que devuelve, en el caso de que el subprograma sea una función.

- El cuerpo del subprograma, que incluye un bloque y, por tanto:

  — Una sección de declaraciones, que es opcional.

  — Una sección de instrucciones, que debe incluir en el caso de tratarse de una función, de una instrucción para devolver el valor de retorno.

Creación de procedimientos

La instrucción para crear un procedimiento presenta la siguiente sintaxis:

```
CREATE [OR REPLACE] PROCEDURE Nombre_Procedimiento (Lista_Parámetros)
LANGUAGE plpgsql
AS Cuerpo_Procedimiento;
```

A todo procedimiento hay que asignarle un nombre y se debe especificar obligatoriamente una lista de parámetros o datos que recibe el subprograma. Puede ocurrir que un subprograma no reciba parámetros, en cuyo caso se pondrán únicamente los paréntesis de apertura y de cierre.

El cuerpo del procedimiento contiene un bloque, si bien dentro de este bloque podría haber más bloques internos. Por tanto, la estructura detallada de la orden de creación de un procedimiento es:

```
CREATE [OR REPLACE] PROCEDURE Nombre_Procedimiento (Lista_Parámetros)
LANGUAGE plpgsql
AS etiqueta
[DECLARE
     declaraciones]
BEGIN
     Instrucciones
END etiqueta;
```

Se usa la opción OR REPLACE para que, si ya existe un procedimiento con el nombre indicado en el esquema correspondiente, sea sustituido por el que se está creando. En caso de que no exista, se crea.

Se debe usar la misma etiqueta para el comienzo y el final de un bloque. Es común utilizar para este fin la etiqueta $$.

La lista de parámetros tiene el siguiente formato:

```
([modo₁] Nombre_Parámetro₁ tipo_dato₁ [{DEFAULT|=} valor_inicial₁],
[modo₂] Nombre_Parámetro₂ tipo_dato₂ [{DEFAULT|=} valor_inicial₂], …)
```

Por cada parámetro se debe indicar en orden:

- El modo de paso del parámetro, que es opcional, y puede ser de entrada (IN), de salida (OUT) o de entrada/salida (INOUT). Si no se indica nada, se supone que es un parámetro de entrada. Se explica el tipo de paso de parámetros más adelante.

- El nombre del parámetro.

- El tipo de dato del parámetro.

- El valor inicial o valor por defecto del parámetro después de la palabra DEFAULT o el operador =. Este dato es opcional.

Si hay varios parámetros, se separa la información referida a un parámetro de la información referida al siguiente parámetro por el símbolo coma (,).

A modo de ejemplo, se va a crear en *psql* un procedimiento que muestra el mensaje «¡Hola, mundo!».

```
CREATE OR REPLACE PROCEDURE HolaMundo ()
LANGUAGE plpgsql
AS $$
BEGIN
RAISE NOTICE '¡Hola, mundo!';
END $$;
```

Si al crear el procedimiento hubiésemos cometido algún error sintáctico, nos aparecería un mensaje de error y no se crearía.

Pues bien, una vez creado el procedimiento, para ejecutarlo tendremos que invocarlo o llamarlo, para lo que habrá que utilizar el comando CALL y escribir a continuación el nombre del procedimiento y los parámetros que le deseamos pasar (en este caso ninguno, pues no admite parámetros).

```
postgres=# CALL HolaMundo ();
NOTICE:    ¡Hola, mundo!
CALL
```

Veamos cómo se crearía este procedimiento en pgAdmin. Pues bien, una vez seleccionado un esquema dentro de una base de datos, por ejemplo, *pedidos*, hacemos clic en la opción Create – Procedure del menú contextual del elemento *Procedures*, como se puede observar en la Figura 2.10.

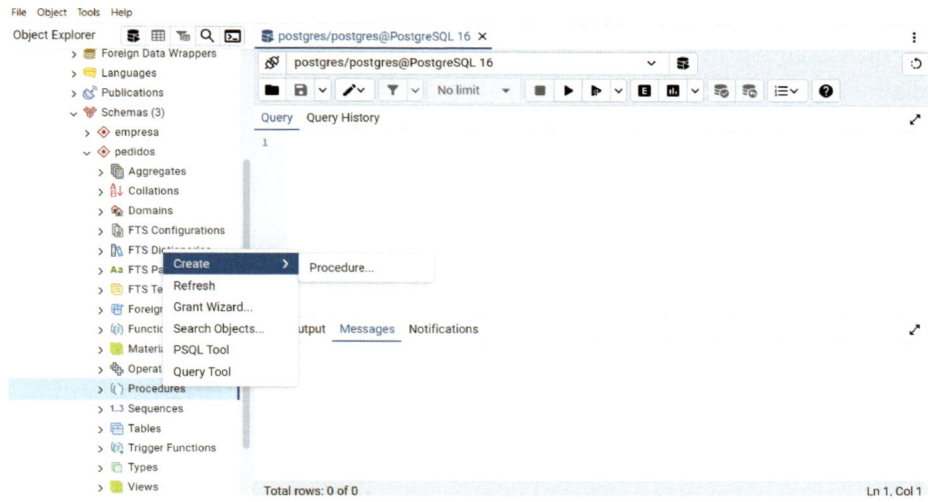

Figura 2.10. Creación de un procedimiento en pgAdmin.

En la pantalla que se muestra a continuación, en la pestaña *General*, se debe indicar el nombre del procedimiento y se puede modificar el propietario y el esquema que aparece por defecto. Además, se puede escribir un comentario sobre el procedimiento.

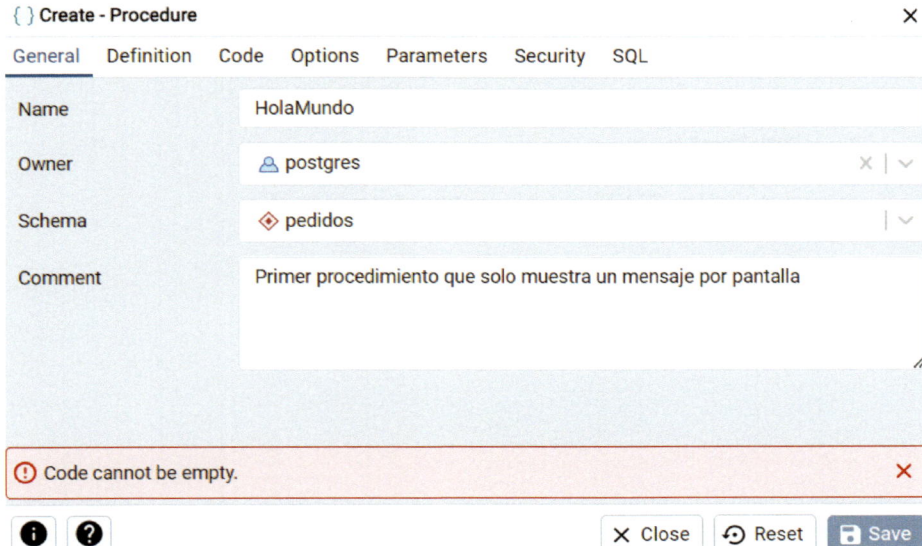

Figura 2.11. Creación del procedimiento *HolaMundo* en pgAdmin.

En la pestaña *Definition* se debe seleccionar el lenguaje PL/pgSQL y, en caso de que el procedimiento tenga parámetros, por cada uno de ellos habrá que hacer clic en el botón + e indicar el tipo de dato del parámetro, el modo de paso del parámetro, su nombre y valor por defecto, en caso de que lo tenga. Como en este caso este procedimiento no tiene parámetros, borramos la fila correspondiente al parámetro haciendo clic en el botón 🗑 a la izquierda de la línea correspondiente a cada parámetro.

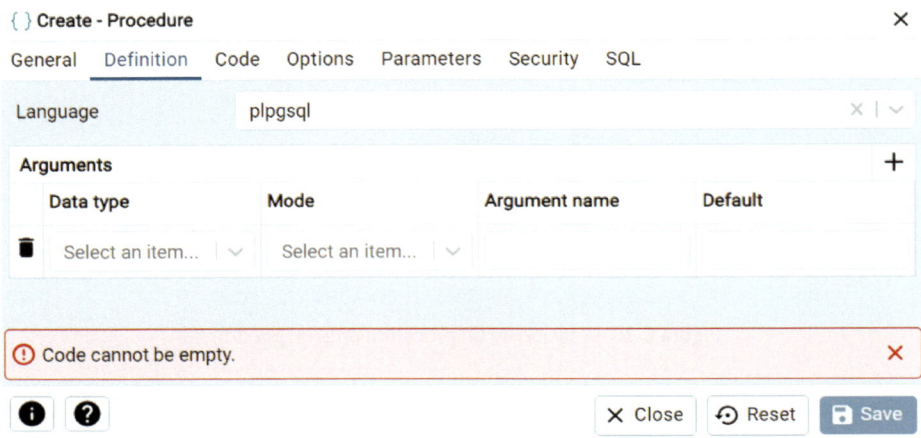

Figura 2.12. Definición del procedimiento *HolaMundo*.

En la pestaña *Code* se debe escribir el código del procedimiento, es decir, su cuerpo, que puede constar de una sección de declaraciones opcional y una serie de instrucciones. En este caso consta de una única instrucción, si bien hay que incluir las palabras BEGIN y END que delimitan un bloque:

Figura 2.13. Código del procedimiento *HolaMundo*.

En PL/pgSQL es posible crear procedimientos polimórficos, es decir, varios procedimientos con el mismo nombre, pero que difieran en el número o tipo de sus parámetros.

Variables

Una variable sirve para almacenar información cuyo valor puede variar a lo largo de la ejecución del programa. Toda variable tiene asociado un identificador y un tipo de dato y se almacena en memoria principal.

Antes de emplear una variable en un subprograma es necesario declararla empleando la siguiente sintaxis:

```
identificador [CONSTANT] tipo [COLLATE nombre_cotejamiento]
[NOT NULL] [{DEFAULT | := | =} expresión];
```

Se debe indicar, en primer lugar, el nombre de la variable (su identificador). La opción CONSTANT impide que se modifique el valor de la variable, por lo que realmente se está declarando una constante, no una variable en sentido estricto. A continuación, se le puede asignar un cotejamiento a la variable.

Se debe indicar después su tipo de dato, que puede ser cualquier de los estudiados en la Sección 2.2.2.3, a la que se remite al lector. Además de todos estos tipos de datos, en PL/pgSQL se pueden usar también los siguientes tipos:

- nombre_tabla.nombre_atributo%TYPE: de esta forma se asigna a una variable el mismo tipo de dato que el de un atributo de una tabla. Esto tiene la ventaja de que el programa creado va a funcionar correctamente, aunque se realice un cambio sobre el tipo de dato del atributo.

- nombre_tabla%ROWTYPE: en este caso se asigna a la variable un tipo compuesto, de manera que se declara una variable de tipo fila. Una variable así declarada puede almacenar una fila entera de la tabla cuyo nombre se indica. Se puede acceder a los atributos de la fila utilizando un punto, esto es, escribiendo nombre_tabla.nombre_atributo.

- RECORD: el tipo registro es un tipo compuesto similar a ROWTYPE en el sentido de que puede almacenar más de un valor, pero si bien ROWTYPE solo puede tener la estructura de una fila de una tabla, el tipo RECORD carece de estructura definida, la cual se determina en el momento en que se le asigna a una variable de tipo *record* el resultado de una consulta o en el momento en que aparece en una estructura *for*.

Al declarar una variable, se puede incluir la cláusula NOT NULL, que indica que dicha variable no puede tomar valor nulo. También se puede asignar un valor inicial a la variable escribiendo la palabra DEFAULT, o bien :=, o bien =, y a continuación una expresión con el valor que se desee. Toda variable declarada a la que no se le haya asignado un valor inicial tomará valor inicial nulo, por lo que, si a una variable se le ha asignado la restricción NOT NULL en su declaración y no se le ha asignado valor inicial, se producirá un error al ejecutar el programa. Esto implica que, si se declara una variable con la restricción NOT NULL, también hay que asignarle un valor inicial distinto de nulo.

Por ejemplo, a continuación, se declara una variable con el identificador *codArti* con el mismo tipo que el atributo *CodArt* de la tabla *Articulo*:

```
codArti Articulo.CodArt%TYPE;
```

A continuación, se declara una variable con el nombre *PVPArti* con el tipo de dato del atributo *PVPArt* de la tabla *Articulo* y valor inicial 5,15 €, y otra, *cantArti*, como variable numérica entera que no puede tomar valor nulo y con valor inicial 1.

```
PVPArti Articulo.CodArt%TYPE DEFAULT 5.15;
CantArti int NOT NULL DEFAULT 1;
```

Una vez declarada una variable, se le puede asignar valor a lo largo del subprograma mediante una instrucción de asignación, cuyo formato es el siguiente:

```
variable { := | = } expresión;
```

La parte izquierda de la asignación puede ser una variable simple o un campo de una variable de tipo fila. La parte derecha de una asignación puede ser un literal, una constante, una variable o una expresión.

Creación de funciones

Una función, como se indicó anteriormente, es un subprograma que devuelve un valor. Pues bien, la instrucción para crear una función presenta la siguiente sintaxis:

```
CREATE [OR REPLACE] FUNCTION Nombre_Función (Lista_Parámetros) RETURNS
tipo_dato
LANGUAGE plpgsq
AS etiqueta
[DECLARE
     declaraciones]
BEGIN
     Instrucciones
END etiqueta;
```

La sintaxis es como la de creación de procedimientos con las siguientes diferencias:

- Se debe escribir CREATE FUNCTION en lugar de CREATE PROCEDURE.

- Como las funciones devuelven un valor, después de la lista de parámetros se debe escribir obligatoriamente RETURNS y el tipo de dato del valor devuelto por la función.

- En el conjunto de instrucciones del cuerpo de la función se debe incluir una instrucción RETURN expresión para devolver un valor.

A modo de ejemplo, se va a crear a continuación dentro del esquema *pedidos* una función que reciba el código de un artículo y nos devuelva su descripción. Daremos al parámetro el nombre *cod* y pondremos como tipo el mismo tipo que el atributo *CodArt* de la tabla *Articulo* (Articulo.CodArt%TYPE). Además, como la función nos devuelve la descripción de un artículo, pondremos returns Articulo.Desart%TYPE.

Por otro lado, hemos de tener en cuenta que las sentencias SELECT incluidas dentro de subprogramas pueden incluir antes de la cláusula FROM la cláusula INTO. El objetivo de esta cláusula es que el resultado de la consulta, en vez de mostrarse por pantalla, se almacene en una o varias variables. El formato de una consulta con cláusula INTO será, por tanto:

```
SELECT … INTO [STRICT] resultado FROM …;
```

Donde el resultado puede ser:

- Una o varias variables separadas por comas. Deben ser tantas variables como elementos aparezcan en la cláusula SELECT, de forma que el resultado de la consulta se almacenará en esas variables según su orden y el orden de los elementos en la cláusula SELECT. Por ejemplo, con las siguientes instrucciones se almacena en la variable *descri* la descripción del artículo con código A0043. La variable *descri*, como es normal, hay que declararla con anterioridad.

```
DECLARE
descri Articulo.DesArt%TYPE;
BEGIN
SELECT DesArt INTO descri FROM Articulo
WHERE CodArt = 'A0043';
```

- Una variable de tipo RECORD. Esta opción solo tiene sentido emplearla si aparecen varios elementos en la cláusula SELECT de la consulta. Para acceder a cada uno de los datos resultado de la consulta se usará la notación del punto. Por ejemplo, dada la siguiente consulta:

```
DECLARE
arti RECORD;
BEGIN
SELECT DesArt, PVPArt INTO arti FROM Articulo
WHERE CodArt = 'A0043';
```

Para acceder a la descripción del artículo, habrá que escribir arti.DesArt, y para acceder a su precio, arti.PVPArt.

- Una variable de tipo fila (%ROWTYPE). Esta opción solo se debe emplear cuando se consultan todos los atributos de una tabla.

Si no se especifica la opción STRICT, en *resultado* se almacenará el resultado de la primera fila devuelta por la consulta o valores nulos en caso de que la consulta no devuelva ninguna fila, de forma que las demás filas son ignoradas. Si se especifica la opción STRICT, la consulta debe devolver exactamente una fila o se producirá un error de ejecución: NO_DATA_FOUND si la consulta no devuelve ninguna fila, o TOO_MANY_ROWS en caso de que devuelva más de una.

Volviendo de nuevo al ejemplo propuesto, como hemos visto, hay que declarar una variable para almacenar la descripción del artículo que luego devolverá la función. En el código de la función, en lugar de escribir un código de artículo en concreto (un literal), tendremos que escribir el parámetro de la función, al que se ha llamado *cod*. Hay que tener en cuenta que, al tratarse de un parámetro de entrada (modo de paso de parámetros por defecto), al realizar la llamada se asigna el valor del parámetro que aparece en la llamada (parámetro actual) al parámetro correspondiente que figura en la cabecera de la función (parámetro formal). Una vez obtenida la descripción del artículo por medio de la consulta, debe ser devuelto por la función con la orden *return*. El código de la función será el siguiente:

```
CREATE FUNCTION LeerDescriArti (cod Articulo.CodArt%TYPE)
                          RETURNS Articulo.DesArt%TYPE
LANGUAGE plpgsql
AS $$
DECLARE
descri Articulo.DesArt%TYPE;
BEGIN
SELECT DesArt INTO descri
FROM Articulo WHERE CodArt = cod;
RETURN descri;
END $$;
```

Como resultado de ejecutar esta orden CREATE FUNCTION se nos indica lo siguiente:

```
NOTICE:  la referencia al tipo articulo.codart%TYPE convertida a character
NOTICE:  la referencia al tipo articulo.desart%TYPE convertida a character
varying
CREATE FUNCTION
```

Simplemente se nos informa de que Articulo.CodArt%TYPE ha sido convertido al tipo char, ya que el tipo de dato de este atributo es char(5); y que Articulo.DesArt%TYPE ha sido convertido al tipo varchar, ya que el tipo de dato de este atributo es varchar(30).

La llamada a una función no se puede realizar con *call*, como se llama a los procedimientos, sino que lo que nos devuelve una función se puede poner en cualquier lugar en el que se puede poner una expresión, por ejemplo, en una sentencia SELECT que muestra información en pantalla. Así, por ejemplo, para mostrar la descripción del artículo con código A0012, escribiremos:

```
SELECT LeerDescriArti('A0012') Descripción;
  descripción
----------------
 Goma de borrar
(1 fila)
```

Estructuras de control

A la hora de escribir bloques anónimos o subprogramas (procedimientos y funciones) en PL/pgSQL, se pueden incluir diversas estructuras de control para controlar el flujo de ejecución de los programas. A continuación, se van a estudiar las estructuras de control más relevantes que se pueden emplear en PL/pgSQL:

Estructuras alternativas

Las estructuras alternativas se construyen mediante la sentencia IF y la sentencia CASE y permiten decidir qué secuencia de código se va a ejecutar a continuación en función del cumplimiento o no de una determinada condición. En PL/pgSQL se pueden emplear varias estructuras alternativas, que se analizan a continuación:

- Estructura alternativa simple: se comprueba una determinada condición y si se cumple, se ejecuta una secuencia de instrucciones; en caso contrario, dicha secuencia de instrucciones no se ejecuta. Su sintaxis es:

```
IF condición THEN
    instrucción₁;
    instrucción₂;
    ...
    instrucción_n;
END IF;
```

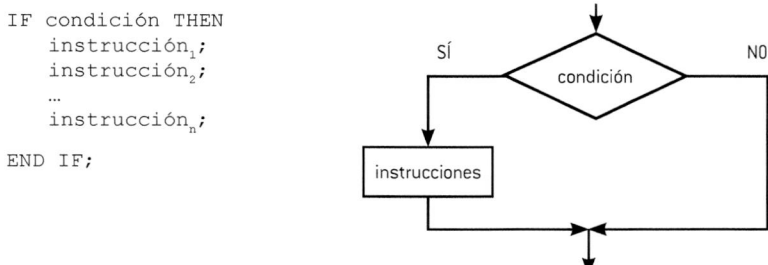

Se va a crear a continuación un procedimiento llamado *CambiarPrecioSacapuntas* que reciba un importe en euros y que compruebe el precio del artículo con descripción *Sacapuntas* y si es mayor que 0,20 €, decremente su precio con el importe recibido como parámetro e informe al usuario.

En este procedimiento, para mostrar un mensaje en pantalla que informe al usuario en caso de que se haya llevado a cabo la modificación, usaremos la instrucción RAISE NOTICE. Cuando en esta instrucción se desea mostrar únicamente un mensaje literal, es decir, sin parte variable, solo hay que escribir dicho mensaje entre comillas simples después de RAISE NOTICE. Sin embargo, si se desea mostrar en el mensaje el contenido de una variable o un parámetro, se debe escribir en cada lugar en el que se desea colocar una variable o parámetro un símbolo de porcentaje % y después del texto entrecomillado, separados por comas, los nombres de dichas variables o parámetros en orden. Por ejemplo, si se desea escribir el texto 'El precio del sacapuntas ha bajado XX,XX euros.', correspondiendo XX,XX al valor del parámetro importe, la instrucción RAISE NOTICE será así:

```
RAISE NOTICE 'El precio del sacapuntas ha bajado % euros.', importe;
```

Pues bien, lo que hay que hacer en este procedimiento es consultar el precio del artículo con descripción 'Sacapuntas' en la tabla *Articulo* y almacenarlo en una variable, por ejemplo, *pvp*, que habrá que declarar previamente en la zona de declaraciones. Para almacenar el resultado de una consulta en una variable, se debe escribir en la consulta después de la cláusula SELECT la cláusula INTO, detrás de la cual se debe escribir el identificador de la variable. Luego, hay que comprobar si el precio contenido en *pvp* es o no mayor que 1 € con una sentencia IF y en caso afirmativo, actualizar el precio y mostrar un mensaje indicativo por pantalla. Para ello, habrá que escribir el siguiente código:

```
CREATE   OR   REPLACE   PROCEDURE   CambiarPrecioSacapuntas   (importe
                                    numeric(6,2))
LANGUAGE plpgsql
AS $$
DECLARE
pvp Articulo.PVPArt%TYPE;
BEGIN
SELECT PVPArt INTO pvp
FROM Articulo WHERE DesArt = 'Sacapuntas';
IF pvp > 0.20 THEN
   UPDATE Articulo SET PVPArt = PVPArt - importe
   WHERE DesArt = 'Sacapuntas';
   RAISE NOTICE 'El precio del sacapuntas ha bajado % euros.',
importe;
END IF;
END $$;

postgres=# CALL CambiarPrecioSacapuntas (0.02);
NOTICE:  El precio del sacapuntas ha bajado 0.02 euros.
CALL
```

El resultado de la ejecución, como se puede observar, es que se nos muestra el mensaje "El precio del sacapuntas ha bajado 0.02 euros" al tener este artículo un precio de 0,25 €, pasando su precio a ser 0,23 €.

- Estructura alternativa doble: se comprueba una determinada condición; si se cumple, se ejecuta una secuencia de instrucciones y si no se cumple, otra secuencia de instrucciones. La sintaxis es la siguiente:

```
IF condición THEN
    instrucción₁;
    ...
    instrucciónₙ;
ELSE
    instrucciónₙ₊₁;
    ...
    instrucciónₙ₊ₘ;
END IF;
```

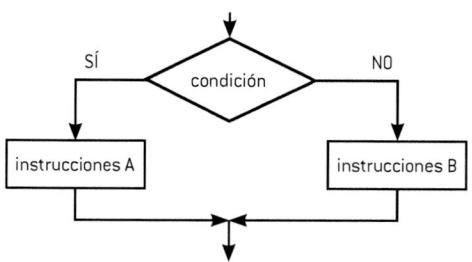

Se va a crear un procedimiento que reciba dos parámetros: un código de artículo y un importe. El procedimiento debe comprobar el precio del artículo cuyo código se pasa como parámetro, de manera que si es superior a 0,30 €, baje el precio según el importe recibido como segundo parámetro, y en caso contrario, lo suba de acuerdo con ese mismo importe. En cada uno de los casos, se mostrará un mensaje significativo por pantalla:

```
CREATE OR REPLACE PROCEDURE CambiarPrecio (codArti char(5), importe
                                           numeric(6,2))

LANGUAGE plpgsql
AS $$
DECLARE
pvp Articulo.PVPArt%TYPE;
BEGIN
SELECT PVPArt INTO pvp
FROM Articulo WHERE CodArt = codArti;
IF pvp > 0.30 THEN
    UPDATE Articulo SET PVPArt = PVPArt - importe
    WHERE CodArt = codArti;
    RAISE NOTICE 'El precio del artículo con código % ha bajado %
                euros.', codArti, importe;
ELSE
    UPDATE Articulo SET PVPArt = PVPArt + importe
    WHERE CodArt = codArti;
    RAISE NOTICE 'El precio del artículo con código % ha subido % euros.',
                codArti, importe;
END IF;
END $$;
```

Vamos a llamar a este procedimiento para que modifique el precio del artículo con código A0012 (la goma de borrar).

```
postgres=# CALL CambiarPrecio ('A0012', 0.05);
NOTICE:  El precio del artículo con código A0012 ha subido 0.05 euros.
CALL
```

El resultado de la ejecución es el que se muestra porque la goma de borrar tenía un precio inferior a 0,30 €, concretamente 0,15 €, y, por tanto, ha pasado a costar 0,20 €, al haber asignado el valor de 0,05 € al 2.º parámetro del procedimiento.

- Estructura alternativa múltiple: consiste en varias estructuras alternativas dobles anidadas. La sintaxis es la siguiente:

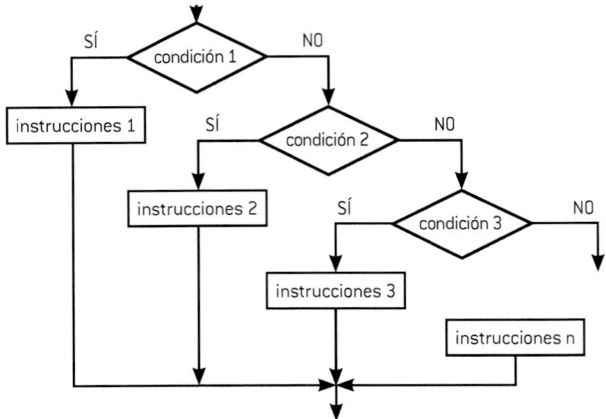

```
IF condición₁ THEN
    instrucciones₁;
ELSIF condición₂ THEN
    instrucciones₂;
ELSIF condición₃ THEN
    instrucciones₃;
...
[ELSE
    instrucciones_n;]
END IF;
```

El funcionamiento es el siguiente:

— Se comprueba condición$_1$. Si se cumple, se ejecuta instrucciones$_1$ y termina la sentencia if.

— Si no se cumple condición$_1$, se evalúa condición$_2$. Si se cumple, se ejecuta instrucciones$_2$ y termina la sentencia if.

— Si no se cumple condición$_2$, se evalúa condición$_3$. Si se cumple, se ejecuta instrucciones$_3$ y termina la sentencia if.

— Si no se cumple ninguna de las condiciones especificadas y hay cláusula else, se ejecutan sus instrucciones y finaliza la sentencia if.

Se va a crear a continuación un procedimiento en el esquema *empresa* que incremente el salario del empleado cuyo número se pasa como parámetro en función del puesto que desempeña. Si es gerente, se le debe subir el sueldo un 2 %; si es director, un 3 %; si es vendedor, un 4 %, y si desempeña cualquier otro puesto, un 5 %. Para ello, en primer lugar, se debe consultar el puesto del empleado cuyo número se ha pasado como parámetro. Se va a declarar una variable en la que se va a almacenar el porcentaje de incremento del salario en función del puesto.

Posteriormente, se debe preguntar por su puesto en una estructura alternativa múltiple, por medio de la cual se asigne al porcentaje el valor correspondiente. Para finalizar, se incrementa el salario según el porcentaje almacenado y se muestra un mensaje informativo. Como es sabido, en la instrucción RAISE NOTICE, para denotar la posición correspondiente al valor de una variable o parámetro, se usa el símbolo %. Pues bien, si se desea mostrar en el mensaje el símbolo % como literal o texto, se debe escribir %%. El procedimiento quedará como sigue:

```
CREATE OR REPLACE PROCEDURE SubirSalario (numEmple int)
LANGUAGE plpgsql
AS $$
DECLARE
pue Empleado.Puesto%TYPE;
porcen int;
BEGIN
SELECT puesto INTO pue
FROM Empleado WHERE NumEmp = numEmple;
IF pue = 'Gerente' THEN
    porcen := 2;
ELSIF pue = 'Director' THEN
    porcen := 3;
ELSIF pue = 'Vendedor' THEN
    porcen := 4;
ELSE
    porcen := 5;
END IF;
UPDATE Empleado SET Salario = Salario + Salario * porcen / 100
WHERE NumEmp = numEmple;
RAISE NOTICE 'El salario del empleado número % se ha subido un % %%.',
             numEmple, porcen;
END $$;
```

Ejecutemos este procedimiento para incrementar el salario de la empleada número 11. Como se trata de una vendedora, su salario se verá incrementado un 4 %.

```
postgres=# CALL SubirSalario(11);
NOTICE:  El salario del empleado número 11 se ha subido un 4 %.
CALL
```

- Estructura alternativa múltiple con CASE simple: esta estructura presenta la siguiente sintaxis:

```
CASE expresión_búsqueda
WHEN expresión₁₁ [,expresión₁₂ […]] THEN
    instrucciones₁;
WHEN expresión₂₁ [,expresión₂₂ […]] THEN
    instrucciones₂;
WHEN expresión₃₁ [,expresión₃₂ […]] THEN
    instrucciones₃;
…
[ELSE
    instrucciones_{n+1};]
END CASE;
```

El funcionamiento es el siguiente:

— Se evalúa expresión_búsqueda.

— Si el valor de expresión_búsqueda coincide con expresión$_{11}$ o expresión$_{12}$ o..., se ejecuta instrucciones$_1$ y termina la sentencia case; si no,

— Si el valor de expresión_búsqueda coincide con expresión$_{21}$ o expresión$_{22}$ o..., se ejecuta instrucciones$_2$ y termina la sentencia case; si no,

— Si el valor de expresión_búsqueda coincide con expresión$_{31}$ o expresión$_{32}$ o..., se ejecuta instrucciones$_3$ y termina la sentencia case; si no,

— Si el valor de expresión no coincide con ninguno de los valores indicados en cada when, se genera la excepción CASE_NOT_FOUND. Sin embargo, si hay cláusula else, se ejecuta instrucciones$_{n+1}$ y finaliza la sentencia case.

Se va a reescribir el procedimiento del apartado anterior con una sentencia case. Ambos procedimientos son equivalentes.

```
CREATE OR REPLACE PROCEDURE SubirSalario (numEmple int)
LANGUAGE plpgsql
AS $$
DECLARE
pue Empleado.Puesto%TYPE;
porcen int;
BEGIN
SELECT puesto INTO pue
FROM Empleado WHERE NumEmp = numEmple;
CASE pue
WHEN 'Gerente' THEN
    porcen := 2;
WHEN 'Director' THEN
    porcen := 3;
WHEN 'Vendedor' THEN
    porcen := 4;
ELSE
    porcen := 5;
END CASE;
UPDATE Empleado SET Salario = Salario + Salario * porcen / 100
WHERE NumEmp = numEmple;
RAISE NOTICE 'El salario del empleado número % se ha subido un % %%.',
            numEmple, porcen;
END $$;
```

- Estructura alternativa múltiple con CASE de búsqueda: esta estructura presenta la siguiente sintaxis:

```
CASE
WHEN condición₁ THEN
    instrucciones₁;
WHEN condición₂ THEN
    instrucciones₂;
WHEN condición₃ THEN
    instrucciones₃;
...
```

```
[ELSE
     instrucciones_{n+1};]
END CASE;
```

Su funcionamiento es el siguiente:

— Se comprueba condición$_1$. Si se cumple, se ejecuta instrucciones$_1$ y termina la sentencia case.

— Si no se cumple condición$_1$, se evalúa condición$_2$. Si se cumple, se ejecuta instrucciones$_2$ y termina la sentencia case.

— Si no se cumple condición$_2$, se evalúa condición$_3$. Si se cumple, se ejecuta instrucciones$_3$ y termina la sentencia case.

— Si no se cumple ninguna de las condiciones especificadas en cada when, se genera la excepción CASE_NOT_FOUND. Sin embargo, si hay cláusula else, se ejecuta instrucciones$_{n+1}$ y finaliza la sentencia case.

Como se puede observar, el funcionamiento de esta estructura es igual que el de la estructura alternativa múltiple con if con la salvedad de que en el caso del case de búsqueda, ni no se cumple ninguna de las condiciones se genera una excepción, mientras que en el caso del if, en tal caso no se hace nada.

Vamos a reescribir el procedimiento anterior con este tipo de sentencia *case*. Este procedimiento es totalmente equivalente al creado con la estructura *case* simple.

```
CREATE OR REPLACE PROCEDURE SubirSalario (numEmple int)
LANGUAGE plpgsql
AS $$
DECLARE
pue Empleado.Puesto%TYPE;
porcen int;
BEGIN
SELECT puesto INTO pue
FROM Empleado WHERE NumEmp = numEmple;
CASE
WHEN pue = 'Gerente' THEN
   porcen := 2;
WHEN pue = 'Director' THEN
   porcen := 3;
WHEN pue = 'Vendedor' THEN
   porcen := 4;
ELSE
   porcen := 5;
END CASE;
UPDATE Empleado SET Salario = Salario + Salario * porcen / 100
WHERE NumEmp = numEmple;
RAISE NOTICE 'El salario del empleado número % se ha subido un % %%.',
             numEmple, porcen;
END $$;
```

Estructuras repetitivas

Las estructuras repetitivas son otro tipo de estructuras de control necesarias en todo lenguaje de programación. Una estructura repetitiva permite repetir una secuencia de instrucciones un número determinado de veces. Se pueden emplear con PL/pgSQL las siguientes estructuras repetitivas:

- Estructura repetitiva WHILE: se trata de una estructura repetitiva de 0 a n, lo que quiere decir que el conjunto de instrucciones que se repite o que forma parte del bucle puede que no se ejecute ninguna vez, una vez o más veces.

  En la estructura repetitiva while se comprueba una determinada condición. Si se cumple, se ejecuta una secuencia de instrucciones; en caso contrario, finaliza el bucle. Tras ejecutar la secuencia de instrucciones, se vuelve a comprobar la condición y si se cumple, se vuelve a ejecutar la secuencia de instrucciones, y así sucesivamente. En el momento que no se cumpla la condición, finaliza el bucle.

  La sintaxis de esta estructura es la siguiente:

```
WHILE condición LOOP
    instrucción₁;
    instrucción₂;
    ...
    instrucciónₙ;
END LOOP;
```

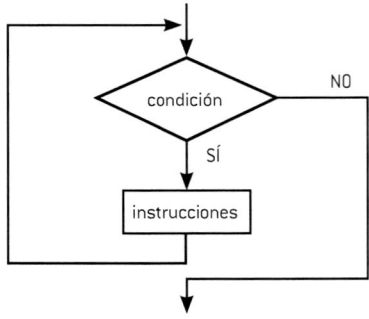

Se va a crear a continuación un procedimiento con una sentencia while que reciba un número entero y se encargue de mostrar en pantalla la suma de todos los números enteros comprendidos entre 1 y el pasado como parámetro (ambos incluidos). Este procedimiento, lo primero que hará es comprobar si el número introducido es cero o negativo, porque en tal caso, se deberá mostrar un mensaje de error. En caso contrario, se deberá realizar la suma de todos los números entre 1 y *maximo* (parámetro recibido).

Para calcular esta suma necesitamos dos variables:

- Una, a la que se ha llamado *i*, la cual contiene todos los números comprendidos entre 1 y *maximo*. Por este motivo, esta variable se inicializa con valor 1 y en cada iteración del bucle se incrementa en una unidad y así sucesivamente mientras que *i* sea menor o igual que *maximo* porque cuando *i* tome un valor mayor que *maximo* no deberemos seguir realizando sumas.

— Otra variable, a la que se ha llamado *suma*, la cual va a contener la suma de los números en cada momento. Esta variable habrá de inicializarse con valor 0 y en cada iteración del bucle se incrementará con el valor de *i*. De esta manera, al salir del bucle tomará como valor la suma de los números entre 1 y *maximo*. Por ello, al salirse del bucle se muestra en pantalla su valor.

Se muestra a continuación el código del procedimiento y dos llamadas al mismo:

— En la primera de ellas se llama al procedimiento pasándole como parámetro un número negativo (-3), motivo por el cual debe mostrar un mensaje de error en pantalla.

— En la segunda se llama al procedimiento con valor 6, por lo que el procedimiento debe calcular la siguiente suma: 1+2+3+4+5+6, que es 21, como efectivamente se muestra en pantalla.

```
CREATE OR REPLACE PROCEDURE SumarNumeros (maximo int)
LANGUAGE plpgsql
AS $$
DECLARE
i int := 1;
suma int := 0;
BEGIN
IF maximo < 1 THEN
    RAISE NOTICE 'El número pasado como parámetro debe ser mayor que
                cero';
ELSE
    WHILE i <= maximo LOOP
        suma := suma + i;
        i := i + 1;
    END LOOP;
    RAISE NOTICE 'La suma de los números comprendidos entre 1 y % es
                %.', maximo, suma;
END IF;
END $$;

postgres=# CALL SumarNumeros (-3);
NOTICE:  El número pasado como parámetro debe ser mayor que cero
CALL
postgres=# CALL SumarNumeros (6);
NOTICE:  La suma de los números comprendidos entre 1 y 6 es 21.
CALL
```

• Estructura repetitiva FOR: se trata de una estructura repetitiva muy similar a la estructura while, por tanto, también repetitiva de 0 a n, y con la característica de que hay una variable entera que toma un rango de valores especificado. Su sintaxis es la siguiente:

```
FOR nombreVar IN [REVERSE] valor_i..valor_f [BY incremento] LOOP
    instrucción_1;
    instrucción_2;
    ...
    instrucción_n;
END LOOP;
```

La variable *nombreVar* se crea automáticamente para el bucle for y solo es accesible dentro de él. El funcionamiento de un bucle *for* es el siguiente:

1. Se asigna a la variable *nombreVar* el resultado de evaluar $valor_i$ (valor inicial).

2. Se comprueba si $valor_i$ es menor o igual que $valor_f$ (valor final). Si no lo es, finaliza el bucle *for*; en caso contrario,

3. Se ejecutan las instrucciones dentro del bucle *for* (de $instrucción_1$ a $instrucción_n$).

4. Se incrementa el valor de *nombreVar* en una unidad si no se ha especificado cláusula BY. En caso contrario, se incrementa en tantas unidades como indique *incremento*.

5. Se vuelve al paso 2.

Por tanto, un bucle *for* es totalmente equivalente al siguiente bucle *while*, si bien en caso de emplear un bucle *while*, habría que declarar la variable *nombreVar*.

```
nombreVar := valor_i;
WHILE nombreVar <= valor_f LOOP
    instrucción_1;
    instrucción_2;
    ...
    instrucción_n;
    nombreVar := nombreVar + incremento;
END LOOP;
```

En el siguiente procedimiento se muestran todos los números comprendidos entre 1 y el parámetro del procedimiento (*maximo*), pero sumando 2 en cada iteración del bucle. En caso de recibir un parámetro inferior a 1, mostramos un mensaje por pantalla. Se muestran dos ejemplos de llamada:

```
CREATE OR REPLACE PROCEDURE NumerosDe2En2 (maximo int)
LANGUAGE plpgsql
AS $$
DECLARE
BEGIN
IF maximo < 1 THEN
    RAISE NOTICE 'El número pasado como parámetro debe ser mayor que
                cero';
```

```
ELSE
    FOR i IN 1..maximo BY 2 LOOP
        RAISE NOTICE 'Número %.', i;
    END LOOP;
END IF;
END $$;

postgres=# CALL NumerosDe2En2 (0);
NOTICE:  El número pasado como parámetro debe ser mayor que cero
CALL

postgres=# CALL NumerosDe2En2 (9);
NOTICE:  Número 1.
NOTICE:  Número 3.
NOTICE:  Número 5.
NOTICE:  Número 7.
NOTICE:  Número 9.
CALL
```

En caso de escribir la palabra REVERSE después de IN, en lugar de incrementar la variable *nombreVar*, se decrementa en una unidad o en el valor especificado en *incremento*. El siguiente procedimiento muestra todos los números desde *inicio* hasta 1 en orden descendente. Si el número recibido como parámetro (*inicio*) es menor que 1, se muestra un mensaje de error:

```
CREATE OR REPLACE PROCEDURE NumerosDeMasAMenos (inicio int)
LANGUAGE plpgsql
AS $$
DECLARE
BEGIN
IF inicio < 1 THEN
    RAISE NOTICE 'El número pasado como parámetro debe ser mayor que
                cero';
ELSE
    FOR i IN REVERSE inicio..1 LOOP
        RAISE NOTICE 'Número %.', i;
    END LOOP;
END IF;
END $$;

postgres=# CALL NumerosDeMasAMenos(-2);
NOTICE:  El número pasado como parámetro debe ser mayor que cero
CALL
postgres=# CALL NumerosDeMasAMenos(4);
NOTICE:  Número 4.
NOTICE:  Número 3.
NOTICE:  Número 2.
NOTICE:  Número 1.
CALL
```

- Estructura repetitiva FOR para iterar sobre el resultado de una consulta: su sintaxis es la siguiente:

```
FOR nombreVar IN consulta LOOP
    instrucción₁;
    instrucción₂;
    ...
```

```
      instrucción_n;
END LOOP;
```

La variable *nombreVar* almacena en cada iteración del bucle los valores recuperados de la primera fila, segunda fila, y así sucesivamente. Esta variable se debe declarar explícitamente como de tipo *record*. Habrá tantas iteraciones o pasadas por el bucle *for* como filas en el resultado de la consulta.

El siguiente bloque anónimo muestra para los empleados del esquema *empresa* que cobran más de 2000 €, su nombre, salario y comisión:

```
DO $$
DECLARE
emple RECORD;
BEGIN
FOR emple IN SELECT NomEmp, Salario, Comision
            FROM Empleado
            WHERE Salario > 2000
LOOP
   RAISE NOTICE '%. Salario: % €. Comisión: % €', emple.NomEmp,
             emple.Salario, emple.Comision;
END LOOP;
END $$;
NOTICE: Alberto Rey Ruiz. Salario: 6434.22 €. Comisión: 0.00 €
NOTICE: Luis Grande Gil. Salario: 3743.54 €. Comisión: 0.00 €
NOTICE: Albert Rius García. Salario: 3626.56 €. Comisión: 0.00 €
NOTICE: Esther Gómez Bilbao. Salario: 3275.60 €. Comisión: 0.00 €
NOTICE: Sandra Rojo Núñez. Salario: 2222.73 €. Comisión: 400.00 €
DO
```

- Estructura repetitiva LOOP: en esta estructura repetitiva las instrucciones que forman parte del bucle se repiten indefinidamente hasta que finaliza por la ejecución de una instrucción RETURN o EXIT. La instrucción EXIT provoca la terminación del bucle, mientras que RETURN termina la ejecución de una función y devuelve el valor indicado después de RETURN.

  Para que el bucle no se ejecute indefinidamente, es necesario que haya dentro del bucle alguna instrucción condicional de forma que si se cumple dicha condición finalice el bucle ejecutando una instrucción EXIT o RETURN.

  Por ejemplo, se crea una nueva versión del procedimiento *NumerosDe2En2* usando un bucle LOOP, dentro del cual, después de incrementar la variable *i* dentro del bucle, si el número resultado es mayor que el máximo, se produce la salida del bucle con una instrucción EXIT.

```
CREATE OR REPLACE PROCEDURE NumerosDe2En2b (maximo int)
LANGUAGE plpgsql
AS $$
DECLARE
i int := 1;
```

```
BEGIN
IF maximo < 1 THEN
    RAISE NOTICE 'El número pasado como parámetro debe ser mayor que
                  cero';
ELSE
    LOOP
        RAISE NOTICE 'Número %.', i;
        i := i + 2;
        IF i > maximo THEN
            EXIT;
        END IF;
    END LOOP;
END IF;
END $$;

postgres=# CALL NumerosDe2En2b (8);
NOTICE:  Número 1.
NOTICE:  Número 3.
NOTICE:  Número 5.
NOTICE:  Número 7.
CALL
```

Parámetros

El paso de información a los subprogramas se realiza por medio de los parámetros. Hemos de distinguir entre parámetros formales y parámetros reales o
actuales:

- Los parámetros formales son los que aparecen declarados en la cabecera del procedimiento o función. Por cada uno de ellos recordemos que se
  debe especificar obligatoriamente el nombre y el tipo de dato asociado.

- Los parámetros actuales o reales son los que aparecen en la llamada al
  procedimiento o función.

Los tipos de los parámetros formales y actuales deben ser compatibles.

Aunque no se ha indicado hasta ahora, en el caso de los parámetros formales
se puede omitir el nombre del parámetro, también llamado alias, de forma que
se puede hacer referencia a ellos a lo largo del subprograma por medio de $1,
$2... para hacer referencia al primer parámetro formal, al segundo, y así sucesi-
vamente. No obstante, se considera más adecuado y semánticamente correcto
asignar a cada parámetro formal un nombre o alias que informe acerca de su
contenido.

Por ejemplo, el procedimiento *CambiarPrecio* que se creó anteriormente se podría haber programado así:

```
CREATE OR REPLACE PROCEDURE CambiarPrecio (char(5), numeric(6,2))
LANGUAGE plpgsql
AS $$
DECLARE
pvp Articulo.PVPArt%TYPE;
```

```
BEGIN
SELECT PVPArt INTO pvp
FROM Articulo WHERE CodArt = $1;
IF pvp > 0.30 THEN
   UPDATE Articulo SET PVPArt = PVPArt - $2
   WHERE CodArt = $1;
   RAISE NOTICE 'El precio del artículo con código % ha bajado % euros.', $1,
   $2;
ELSE
   UPDATE Articulo SET PVPArt = PVPArt + $2
   WHERE CodArt = $1;
   RAISE NOTICE 'El precio del artículo con código % ha subido % euros.', $1,
              $2;
END IF;
END $$;
```

Como se puede observar, se ha sustituido toda aparición del primer parámetro formal llamado *codArti* en la anterior versión por $1 y toda aparición del segundo parámetro formal por $2.

El paso de parámetros a los procedimientos y funciones en PL/pgSQL se puede realizar empleando las siguientes notaciones:

- Notación posicional, por la cual cada parámetro actual se asocia con cada parámetro formal según las posiciones que estos ocupan, es decir, el primer parámetro formal tomará el valor del primer parámetro actual, el segundo parámetro formal tomará el valor del segundo parámetro actual, y así sucesivamente. Es la notación que se ha empleado en los ejemplos mostrados hasta ahora y la más habitual y fácil de usar. Si consideramos la cabecera del procedimiento *CambiarPrecio*:

  ```
  PROCEDURE CambiarPrecio (codArti char(5), importe numeric(6,2))
  ```

  En la llamada al procedimiento se debe indicar en primer lugar el código del artículo cuyo precio se quiere cambiar y luego el importe del cambio. Un ejemplo de llamada es:

  ```
  CALL CambiarPrecio ('A0012', 0.04);
  ```

- Notación nominal, por la cual por cada parámetro actual se indica el nombre del parámetro formal al que va asociado, los símbolos => y el parámetro actual correspondiente. En este caso, al indicar a qué parámetro formal se asocia cada parámetro actual, no es necesario seguir el orden de los parámetros formales de la cabecera del procedimiento. Dos ejemplos de llamada al procedimiento *CambiarPrecio* son:

  ```
  CALL CambiarPrecio (codArti => 'A0012', importe => 0.04);
  CALL CambiarPrecio (importe => 0.04, codArti => 'A0012');
  ```

- Notación mixta, que consiste en emplear en la misma llamada las dos notaciones, pero se debe empezar en este caso con la notación posicional, no al revés. Un ejemplo de llamada al procedimiento *CambiarPrecio* es:

  ```
  CALL CambiarPrecio ('A0012', importe => 0.04);
  ```

Los parámetros que se pasan a los procedimientos y funciones pueden ser de entrada, de salida o de bien de entrada/salida. Este es el significado de los diferentes modos de paso de parámetros:

- Los parámetros de entrada (IN) hacen referencia a los datos que se pasan a un subprograma para que este efectúe operaciones con ellos. En el subprograma llamado no se le puede asignar ningún valor al parámetro formal, sino que solamente se puede utilizar el valor que tiene dicho parámetro. El parámetro actual o real puede ser una variable, una constante o una expresión, cuyo valor se asigna al correspondiente parámetro formal.

- Los parámetros de salida (OUT) se usan para devolver datos del subprograma llamado al que realizó la llamada. En las llamadas a los procedimientos se deben especificar obligatoriamente todos los parámetros, pudiendo asignar valor nulo a los parámetros de salida o bien escribir como parámetro actual correspondiente a cada parámetro de salida una variable, a la que se asignará valor en el procedimiento llamado para devolverlo al programa llamante. En el caso de las funciones, se pueden omitir los parámetros actuales correspondientes a parámetros de salida.

- Los parámetros de entrada/salida (INOUT) sirven para pasar un dato del programa llamante al subprograma llamado, modificar dicho valor en el subprograma y devolver el valor modificado al programa llamante.

Como se indicó anteriormente, el modo de paso de un parámetro se especifica delante del nombre del mismo. De esta manera una lista de parámetros tiene la siguiente forma:

```
([tipo₁] Nombre_Parámetro₁ tipo_dato₁, [tipo₂] Nombre_Parámetro₂ tipo_dato₂, …)
```

Los datos $tipo_1$, $tipo_2$… pueden tomar los siguientes valores:

- IN, para indicar que el parámetro es de entrada.

- OUT, para indicar que el parámetro es de salida.

- INOUT, para indicar que el parámetro es de entrada/salida.

El modo de paso de parámetros por defecto es de entrada, por lo que no poner nada equivale a escribir IN como modo de paso de parámetro. De hecho, todos los parámetros que se han empleado hasta ahora han sido de entrada y por eso no se ha especificado nada antes del nombre de cada parámetro.

A modo de ejemplo, se va a realizar sobre el esquema *pedidos* un procedimiento que reciba la referencia de un pedido y que devuelva el número de artículos diferentes solicitados en dicho pedido y el número de unidades de artículos solicitados. La referencia del pedido es un parámetro de entrada y habrá dos parámetros de salida para los otros dos datos indicados. Se crea a continuación el procedimiento y se muestra un ejemplo de llamada:

```
CREATE OR REPLACE PROCEDURE ConsultarPedido (refPedido char(5), OUT NArt
                                       int, OUT NUniArt int)
LANGUAGE plpgsql
AS $$
BEGIN
SELECT count(*), sum(CantArt) INTO NArt, NUniArt
FROM LineaPedido WHERE RefPed = refPedido;
END $$;

postgres=# CALL ConsultarPedido ('P0001', NULL, NULL);
 nart | nuniart
------+---------
    2 |      22
(1 fila)
```

También es posible crear otro procedimiento que reciba la referencia de un pedido, llame al procedimiento que acabamos de crear y muestre los datos recibidos:

```
CREATE OR REPLACE PROCEDURE MostrarInfoPedido (refPedido char(5))
LANGUAGE plpgsql
AS $$
DECLARE
numArt int;
uniArt int;
BEGIN
CALL ConsultarPedido (refPedido, numArt, uniArt);
RAISE NOTICE 'En el pedido % se solicitan % artículos distintos, en total %
          unidades.', refPedido, numArt, uniArt;
END $$;
```

Si ejecutamos el procedimiento pasando como dato el pedido con código P0001, obtenemos el siguiente resultado:

```
postgres=# CALL MostrarInfoPedido ('P0001');
NOTICE:  En el pedido P0001 se solicitan 2 artículos distintos, en total 22
unidades.
CALL
```

Se va a crear ahora otro procedimiento en el que se usen dos parámetros de entrada/salida. Va a tratarse de un procedimiento que reciba dos letras, las intercambie y las muestre intercambiadas. Los parámetros en este caso son de entrada/salida porque se pasa un dato al procedimiento (entrada), dato que va a ser modificado por el subprograma y devuelto al programa llamante (salida). El código del procedimiento es el siguiente:

```
CREATE OR REPLACE PROCEDURE InterCambiarLetras (letra1 char, letra2 char)
LANGUAGE plpgsql
AS $$
BEGIN
```

```
SELECT letra1, letra2 INTO letra2, letra1;
RAISE NOTICE 'La primera letra es % y la segunda es %.', letra1, letra2;
END $$;
```

Realizamos una llamada a este pasándole las letras 'a' y 'z'. Se observa en el resultado como estas se han intercambiado:

```
postgres=# CALL IntercambiarLetras ('a', 'z');
NOTICE:  La primera letra es z y la segunda es a.
CALL
```

2.2.3. Sentencias de modificación: ALTER

Las sentencias ALTER sirven para modificar el diseño de objetos creados con una orden CREATE.

2.2.3.1. Bases de datos

Para realizar alguna modificación en una base de datos previamente creada se usa la sentencia ALTER DATABASE.

Así, se puede modificar alguna de las opciones especificadas al crear la base de datos con la sintaxis:

```
ALTER DATABASE nombre_BD WITH especificación_alteración;
especificación_creación:
        [ALLOW_CONNECTIONS = {true | false}]
        [CONNECTION LIMIT = número]
        [IS_TEMPLATE = {true | false}]
```

También es posible cambiar el nombre a la base de datos empleando la siguiente sintaxis:

```
ALTER DATABASE nombre_BD RENAME TO nuevo_nombre;
```

Se puede modificar el propietario de la base de datos escribiendo:

```
ALTER DATABASE nombre_BD OWNER TO
{nuevo_propietario | CURRENT_ROLE | CURRENT_USER | SESSION_USER}
```

2.2.3.2. Esquemas

Para realizar alguna modificación sobre un esquema se usa la sentencia ALTER SCHEMA.

Así, se puede cambiar de nombre al esquema con la siguiente orden:

```
ALTER SCHEMA nombre_esquema RENAME TO nuevo_nombre;
```

Se puede modificar el propietario de un esquema escribiendo:

```
ALTER SCHEMA nombre_esquema OWNER TO
{nuevo_propietario | CURRENT_ROLE | CURRENT_USER | SESSION_USER}
```

2.2.3.3. Tablas

Sobre una tabla también se puede modificar su estructura o diseño haciendo uso de la sentencia ALTER TABLE.

Para practicar la sentencia ALTER TABLE, vamos a crear dentro de la base de datos *postgres* un esquema llamado *instituto* que almacenará información sobre los alumnos que cursan en un instituto ciclos formativos de Formación Profesional. En este esquema crearemos dos tablas: *Alumnos* y *Estudios*, con la siguiente estructura:

Alumnos (NIF, Nombre, Apellidos, Ciclo, Curso, Idioma, Dirección)

Estudios (CodCiclo, NomCiclo, Nivel, Duración)

Comenzaremos creando dentro de la base de datos *postgres* el esquema *instituto* y lo añadiremos al camino de búsqueda de esquemas de la siguiente manera:

```
CREATE SCHEMA instituto;
SET SEARCH_PATH TO instituto, public;
```

Ahora comenzaremos creando la tabla *Estudios* con la siguiente orden SQL:

```
CREATE TABLE Estudios
(CodCiclo char(3) PRIMARY KEY,
NomCiclo varchar(40) COLLATE "es-ES-x-icu" NOT NULL UNIQUE,
Nivel char NOT NULL CONSTRAINT ck_Nivel CHECK (Nivel in ('M','S')),
Duracion int NOT NULL);
```

A continuación, se va a crear la tabla *Alumnos*, pero sin incluir varios aspectos que añadiremos después a la tabla mediante sentencias ALTER TABLE, como, por ejemplo, la indicación de la clave primaria de la tabla, de la clave ajena, etc. La orden SQL con la que crearemos ahora la tabla *Alumnos* es la siguiente:

```
CREATE TABLE Alumnos
(NIF char(9),
Nombre varchar(20) COLLATE "es-ES-x-icu" NOT NULL,
Apellidos varchar(40) COLLATE "es-ES-x-icu" NOT NULL,
Ciclo char(3) NOT NULL,
Curso int NOT NULL CONSTRAINT ck_Curso CHECK (Curso in (1,2)),
Idioma varchar(10) COLLATE "es-ES-x-icu"
          CONSTRAINT ck_Idioma CHECK (Idioma in ('Inglés', 'Francés')),
Direccion varchar(40) COLLATE "es-ES-x-icu" NOT NULL);
```

Veamos a continuación las opciones para la sentencia ALTER TABLE. Pues bien, la modificación del diseño de una tabla puede implicar:

- Añadir un nuevo atributo a la tabla, lo que se llevará a cabo de acuerdo con la siguiente sintaxis:

  ```
  ALTER TABLE nombre_tabla
  ADD [COLUMN] columna tipo_dato [DEFAULT valor_defecto]
              [COLLATE nombre_cotejamiento] [restricciones_columna];
  ```

Como se puede observar, se debe indicar después de ADD el nombre del atributo que se desea añadir, su tipo de dato y, opcionalmente, un valor por defecto, su cotejamiento y la o las restricciones de columna que se deseen para él.

A modo de ejemplo, añadamos un atributo llamado *NumMatricula* a la tabla *Alumnos* como un número entero obligatorio y no negativo:

```
instituto=# ALTER TABLE Alumnos
instituto-# ADD NumMatricula int NOT NULL CHECK (NumMatricula >= 0);
ALTER TABLE
```

- Añadir una restricción a una tabla, para lo que se empleará la sintaxis:

```
ALTER TABLE nombre_tabla
ADD [CONSTRAINT nombre_restricción] restricción;
```

Se puede asignar un nombre a la restricción y se debe indicar a continuación la restricción en concreto, como si se tratara de una restricción de tabla.

A modo de ejemplo, indiquemos para la tabla *Alumnos* que su clave primaria es el NIF:

```
instituto=# ALTER TABLE Alumnos
instituto-# ADD PRIMARY KEY(NIF);
ALTER TABLE
```

A modo de ejemplo, se va a indicar que el atributo *Ciclo* de la tabla *Alumnos* es una clave ajena al atributo *CodCiclo* de la tabla *Estudios*. Vamos a indicar que al modificar el código de un ciclo se modifique dicho código en todas las filas de la tabla *Alumnos* para todos los alumnos que cursen dicho ciclo:

```
instituto=# ALTER TABLE Alumnos
instituto-# ADD FOREIGN KEY (Ciclo) REFERENCES Estudios(CodCiclo)
ON UPDATE CASCADE;
ALTER TABLE
```

A modo de ejemplo, se va a asignar una restricción de unicidad al atributo *NumMatricula* de la tabla *Alumnos*:

```
instituto=# ALTER TABLE Alumnos
instituto-# ADD UNIQUE (NumMatricula);
ALTER TABLE
```

- Asignar un valor por defecto a un atributo o cambiarle el valor por defecto asignado, para lo que se usa la siguiente sintaxis:

```
ALTER TABLE nombre_tabla
ALTER [COLUMN] columna SET DEFAULT literal;
```

Como se puede observar, se debe indicar el atributo al que se desea asignar el valor por defecto y dicho valor después de SET DEFAULT.

A modo de ejemplo, se va a asignar al atributo *Duracion* de la tabla *Estudios* el valor 2000, ya que la mayoría de los ciclos formativos tienen una duración de 2000 horas:

```
instituto=# ALTER TABLE Estudios
instituto-# ALTER Duracion SET DEFAULT 2000;
ALTER TABLE
```

- Cambiar el tipo de dato de un atributo, para lo que se usa la sintaxis:

```
ALTER TABLE nombre_tabla
ALTER [COLUMN] columna TYPE tipo_dato;
```

- Cambiar el nombre de un atributo, para lo que se usa la siguiente sintaxis:

```
ALTER TABLE nombre_tabla
RENAME [COLUMN] nombre_antiguo TO nombre_nuevo.
```

A modo de ejemplo, se va a cambiar en la tabla *Alumnos* el nombre del atributo *Idioma* por *Lengua:*

```
instituto=# ALTER TABLE Alumnos
instituto-# RENAME Idioma TO Lengua;
ALTER TABLE
```

- Eliminar un atributo, para lo que se usa la sintaxis:

```
ALTER TABLE nombre_tabla
DROP [COLUMN] columna;
```

A modo de ejemplo, se va a eliminar el atributo *Duracion* de la tabla *Estudios*:

```
instituto=# ALTER TABLE Estudios
instituto-# DROP Duracion;
ALTER TABLE
```

- Eliminar una restricción, para lo que se usa la sintaxis:

```
ALTER TABLE nombre_tabla
DROP CONSTRAINT nombre_restricción;
```

Por tanto, para poder eliminar una restricción, se requiere conocer su nombre. Si se desconoce este, se puede consultar con el comando \d *nombre_tabla*. A modo de ejemplo, se va a eliminar de la tabla *Alumnos* la restricción *ck_Idioma*, que limita los valores de este atributo:

```
instituto=# ALTER TABLE Alumnos
instituto-# DROP CONSTRAINT ck_Idioma;
ALTER TABLE
```

- Renombrar una tabla, para lo que se utiliza la sintaxis:

```
ALTER TABLE nombre_tabla
RENAME [TO] nuevo_nombre_tabla;
```

- Cambiar el propietario de una tabla, para lo que se utiliza la sintaxis:

```
ALTER TABLE nombre_tabla OWNER TO
{nuevo_propietario | CURRENT_ROLE | CURRENT_USER | SESSION_USER}
```

2.2.3.4. Dominios

Es posible cambiar la definición de un dominio por medio de la instrucción ALTER DOMAIN, cuya sintaxis es la siguiente:

```
ALTER DOMAIN Nombre_Dominio
{SET DEFAULT expresión | DROP DEFAULT}

ALTER DOMAIN Nombre_Dominio
{SET | DROP} NOT NULL

ALTER DOMAIN Nombre_Dominio
ADD restricción;

ALTER DOMAIN Nombre_Dominio
DROP CONSTRAINT [IF EXISTS] Nombre_Restricción

ALTER DOMAIN Nombre_Dominio
RENAME CONSTRAINT Nombre_Restricción TO Nuevo_Nombre_Restricción
```

Como se puede deducir fácilmente de los formatos mostrados, es posible asignar un nuevo valor por defecto al dominio o eliminar el valor por defecto asignado, añadir o eliminar la restricción NOT NULL, añadir una nueva restricción, eliminar una restricción indicando su nombre o bien cambiar el nombre de una restricción. Por ejemplo, mediante la siguiente orden se cambia el valor por defecto del dominio *color* al valor verde:

```
ALTER DOMAIN color
SET DEFAULT 'verde';
```

2.2.3.5. Vistas

Se puede modificar la definición de una vista mediante la opción CREATE OR REPLACE VIEW. Dada la vista *SalariosAnuales* que se acaba de crear, podemos modificarla de manera que a la hora de calcular el salario anual se tengan en cuenta también dos pagas extras al año (14 pagas mensuales en lugar de 12) con la siguiente orden:

```
CREATE OR REPLACE VIEW SalariosAnuales (Número, Nombre, SalarioAnual)
AS SELECT NumEmp, NomEmp, Salario * 14
FROM Empleado
WHERE NumDep = 2;

SELECT * FROM SalariosAnuales;

 número |        nombre        | salarioanual
--------+----------------------+--------------
      4 | Albert Rius García   |     43400.00
      6 | Laura Díez Folgado   |     18480.00
(2 filas)
```

Por su parte, la orden ALTER VIEW permite modificar algunas propiedades de una vista:

- Para cambiar el nombre de un atributo de la vista se emplea la sintaxis:

```
ALTER VIEW [IF EXISTS] Nombre_vista
RENAME [COLUMN] nombre_atributo TO nuevo_nombre_atributo;
```

Para cambiar el nombre del atributo *SalarioAnual* por *Salario* en la vista *SalariosAnuales*, usaremos la orden:

```
ALTER VIEW SalariosAnuales
RENAME SalarioAnual TO Salario;
```

- Para cambiar el nombre de la vista se emplea la sintaxis:

```
ALTER VIEW [IF EXISTS] Nombre_vista
RENAME TO nuevo_nombre_vista;
```

Para cambiar el nombre de la VISTA *SalariosAnuales* por *Salarios,* usaremos la orden:

```
ALTER VIEW SalariosAnuales
RENAME TO Salarios;
```

- Para cambiar el esquema en el que se encuentra la vista se emplea la sintaxis:

```
ALTER VIEW [IF EXISTS] Nombre_vista
SET SCHEMA nuevo_esquema;
```

2.2.3.6. Disparadores o *triggers*

Se puede usar la sentencia ALTER TRIGGER para modificar el nombre de un disparador empleando la siguiente sintaxis:

```
ALTER TRIGGER nombre_disparador ON nombre_tabla RENAME TO nuevo_nombre
```

2.2.3.7. Procedimientos y funciones

Se pueden modificar algunas características de un procedimiento mediante la sentencia ALTER PROCEDURE. En la instrucción ALTER PROCEDURE, al igual que en DROP PROCEDURE, no se precisa especificar la lista de parámetros del procedimiento si no es polimórfico; en caso contrario, se debe especificar como se comenta en la sección 2.2.4.7 para la instrucción DROP PROCEDURE. Se puede usar ALTER PROCEDURE para:

- Modificar el nombre de un procedimiento, para lo que se debe escribir:

```
ALTER PROCEDURE Nombre_Procedimiento [(Lista_Parámetros)]
RENAME TO Nuevo_Nombre
```

- Modificar el propietario de un procedimiento, para lo que se debe escribir:

```
ALTER PROCEDURE Nombre_Procedimiento [(Lista_Parámetros)]
OWNER TO {Nuevo_Propietario | CURRENT_ROLE | CURRENT_USER |
SESSION_USER}
```

- Modificar el esquema al que pertenece un procedimiento, para lo que se debe escribir:

```
ALTER PROCEDURE Nombre_Procedimiento [(Lista_Parámetros)]
SET SCHEMA Nuevo_Esquema
```

Para modificar alguna característica de una función se hace uso de la instrucción ALTER FUNCTION, cuya sintaxis es la misma que la de ALTER PROCEDURE, pero sustituyendo la palabra PROCEDURE por FUNCTION.

2.2.4. Sentencias de borrado: DROP, TRUNCATE

Para borrar elementos de la base de datos se emplea la orden DROP con diversas variantes, que se van a estudiar a continuación. La orden TRUNCATE solo es aplicable a tablas y su efecto, como se verá en la Sección 2.2.4.3 no es el mismo que el de DROP TABLE.

2.2.4.1. Bases de datos

Para eliminar una base de datos y, por tanto, todo su contenido, se usa la orden DROP DATABASE con el siguiente formato:

```
DROP DATABASE [IF EXISTS] nombre_BD
```

Como se puede observar, después de DROP DATABASE se debe indicar el nombre de la base de datos que se desea borrar. Esta orden, en el caso de que no exista una base de datos con el nombre indicado, devolverá un mensaje de error; se puede usar la cláusula IF EXISTS si se quiere omitir el mensaje de error en este caso.

La orden DROP DATABASE se debe emplear con cuidado, pues no se muestra un mensaje de confirmación antes de proceder al borrado de toda la base de datos.

Esta orden solo puede ser ejecutada por superusuarios y el propietario de la base de datos. Además, no es posible ejecutarla exitosamente si la base de datos tiene conexiones activas. En tal caso, es necesario desconectarse de la base de datos que se desea eliminar y conectarse a otra base de datos, por ejemplo, *postgres*, para poder ejecutar el comando DROP DATABASE.

2.2.4.2. Esquemas

Para eliminar un esquema y, por tanto, todo su contenido, se usa la orden DROP SCHEMA con el siguiente formato:

```
DROP SCHEMA [IF EXISTS] nombre_esquema [CASCADE | RESTRICT];
```

Como se puede observar, después de DROP SCHEMA se debe indicar el nombre del esquema que se desea eliminar. Esta orden, en el caso de que no exista un esquema con el nombre indicado en la base de datos actual, devolverá un mensaje de error; se puede usar la cláusula IF EXISTS si se quiere omitir el mensaje de error en este caso.

Con la opción CASCADE se elimina el esquema, todos sus objetos y todos los objetos que dependen de estos. Si solo se quiere borrar el esquema en caso de que esté vacío, se puede usar la opción RESTRICT, que es la opción por defecto.

Esta orden solo puede ser ejecutada por un superusuario o por el propietario del esquema.

Se pueden eliminar varios esquemas con la misma orden empleando la sintaxis:

```
DROP SCHEMA [IF EXISTS] nombre_esquema₁ [, nombre_esquema₂,…]
[CASCADE | RESTRICT];
```

2.2.4.3. Tablas

La orden que se emplea para la eliminación completa de una tabla es la orden DROP TABLE. Su sintaxis es la siguiente:

```
DROP TABLE [IF EXISTS] tabla₁, tabla₂, …;
```

Esta orden no solo borra los datos contenidos en la tabla, sino también toda la tabla de la base de datos en la que está definida. Se pueden borrar con la misma orden varias tablas simplemente poniendo los diversos nombres de las tablas separados por comas. La opción IF EXISTS sirve para que, si no existe alguna de las tablas, no se muestre el mensaje de error que aparece por defecto.

Para borrar con la misma orden SQL las tablas *t1* y *t2* habría que escribir:

```
DROP table t1, t2;
```

La orden TRUNCATE o TRUNCATE TABLE permite vaciar una tabla completamente, es decir, eliminar la totalidad de las filas almacenadas en la misma. Su sintaxis es la siguiente:

```
TRUNCATE [TABLE] nombre_tabla
[RESTART IDENTITY | CONTINUE IDENTITY];
```

Esta orden tiene el mismo efecto que una orden DELETE sin cláusula WHERE, es decir, es equivalente en cuanto a efecto a la orden:

```
DELETE FROM nombre_tabla;
```

No obstante, hay algunas diferencias entre ambas órdenes. Las diferencias más relevantes son las siguientes:

- TRUNCATE es una operación que se registra en el log de transacciones como un todo, mientras que DELETE registra la eliminación de cada fila en dicho log.

- TRUNCATE se ejecuta en menor tiempo que DELETE.

- Si se especifica la opción RESTART IDENTITY, TRUNCATE reiniciará el contador para una columna de tipo SMALLSERIAL, SERIAL o BIGSERIAL, mientras que DELETE no. Si se especifica CONTINUE IDENTITY o no se indica nada, no se lleva a cabo el reinicio.

2.2.4.4. Dominios

Para eliminar un dominio se usa la instrucción DROP DOMAIN, cuya sintaxis es la siguiente:

```
DROP DOMAIN [IF EXISTS] Nombre_Dominio₁, Nombre_Dominio₂ …
[CASCADE | RESTRICT]
```

Se pueden eliminar varios dominios con una única orden DROP DOMAIN. La opción CASCADE elimina automáticamente todos los objetos que dependen del dominio, como atributos de tablas y todos los objetos que dependen de estos. La opción RESTRICT, que es la opción por defecto, no permite eliminar un dominio si hay algún objeto que depende de él.

2.2.4.5. Vistas

Para eliminar una vista se usa la instrucción DROP VIEW, cuya sintaxis es la siguiente:

```
        DROP VIEW [IF EXISTS] Nombre_vista₁, Nombre_vista₂,…
        [CASCADE | RESTRICT]
```

La opción IF EXISTS sirve para que, si no existe alguna de las vistas indicadas, no se muestre el mensaje de error que aparece por defecto. Con la opción CASCADE se borran junto con la vista aquellos objetos que dependen de ella, como otras vistas y, además, todos los objetos que dependen de estos. Con la opción RESTRICT no se permite borrar una vista si hay objetos que dependen de ella; esta es la opción por defecto. Para borrar la vista *Salarios*, emplearemos la orden:

```
        DROP VIEW Salarios;
```

2.2.4.6. Disparadores o *triggers*

Para eliminar un disparador se emplea la orden DROP TRIGGER, cuya sintaxis es la siguiente:

```
DROP TRIGGER [IF EXISTS] Nombre_disparador ON Nombre_tabla
[CASCADE | RESTRICT]
```

La opción CASCADE borra junto con el disparador, todos los objetos que dependen de él y todos los objetos que dependen de estos, a su vez. La opción RESTRICT, que es la opción por defecto, impide el borrado de un disparador si hay objetos que dependen de él. Por ejemplo, con la siguiente orden se eliminaría un disparador llamado *AuditarSueldo* creado sobre la tabla *Empleado*:

```
DROP TRIGGER AuditarSueldo ON Empleado;
```

2.2.4.7. Procedimientos y funciones

Para eliminar uno o varios procedimientos, se hace uso de la instrucción DROP PROCEDURE, cuya sintaxis es la siguiente:

```
DROP PROCEDURE [IF EXISTS] Nombre_Procedimiento₁ [(Lista_Parámetros)],
Nombre_Procedimiento₂ [(Lista_Parámetros)], …
[CASCADE | RESTRICT]

Lista_Parámetros: ([modo₁]    [Nombre_Parámetro₁]    tipo_dato₁,    [modo₂]
[Nombre_Parámetro₂] tipo_dato₂,…)
```

En caso de que el procedimiento que se desea eliminar no sea polimórfico, no es necesario especificar su lista de parámetros. Para identificar un procedimiento polimórfico, es suficiente con indicar el modo de paso de cada parámetro (IN por defecto) y su tipo de dato, de forma que el SGBD no presta atención a los nombres de los parámetros.

La opción RESTRICT, que es la opción por defecto, no permite borrar un procedimiento si hay objetos que dependen de él. En caso de usar la opción CASCADE, se borran, junto con el procedimiento, todos los objetos que dependen de él y los objetos que dependen de estos.

Para eliminar el procedimiento *HolaMundo* se debe escribir:

```
postgres=# DROP PROCEDURE HolaMundo;
DROP PROCEDURE
```

También es posible borrar un procedimiento desde pgAdmin seleccionándolo del desplegable *Procedures* dentro del esquema correspondiente y eligiendo en el menú contextual del procedimiento correspondiente la opción *Delete*.

Para eliminar una o varias funciones se hace uso de la instrucción DROP FUNCTION, cuya sintaxis es la misma que la de DROP PROCEDURE, pero sustituyendo la palabra PROCEDURE por FUNCTION.

En vez de emplear la instrucción DROP FUNCTION para eliminar una función y DROP PROCEDURE para eliminar un procedimiento, se puede hacer uso de la instrucción DROP ROUTINE, que permite eliminar cualquier tipo de subprograma (procedimiento o función). Su sintaxis es la misma que la de DROP PROCEDURE. De manera análoga, existe la instrucción ALTER ROUTINE para modificar características de procedimientos o funciones.

2.3. Lenguaje de manipulación de datos (DML SQL)

El lenguaje de manipulación de datos SQL incluye básicamente las siguientes sentencias:

- SELECT, para consultar datos sobre una o varias tablas.

- INSERT, para añadir datos en una tabla.

- UPDATE, para modificar datos de una tabla.

- DELETE, para borrar datos de una tabla.

2.3.1. Consultas de datos: SELECT

Trabajaremos con el esquema *pedidos* creado anteriormente, cuya estructura es la siguiente:

Pedido (RefPed, FecPed)

LineaPedido (RefPed, CodArt, CantArt)

Articulo (CodArt, DesArt, PVPArt)

Para realizar la consulta de datos contenidos en tablas de una base de datos relacional, se usa la sentencia SELECT. El formato básico de la sentencia SELECT es el siguiente:

```
SELECT expresión₁, expresión₂, ..., expresiónₙ
FROM tabla₁, tabla₂, ..., tablaₙ
WHERE criterio de selección
ORDER BY expresión₁ [ASC|DESC], expresión₂ [ASC|DESC],…, expresiónₙ
[ASC|DESC]
LIMIT {número|ALL};
```

Se van a explicar en esta sección cada una de estas cinco cláusulas de la sentencia (SELECT, FROM, WHERE, ORDER BY y LIMIT).

2.3.1.1. Cláusula FROM

Después de la cláusula FROM se especifican separados por comas los nombres de las tablas sobre las que se desea efectuar la consulta. Por ejemplo, si deseamos realizar una consulta sobre las tablas *Pedido* y *LineaPedido*, escribiremos:

```
SELECT expresión₁, expresión₂, ..., expresiónₙ
FROM Pedido, LineaPedido;
```

Se pueden asignar nuevos nombres o alias a las tablas, los cuales deberán especificarse a continuación del nombre de la tabla tal cual, o separados por la palabra as. Por ejemplo, en las siguientes sentencias SQL asignaríamos el nombre *P* a la tabla *Pedido* y *L* a la tabla *LineaPedido*:

```
SELECT expresión₁, expresión₂, ..., expresiónₙ
FROM Pedido P, LineaPedido L;

SELECT expresión₁, expresión₂, ..., expresiónₙ
FROM Pedido as P, LineaPedido as L;
```

A la hora de escribir el nombre de una tabla, también se puede indicar el esquema al que pertenece mediante la sintaxis *NombreEsquema.NombreTabla*. Esto se puede hacer siempre que se desee, pero no es necesario si se hace referencia a una tabla de un esquema dentro de la base de datos actual. Así, en la siguiente sentencia SELECT se emplea la sintaxis *NombreEsquema.NombreTabla*.

```
SELECT expresión₁, expresión₂, ..., expresiónₙ
FROM pedidos.Pedido P, pedidos.LineaPedido L;
```

2.3.1.2. Cláusula SELECT

En la cláusula SELECT se especifican varias expresiones separadas por comas, que normalmente son atributos de las tablas que se consultan. Por ejemplo, si queremos consultar el código y descripción de los artículos de la tabla *Articulo*, escribiremos:

```
SELECT CodArt, DesArt
FROM Articulo;
```

También se puede escribir después de la cláusula SELECT el símbolo *, indicando que se desea mostrar la totalidad de los atributos de la tabla especificada tras la cláusula FROM. Por ejemplo, para mostrar todos los atributos de la tabla *Articulo*, podríamos usar cualquiera de las dos siguientes sentencias SQL. Como se puede observar, el resultado de la ejecución es el mismo en ambos casos:

```
SELECT CodArt, DesArt, PVPArt
FROM Articulo;

 codart |        desart        | pvpart
--------+----------------------+-------
 A0043  | Bolígrafo azul       |   0.78
```

```
A0078  | Bolígrafo rojo normal |   1.05
A0075  | Lápiz 2B               |   0.55
A0012  | Goma de borrar         |   0.15
A0089  | Sacapuntas             |   0.25
(5 filas)

SELECT *
FROM Articulo;

 codart  |       desart        | pvpart
---------+---------------------+-------
 A0043  | Bolígrafo azul        |   0.78
 A0078  | Bolígrafo rojo normal |   1.05
 A0075  | Lápiz 2B               |   0.55
 A0012  | Goma de borrar         |   0.15
 A0089  | Sacapuntas             |   0.25
(5 filas)
```

En la cláusula SELECT también se pueden asignar alias a los atributos si no se considera conveniente o descriptivo el nombre del atributo. Para asignar un alias a un atributo basta con escribir después del nombre del atributo el texto que queremos que se muestre en lugar de su nombre. Este texto, si se trata de una sola palabra se puede poner tal cual o entre comillas dobles ("). En el caso de que este texto conste de varias palabras, es decir, si presenta algún espacio en blanco, será imprescindible ponerlo entre comillas dobles. Por ejemplo, en la siguiente consulta se usan alias para dos atributos de la tabla *Articulo*:

```
SELECT CodArt "Código del artículo", PVPArt Precio
FROM Articulo;

Código del artículo | precio
---------------------+--------
 A0043               |   0.78
 A0078               |   1.05
 A0075               |   0.55
 A0012               |   0.15
 A0089               |   0.25
(5 filas)
```

A veces es conveniente o incluso necesario especificar por cada atributo la tabla a la que pertenece. Será necesario en aquel caso en el que se realice una consulta sobre varias tablas y en ellas haya algún atributo con el mismo nombre. Para ello se empleará la sintaxis *NombreTabla.NombreAtributo* o bien *AliasTabla.NombreAtributo*. Por ejemplo, en la siguiente consulta, aunque usemos esta sintaxis, no sería necesario por tratarse de una consulta sobre una sola tabla.

```
SELECT A.CodArt, A.DesArt
FROM Articulo A;

 codart  |       desart
---------+---------------------
 A0043  | Bolígrafo azul
 A0078  | Bolígrafo rojo normal
```

```
A0075  | Lápiz 2B
A0012  | Goma de borrar
A0089  | Sacapuntas
(5 filas)
```

Es posible indicar por cada atributo, además de la tabla a la que pertenece, el esquema en el que está definida la tabla a la que pertenece el atributo, empleando la sintaxis *NombreEsquema.NombreTabla.NombreAtributo*. Si consideramos que la tabla *Articulo* está dentro del esquema *pedidos*, la anterior consulta empleando esta sintaxis se escribiría así:

```
SELECT pedidos.Articulo.CodArt, pedidos.Articulo.DesArt
FROM pedidos.Articulo;

 codart |        desart
--------+----------------------
 A0043  | Bolígrafo azul
 A0078  | Bolígrafo rojo normal
 A0075  | Lápiz 2B
 A0012  | Goma de borrar
 A0089  | Sacapuntas
(5 filas)
```

Puede ocurrir que a la hora de realizar una consulta no nos interese que aparezcan en el resultado varias filas repetidas. Pues bien, para evitarlo deberemos añadir la palabra DISTINCT después de la palabra SELECT. Por ejemplo, si deseamos visualizar los códigos de los artículos que han sido solicitados en los pedidos que tenemos en la base de datos, podríamos emplear la instrucción:

```
SELECT CodArt
FROM LineaPedido;

 codart
--------
 A0043
 A0078
 A0043
 A0075
 A0012
 A0043
 A0089
(7 filas)
```

Pero, como podemos ver, en el resultado nos aparecen los códigos de varios artículos repetidos; en concreto, el código *A0043* aparece tres veces porque este artículo ha sido solicitado en tres pedidos. Si no deseamos que nos aparezcan estos datos repetidos, tenemos que escribir DISTINCT después de SELECT:

```
SELECT DISTINCT CodArt
FROM LineaPedido;

codart
--------
 A0012
 A0075
 A0078
```

```
A0043
A0089
(5 filas)
```

2.3.1.3. Cláusula WHERE

En la cláusula WHERE se especifica un criterio de selección, esto es, la condición o condiciones que deben cumplir las filas de la tabla que se desean mostrar. Esta cláusula no es obligatoria, por lo que no hay que escribirla en caso de que se deseen mostrar todas las filas de la tabla. En esta condición se pueden emplear distintos tipos de operadores. Estos son:

Operadores de comparación o relacionales

Estos operadores actúan sobre dos operandos colocados antes y después del operador y nos devuelven un valor verdadero, falso o nulo. Estos operadores son los siguientes:

Tabla 2.1. Operadores de comparación

Operador	Significado
<	Menor que
<=	Menor o igual que
>	Mayor
>=	Mayor o igual que
=	Igual a
!= <>	Distinto de

Por ejemplo, para mostrar la descripción y el precio de los artículos con precio inferior a 0,75 €, escribiremos:

```
SELECT DesArt, PVPArt
FROM Articulo
WHERE PVPArt < 0.75;

     desart      | pvpart
-----------------+--------
 Lápiz 2B        |   0.55
 Goma de borrar  |   0.15
 Sacapuntas      |   0.25
(3 filas)
```

Si queremos mostrar los datos de los pedidos realizados el 23 de febrero de 2024, escribiremos:

```
SELECT *
FROM Pedido
WHERE FecPed = '2024-02-23';
```

```
refped |   fecped
--------+------------
 P0003  | 2024-02-23
(1 fila)
```

Operadores aritméticos

Los operadores aritméticos que se pueden emplear en PostgreSQL son:

Tabla 2.2. Operadores aritméticos

Operador	Significado
+	Suma o más unario
-	Resta o menos unario
*	Multiplicación
/	División
% mod	Resto de división entera
^	Exponenciación
l/	Raíz cuadrada
lll/	Raíz cúbica
@	Valor absoluto

Estos operadores se pueden emplear tanto en la cláusula SELECT, para crear campos calculados, como en la cláusula WHERE.

El operador / aplicado sobre dos números enteros devuelve el cociente como un número entero, es decir, truncado y sin parte decimal, por lo que 5 / 2 devuelve 2. En caso de que el dividendo o el divisor sea un número real, devuelve un número real, por lo que 5 / 2.0 devuelve 2.5.

Operadores lógicos

Estos operadores actúan sobre valores verdadero, falso o nulo y devuelven también un valor verdadero, falso o nulo. Existen tres operadores lógicos:

- El operador AND actúa sobre dos operandos y devuelve verdadero si los operandos sobre los que opera son verdaderos, de acuerdo con la siguiente tabla:

Tabla 2.3. Tabla de verdad del operador AND

AND	VERDADERO	FALSO	NULO
VERDADERO	VERDADERO	FALSO	NULO
FALSO	FALSO	FALSO	FALSO
NULO	NULO	FALSO	NULO

- El operador OR también se aplica sobre dos operandos y devuelve verdadero si uno de los valores sobre los que opera es verdadero, de acuerdo con la siguiente tabla:

Tabla 2.4. Tabla de verdad del operador OR

OR	VERDADERO	FALSO	NULO
VERDADERO	VERDADERO	VERDADERO	VERDADERO
FALSO	VERDADERO	FALSO	NULO
NULO	VERDADERO	NULO	NULO

- El operador NOT actúa sobre un solo operando y devuelve el valor contrario a aquel sobre el que opera, es decir, NOT VERDADERO = FALSO, NOT FALSO = VERDADERO y NOT NULO = NULO.

Por ejemplo, si deseamos mostrar todos los datos de los artículos con precio entre 50 céntimos y un euro, emplearemos la siguiente consulta:

```
SELECT *
FROM Articulo
WHERE PVPArt >= 0.50 AND PVPArt <= 1;
```

```
 codart |     desart      | pvpart
--------+-----------------+--------
 A0043  | Bolígrafo azul  |  0.78
 A0075  | Lápiz 2B        |  0.55
(2 filas)
```

Para mostrar la descripción y precio de los artículos con precio inferior a 50 céntimos o mayor que un euro, emplearemos la siguiente consulta:

```
SELECT *
FROM Articulo
WHERE PVPArt < 0.50 OR PVPArt > 1;
```

```
 codart |        desart        | pvpart
--------+----------------------+--------
 A0078  | Bolígrafo rojo normal|  1.05
 A0012  | Goma de borrar       |  0.15
 A0089  | Sacapuntas           |  0.25

(3 filas)
```

Operador *LIKE*

Este operador se utiliza para comparar cadenas de caracteres. Se pueden emplear dos caracteres comodín:

- %, que simboliza cualquier cadena de 0 a n caracteres.

- _, que simboliza cualquier carácter, pero solo uno.

Por ejemplo, si queremos mostrar el código y descripción de los artículos cuya descripción comience por la letra B, pondremos:

```
SELECT CodArt, DesArt
FROM Articulo
WHERE DesArt LIKE 'B%';

 codart |        desart
--------+----------------------
 A0043  | Bolígrafo azul
 A0078  | Bolígrafo rojo normal
(2 filas)
```

Para mostrar todos los datos de los artículos cuya descripción comience por la letra B y contenga alguna u, pondremos:

```
SELECT *
FROM Articulo
WHERE DesArt LIKE 'B%u%';

 codart |     desart     | pvpart
--------+----------------+--------
 A0043  | Bolígrafo azul |   0.78
(1 fila)
```

Si lo que deseamos es ver todos los datos de los artículos cuyo código contenga el número 4 en la penúltima posición, escribiremos:

```
SELECT *
FROM Articulo
WHERE CodArt LIKE '%4_';

 codart |     desart     | pvpart
--------+----------------+--------
 A0043  | Bolígrafo azul |   0.78
(1 fila)
```

Operador *BETWEEN*

Este operador se utiliza para especificar los valores entre los que se desea que se encuentre el valor de un atributo, ambos valores incluidos. Se emplea el formato:

$$BETWEEN\ valor_1\ AND\ valor_2$$

Por ejemplo, si queremos visualizar las descripciones y precios de todos los artículos con precio entre 0,25 y 0,75 €, escribiremos:

```
SELECT DesArt, PVPArt
FROM Articulo
WHERE PVPArt BETWEEN 0.25 AND 0.75;

   desart   | pvpart
------------+--------
 Lápiz 2B   |   0.55
 Sacapuntas |   0.25
(2 filas)
```

También se puede preguntar si el valor de un atributo no se encuentra en un cierto intervalo anteponiendo a la palabra *BETWEEN* el operador lógico *NOT*.

Por ejemplo, para visualizar los datos de los artículos con código no incluido entre el A0050 y A0080, escribiremos la siguiente consulta:

```
SELECT *
FROM Articulo
WHERE CodArt NOT BETWEEN 'A0050' AND 'A0080';
```

```
 codart |      desart     | pvpart
--------+-----------------+--------
 A0043  | Bolígrafo azul  |  0.78
 A0012  | Goma de borrar  |  0.15
 A0089  | Sacapuntas      |  0.25

(3 filas)
```

Operador *IN*

Este operador permite consultar si el valor de un atributo se encuentra o no entre una serie de valores escribiendo a continuación de la palabra *IN* dentro de un paréntesis dichos valores separados por comas.

Por ejemplo, para mostrar los datos de las líneas de pedido correspondientes a los artículos con código A0043, A0012 y A0075, podríamos usar cualquiera de las dos siguientes consultas:

```
SELECT *
FROM LineaPedido
WHERE CodArt IN('A0043', 'A0012' , 'A0075');
```

```
SELECT *
FROM LineaPedido
WHERE CodArt = 'A0043' OR CodArt = 'A0012' OR CodArt = 'A0075';
```

```
 refped | codart | cantart
--------+--------+---------
 P0001  | A0043  |    10
 P0002  | A0043  |     5
 P0003  | A0075  |    20
 P0004  | A0012  |    15
 P0004  | A0043  |     5
(5 filas)
```

Al igual que ocurría con el operador BETWEEN, también se puede consultar si el valor de un atributo no se encuentra entre los especificados en una lista mediante *NOT IN*. Así, si queremos mostrar los datos de todas las líneas de pedido excepto aquellas en las que se solicitan 10 o 20 artículos, pondremos:

```
SELECT *
FROM LineaPedido
WHERE CantArt NOT IN (10,20);
 refped | codart | cantart
--------+--------+---------
 P0001  | A0078  |    12
 P0002  | A0043  |     5
 P0004  | A0012  |    15
 P0004  | A0043  |     5
 P0004  | A0089  |    50
(5 filas)
```

Operador *IS*

Este operador se utiliza para saber si un atributo toma o no valor nulo dependiendo de si se utiliza *IS NULL* o *IS NOT NULL*, respectivamente. Por ejemplo, si quisiésemos mostrar los datos de los artículos con descripción, escribiríamos la siguiente orden SQL:

```
SELECT *
FROM Articulo
WHERE DesArt IS NOT NULL;
```

También se puede emplear el operador NOTNULL, de forma que la consulta también se puede escribir así:

```
SELECT *
FROM Articulo
WHERE DesArt NOTNULL;
```

Si lo que queremos es mostrar los datos de todos los artículos que no tienen un precio asignado, usaremos la sentencia:

```
SELECT *
FROM Articulo
WHERE PVPArt IS NULL;
```

También se puede emplear el operador ISNULL, de forma que la consulta también se puede escribir así:

```
SELECT *
FROM Articulo
WHERE DesArt ISNULL;
```

También se puede emplear el operador *IS* para comprobar si un valor es:

- Verdadero, escribiendo: valor IS TRUE.

- Falso, escribiendo: valor IS FALSE.

- Desconocido, escribiendo: valor IS UNKNOWN.

Prioridad de los operadores

La prioridad de los operadores determina el orden de evaluación de los términos de una expresión. No obstante, es posible alterar este orden si se emplean paréntesis. En caso de que haya varios operadores con la misma prioridad en ausencia de paréntesis, la evaluación de la expresión se realiza de izquierda a derecha. Se muestra en la siguiente tabla la prioridad de los operadores de mayor a menor:

Tabla 2.5. Prioridad de los operadores

Operador/es	Nivel de prioridad
+ - (más y menos unarios)	11

^	10
* / % mod	9
+ - (suma y resta)	8
I/ II/ @	7
BETWEEN LIKE IN	6
= > >= < <= <> !=	5
IS	4
NOT	3
AND	2
OR	1

2.3.1.4. Cláusula ORDER BY

La cláusula ORDER BY es opcional y sirve para especificar el o los campos o expresiones incluidas en la cláusula SELECT por los cuales se desea ordenar el resultado de la consulta. Por defecto la ordenación se realiza en modo ascendente, es decir, para los números y horas de menor a mayor, para los caracteres alfabéticos de la 'a' a la 'z' y para las fechas de la más antigua a la más moderna.

Después de cada expresión en función de la cual se desea realizar la ordenación se puede especificar:

- ASC: sirve para indicar que se realice una ordenación ascendente. No es necesario incluir esta cláusula porque es la ordenación que se realiza por defecto.

- DESC: sirve para indicar que se realice una ordenación descendente.

Por ejemplo, si deseamos mostrar los datos de los artículos de menos de 1 euro del más caro al más barato, emplearemos la orden SQL:

```
SELECT *
FROM Articulo
WHERE PVPArt < 1
ORDER BY PVPArt DESC;

 codart |     desart      | pvpart
--------+-----------------+--------
 A0043  | Bolígrafo azul  |   0.78
 A0075  | Lápiz 2B        |   0.55
 A0089  | Sacapuntas      |   0.25
 A0012  | Goma de borrar  |   0.15
(4 filas)
```

Si se incluye más de una expresión en la cláusula ORDER BY, se indica que en caso de que para varias filas del resultado el primer criterio no permita ordenarlas, se emplee (a modo de desempate) el segundo criterio especificado, y, así, sucesivamente. Por ejemplo, si queremos mostrar todos los datos para las líneas de pedido en las que se soliciten menos de 15 unidades, ordenando el resultado en primer lugar por número de unidades (de más a menos) y en segundo lugar por referencia de pedido (de la a a la z), pondremos:

```
SELECT RefPed, CodArt, CantArt
FROM LineaPedido
WHERE CantArt < 15
ORDER BY CantArt DESC, RefPed;

 refped | codart | cantart
--------+--------+---------
 P0001  | A0078  |      12
 P0001  | A0043  |      10
 P0002  | A0043  |       5
 P0004  | A0043  |       5
(4 filas)
```

También se puede hacer referencia a las expresiones sobre las que se desee realizar la ordenación escribiendo los números que hacen referencia a su posición ordinal en la sentencia SELECT. Por ejemplo, esta consulta es equivalente a la anterior:

```
SELECT RefPed, CodArt, CantArt
FROM LineaPedido
WHERE CantArt < 15
ORDER BY 3 DESC, 1;

 refped | codart | cantart
--------+--------+---------
 P0001  | A0078  |      12
 P0001  | A0043  |      10
 P0002  | A0043  |       5
 P0004  | A0043  |       5
(4 filas)
```

2.3.1.5. Cláusula LIMIT

La cláusula LIMIT es opcional y sirve para limitar el número de filas de la consulta que se mostrarán. LIMIT ALL equivale a omitir la cláusula LIMIT.

Cuando se usa la cláusula LIMIT, es importante utilizar también ORDER BY para ordenar las filas resultado de la consulta, pues, en caso contrario, no es posible predecir el orden en el que se mostrarán las filas, no teniendo en estos casos sentido limitar el resultado a cierto número de filas.

Por ejemplo, si deseamos que se nos muestren todos los datos de los 3 artículos más caros que están a la venta, deberemos usar la siguiente consulta, en la que ordenamos el resultado por precio de mayor a menor con la cláusula ORDER BY y limitamos el número de filas a 3:

```
SELECT *
FROM Articulo
ORDER BY PVPArt DESC
LIMIT 3;

 codart |        desart        | pvpart
--------+----------------------+--------
 A0078  | Bolígrafo rojo normal |   1.05
 A0043  | Bolígrafo azul        |   0.82
 A0075  | Lápiz 2B              |   0.58
(3 filas)
```

2.3.2. Inserción de datos: INSERT

La introducción de datos en una tabla se realiza empleando la sentencia INSERT, que admite varios formatos.

Inserción con *VALUES*

El primero de los formatos es el siguiente:
```
INSERT INTO Nombre_Tabla [(atributo₁,…, atributoₙ)]
VALUES ([DEFAULT|valor₁₁], [DEFAULT|valor₂₁],…, [DEFAULT|valor₁ₙ]),
       ([DEFAULT|valor₂₁], [DEFAULT|valor₂₂]…, [DEFAULT|valor₂ₙ]),…
[RETURNING {*|expresión}];
```

Como se puede observar, se debe indicar obligatoriamente el nombre de la tabla en la que se desean insertar los datos y se pueden especificar a continuación entre paréntesis los nombres de los atributos a los que se va a dar valor. Los valores se especifican después de la palabra VALUES entre paréntesis y cada $valor_{ji}$ se asigna al correspondiente $atributo_i$, es decir, $valor_{11}$ se asigna al $atributo_1$, $valor_{12}$ se asigna al $atributo_2$ y así sucesivamente en la primera fila; $valor_{21}$ se asigna al $atributo_1$, $valor_{22}$ se asigna al $atributo_2$ en la segunda fila, y así sucesivamente. Debe haber obviamente una concordancia de tipos entre los atributos y sus correspondientes valores. En la misma instrucción se puede añadir más de una fila a la tabla. En vez de indicar un valor concreto para un atributo, se puede escribir DEFAULT para indicar que se le asigne el valor por defecto especificado para el mismo en la instrucción de creación de la tabla. En los valores de los atributos se puede hacer referencia a atributos indicados previamente en la sentencia INSERT.

Si no se indican los atributos a los que se va a dar valor después del nombre de la tabla, se sobreentiende que se va a dar valor a todos los atributos de la tabla en el mismo orden en el que aparecen en la definición de la tabla.

La cláusula RETURNING permite mostrar con * todos los atributos de la fila o filas insertadas. Se puede especificar en lugar de *, los nombres de los atributos cuyos valores se desean mostrar para la fila o filas añadidas.

Por ejemplo, vamos a añadir dos nuevos artículos a la tabla *Articulo* del esquema *pedidos*: uno con código *A0022*, descripción *Cuaderno grande de espiral* y precio 2,80 € y otro con código *A0023*, descripción *Paquete de 500 folios DIN A-4* y precio 4,10 €. Para ello deberemos emplear la siguiente instrucción:

```
postgres=# INSERT INTO Articulo (CodArt, DesArt, PVPArt)
postgres-# VALUES ('A0022', 'Cuaderno grande de espiral', 2.80),
postgres-# ('A0023', 'Paquete de 500 folios DIN A-4', 4.10);
INSERT 0 2
```

En la salida del comando, después de la palabra INSERT y un cero, se indica el número de filas añadidas, en este caso 2. Nos habría valido también la siguiente instrucción:

```
INSERT INTO Articulo
VALUES ('A0022', 'Cuaderno grande de espiral', 2.80),
('A0023', 'Paquete de 500 folios DIN A-4', 4.10);
```

porque vamos a dar valor a todos los atributos y hemos especificado los valores en el mismo orden en el que están definidos en la tabla *Articulo*.

Ahora queremos añadir un nuevo empleado a la tabla *Empleado* del esquema *empresa* con los siguientes datos: número *15*, nombre *Juan Piñeiro Sala*, puesto *Empleado*, fecha de ingreso *15/04/2024*, salario *2200 €* y número de departamento *3*. Como en este caso no vamos a dar valor a todos los atributos, podemos especificar tras el nombre de la tabla, los nombres de los atributos a los que vamos a dar valor. En este caso incluimos RETURNING * para mostrar todos los atributos de la fila añadida:

```
INSERT INTO Empleado (NumEmp, NomEmp, Puesto, FecIngreso, Salario, NumDep)
VALUES (15, 'Juan Piñeiro Sala', 'Empleado', '2024/04/15', 2200, 3)
RETURNING *;
numemp|     nomemp     |  puesto |numempjefe|fecingreso|salario |comision|numdep
------+----------------+---------+----------+----------+--------+--------+------
    15|Juan Piñeiro Sala| Empleado|          |2024-04-15|2200.00 |        |    3
(1 fila)
```

No obstante, si no queremos indicar los nombres de los atributos a los que se va a dar valor, podemos dar valor a todos los atributos en el orden en el que aparecen en la tabla asignando valores nulos a los atributos con valor desconocido:

```
INSERT INTO Empleado
VALUES (15, 'Juan Pérez Sala', 'Empleado', NULL, '2024/04/15', 2200, NULL, 3);
```

Si a un atributo se le desea asignar el valor por defecto establecido para él al crear la tabla, se puede omitir dicho atributo de la lista de atributos o bien, si no se omite, asignarle el valor DEFAULT.

En PostgreSQL también es posible asignar valor por defecto a todos sus atributos escribiendo:

```
INSERT INTO Nombre_Tabla DEFAULT VALUES;
```

Inserción con SELECT

Esta modalidad de sentencia INSERT también permite añadir varias filas a una tabla, pero en este caso a partir de los datos de otra tabla o de la misma tabla obtenidos mediante una sentencia SELECT. Su formato es el siguiente:

```
INSERT INTO Nombre_Tabla [(atributo₁, atributo₂, …, atributoₙ)]
SELECT...
```

Igual que con el otro formato de sentencia INSERT, si no se indican los atributos opcionales, se entiende que se va a dar valor a la totalidad de los atributos de la tabla y en el orden en el que aparecen en su definición.

Para explicar esta modalidad de sentencia INSERT primero vamos a crear una nueva tabla llamada *Director*, con la misma estructura que la tabla *Empleado* con la excepción del campo *Puesto*. La creamos con la siguiente sentencia CREATE TABLE Director

```
CREATE TABLE Director
(NumEmp int PRIMARY KEY CONSTRAINT ck_NumEmp CHECK (NumEmp > 0),
NomEmp varchar(40) COLLATE "es-ES-x-icu" NOT NULL,
NumEmpJefe int,
FecIngreso date NOT NULL,
Salario numeric(6,2) NOT NULL
                        CONSTRAINT ck_salario CHECK (salario >= 1100),
Comision numeric(6,2) CONSTRAINT ck_comision CHECK (comision >= 0),
NumDep int default 1 NOT NULL,
CONSTRAINT    fk_Jefe_Empleado    FOREIGN    KEY(NumEmpJefe)    REFERENCES
Empleado(NumEmp) ON UPDATE CASCADE,
CONSTRAINT    fk_NumDep_Empleado    FOREIGN    KEY(NumDep)    REFERENCES
departamento(NumDep) ON UPDATE CASCADE,
CONSTRAINT ck_comision_salario CHECK (Comision <= 1.5 * Salario));
```

Ahora vamos a añadir a esta tabla todos los datos de la tabla *Empleado* correspondientes a los directores. Como vamos a dar valor a todos los atributos de la tabla *Director*, no los indicamos:

```
INSERT INTO Director
SELECT NumEmp, NomEmp, NumEmpJefe, FecIngreso, Salario, Comision, NumDep
FROM Empleado
WHERE Puesto = 'Director';
```

Tras la ejecución de esta inserción, el contenido de la tabla *Director* es el siguiente:

```
postgres=# select * from Director;

numemp |      nomemp       | numempjefe | fecingreso | salario | comision |numdep
-------+-------------------+------------+------------+---------+----------+------
     2 | Luis Grande Gil   |          1 | 2014-01-02 | 3200.00 |     0.00 |    1
     4 | Albert Rius García |         1 | 2016-02-02 | 3100.00 |     0.00 |    2
     7 | Esther Gómez Bilbao |        1 | 2018-01-02 | 2800.00 |     0.00 |    3
(3 filas)
```

2.3.3. Modificación de datos: UPDATE

La modificación de datos de una tabla se puede realizar con la sentencia UPDATE, cuyo formato es el siguiente:

```
UPDATE NomTabla
SET atributo₁ = valor₁, atributo₂ = valor₂,…, atributoₙ = valorₙ
[WHERE condición]
[RETURNING {*|expresión}];
```

Se debe especificar tras la palabra UPDATE, como se puede observar, el nombre de la tabla en la que se desean modificar los datos. Tras la palabra SET, se debe indicar por cada uno de los atributos cuyo valor se desea modificar, el nombre del atributo y el nuevo valor que se le desea asignar. Este valor puede ser un literal, una expresión en la que puede aparecer el nombre de este u otros atributos de la tabla o la palabra DEFAULT, que indica que se desea asignar al atributo el valor por defecto que se especificó para él al crear la tabla.

Tras la cláusula WHERE se indicará la condición que selecciona las filas que se desean modificar. Si se omite esta cláusula, se actualizarán todas las filas de la tabla.

Se puede incluir una cláusula RETURNING para mostrar los datos que deseemos de las filas modificadas. En caso de no incluir esta cláusula, en la salida del comando se muestra la palabra UPDATE y el número de filas modificadas.

Por ejemplo, supongamos que deseamos incrementar en un 5 % los precios de los artículos con precio inferior a 1 €. Para ello, deberemos escribir la siguiente sentencia:

```
UPDATE Articulo
SET PVPArt = PVPArt + PVPArt * 5 / 100
WHERE PVPArt < 1
RETURNING *;
 codart |      desart      | pvpart
--------+------------------+--------
 A0043  | Bolígrafo azul   |   0.82
 A0075  | Lápiz 2B         |   0.58
 A0012  | Goma de borrar   |   0.16
 A0089  | Sacapuntas       |   0.26
(4 filas)
```

La sentencia UPDATE puede incluir una o varias subconsultas en la cláusula WHERE, siguiendo el formato:

```
UPDATE NomTabla
SET atributo₁ = valor₁, atributo₂ = valor₂,…, atributoₙ = valorₙ
WHERE atributoₓ operador (select …)
[RETURNING {*|expresión}];
```

donde *operador* puede ser cualquiera de los que se pueden colocar antes de una subconsulta: =, !=, <>, <, <=, >, >=, in, etcétera.

Mediante la siguiente orden se asigna la fecha de hoy a los pedidos para los que no se ha solicitado ningún artículo, es decir, para aquellos que no aparecen en la tabla *LineaPedido*:

```
UPDATE Pedido
SET FecPed = CURRENT_DATE
WHERE RefPed NOT IN (SELECT RefPed FROM LineaPedido);
```

También se pueden incluir una o varias subconsultas en la cláusula SET, para obtener el valor que se desea asignar a cada atributo cuyo valor se quiere modificar, empleando uno de los siguientes formatos:

```
UPDATE NomTabla
SET atributo₁ = (select … ), atributo₂ = (select … ), …
[WHERE condición]
[RETURNING {*|expresión}];

UPDATE NomTabla
SET (atributo₁, atributo₂, …) = (select atributoₓ, atributoᵧ , …)
[WHERE condición]
[ORDER BY criterio];
```

Se ha de tener en cuenta que estas subconsultas deben seleccionar una única fila y un atributo, si se sigue el primero de los formatos, o bien, el mismo número de atributos que los que hay entre paréntesis al lado de SET, en el caso del segundo formato.

Mediante la siguiente orden se modifica el departamento en el que trabaja la empleada Esther Gómez Bilbao, asignándole el departamento ubicado en Madrid y se pide que se muestre de la fila modificada el nombre de la empleada y el número del departamento:

```
UPDATE Empleado
SET NumDep = (SELECT NumDep FROM Departamento WHERE Localidad = 'Madrid')
WHERE NomEmp = 'Esther Gómez Bilbao'
RETURNING NomEmp, NumDep;
    nomemp            | numdep
----------------------+--------
 Esther Gómez Bilbao  |      1
(1 fila)
```

2.3.4. Eliminación de datos: DELETE

La eliminación de datos de una tabla se puede realizar empleando la sentencia DELETE, cuyo formato es el siguiente:

```
                DELETE FROM Nombre_Tabla
                [WHERE condición]
                [RETURNING {*|expresión}];
```

Se debe especificar, como es obvio, el nombre de la tabla de la que se desean borrar los datos. Si no se incluye cláusula WHERE, se borrarán todas las filas de la tabla. En caso contrario, en la cláusula WHERE se indicará la condición que deben cumplir las filas que se desean eliminar. Se pueden incluir en la cláusula RETURNING los datos de la fila borrada que se quieren mostrar. Si no se incluye esta cláusula, como resultado de una orden DELETE correcta se mostrará la palabra DELETE y el número de filas borradas.

Si deseamos eliminar, por ejemplo, de la tabla *Articulo* los productos con precio inferior a 0,30 €, pondremos:

```
DELETE FROM Articulo
WHERE PVPArt < 0.3;
ERROR:  update o delete en «articulo» viola la llave foránea «fk_codart_
lineapedido» en la tabla «lineapedido»
DETALLE:  La llave (codart)=(A0012) todavía es referida desde la tabla
«lineapedido».
```

Como se puede observar, se muestra un mensaje de error porque falla una restricción de clave ajena. Y es que ocurre que hay alguna línea de pedido para algún artículo con precio inferior a 0,30 €, por lo que no se puede llevar a cabo el borrado. Sin embargo, sí que podremos borrar algún artículo con precio superior a 2 €:

```
postgres=# DELETE FROM  Articulo
postgres-# WHERE PVPArt > 2;
DELETE 2
```

En este caso, como se puede observar, se eliminan dos artículos.

Si deseamos eliminar los pedidos para los cuales no se ha creado ninguna línea de pedido, precisaremos de una subconsulta en la cláusula WHERE, como se indica a continuación:

```
DELETE FROM Pedido
WHERE RefPed NOT IN (SELECT RefPed FROM LineaPedido);
```

Si quisiésemos eliminar todos los pedidos de la tabla *Pedido*, deberíamos emplear la siguiente orden:

```
DELETE FROM Pedido;
```

2.3.5. Otros elementos de manipulación de datos

Además de todas las instrucciones que se han estudiado en los apartados previos de la Sección 2.3, existen otras instrucciones de manipulación de datos, como las siguientes:

2.3.5.1. DO

Como se indicó en la Sección 2.2.2.6, en PL/pgSQL se puede crear un bloque anónimo, es decir, un programa que se ejecute, pero que no se almacene en el servidor. Para ello, simplemente habrá que escribir la palabra DO delante del bloque.

2.3.5.2. REPLACE

El comando REPLACE existe en algunos SGBD, como MySQL, y sirve, al igual que INSERT, para añadir filas a una tabla. La diferencia con respecto a INSERT es que, si al introducir una fila, se pretende asignar un valor repetido para un atributo que es clave primaria o único, no se produce un error, sino que la fila se borrará antes de insertar la nueva. Se puede afirmar, por tanto, que sirve para añadir una nueva fila o para cambiarla o reemplazarla por una nueva. En MysQL su formato es el mismo que el de la orden INSERT, pero sustituyendo la palabra INSERT por REPLACE. Sin embargo, este comanto REPLACE, que no forma parte del estándar SQL, no existe en PostgreSQL.

2.3.5.3. Otros elementos

El comando SHOW permite visualizar el valor que toma un parámetro de configuración de PostgreSQL usando la sintaxis:

```
SHOW Nombre_Parámetro
```

Por ejemplo, con los siguientes comandos podemos ver el número de versión del servidor y el camino de búsqueda de esquemas:

```
postgres=# SHOW server_version;
 server_version
----------------
 10.23
(1 fila)

postgres=# SHOW SEARCH_PATH;
   SEARCH_PATH
----------------
 pedidos, public
    (1  fila)
```

Con la orden SHOW ALL se visualizará el valor de todos los parámetros de configuración del sistema.

2.3.6. Agregación de conjuntos de datos para consulta: JOIN, UNION

Las consultas que hemos realizado hasta ahora solo han afectado a una tabla, pero en muchos casos es necesario crear consultas que afecten a varias tablas. Para crear consultas multitabla, hemos de tener en cuenta lo siguiente:

- Se pueden combinar tantas tablas como se desee, las cuales deberán especificarse después de la cláusula FROM.

- En todas las cláusulas se puede hacer referencia a atributos de cualquiera de las tablas incluidas después de la cláusula FROM.

- Si hay atributos con el mismo nombre en varias tablas, para hacer referencia a alguno de estos se debe utilizar la sintaxis NombreTabla.NombreAtributo.

- El criterio de combinación de tablas se puede especificar mediante la palabra JOIN en la cláusula FROM o bien en la cláusula WHERE. Si no se especifica ningún criterio de combinación de tablas, se hará el producto cartesiano de las tablas especificadas tras la cláusula FROM.

2.3.6.1. Combinación de tablas usando JOIN

Veamos, para comenzar, la manera de combinar tablas mediante la especificación del criterio de combinación de tablas con JOIN o INNER JOIN en la cláusula FROM.

Vamos a crear una consulta sobre el esquema *pedidos* en la que mostremos por cada línea de pedido, la referencia del pedido, el código del artículo solicitado, su descripción, el número de unidades solicitadas y el precio de cada artículo. Se mostrará el resultado ordenado por referencia del pedido y código de artículo. Observamos que hay atributos tanto de la tabla *LineaPedido* (*RefPed*, *CodArt* y *CantArt*) como de la tabla *Articulo* (*DesArt* y *PVPArt*), motivo por el cual en la cláusula FROM de la consulta habremos de especificar estas dos tablas. Asignaremos alias a las tablas con el fin de poder referirnos a ellas con la letra inicial en lugar de tener que escribir el nombre completo de la tabla. En la cláusula SELECT deberán aparecer todos los atributos que queremos mostrar (los cinco indicados), pero para hacer referencia al atributo *CodArt* debemos escribir AliasTabla.NombreAtributo porque este atributo está repetido en las dos tablas. Podríamos pensar que la consulta sería así:

```
SELECT RefPed, L.CodArt, DesArt, CantArt, PVPArt
FROM LineaPedido L, Articulo A
ORDER BY RefPed, L.CodArt;
```

refped	codart	desart	cantart	pvpart
P0001	A0043	Bolígrafo azul	10	0.78
P0001	A0043	Bolígrafo rojo normal	10	1.05
P0001	A0043	Lápiz 2B	10	0.55
P0001	A0043	Goma de borrar	10	0.15
P0001	A0043	Sacapuntas	10	0.25
P0001	A0078	Bolígrafo azul	12	0.78
P0001	A0078	Bolígrafo rojo normal	12	1.05
P0001	A0078	Lápiz 2B	12	0.55
P0001	A0078	Goma de borrar	12	0.15
P0001	A0078	Sacapuntas	12	0.25
P0002	A0043	Bolígrafo azul	5	0.78
P0002	A0043	Bolígrafo rojo normal	5	1.05
P0002	A0043	Lápiz 2B	5	0.55
P0002	A0043	Goma de borrar	5	0.15
P0002	A0043	Sacapuntas	5	0.25

```
P0003 | A0075 | Bolígrafo azul          |  20 |  0.78
P0003 | A0075 | Bolígrafo rojo normal |  20 |  1.05
P0003 | A0075 | Lápiz 2B               |  20 |  0.55
P0003 | A0075 | Goma de borrar         |  20 |  0.15
P0003 | A0075 | Sacapuntas            |  20 |  0.25
P0004 | A0012 | Bolígrafo azul          |  15 |  0.78
P0004 | A0012 | Bolígrafo rojo normal |  15 |  1.05
P0004 | A0012 | Lápiz 2B               |  15 |  0.55
P0004 | A0012 | Goma de borrar         |  15 |  0.15
P0004 | A0012 | Sacapuntas            |  15 |  0.25
P0004 | A0043 | Bolígrafo azul          |   5 |  0.78
P0004 | A0043 | Bolígrafo rojo normal |   5 |  1.05
P0004 | A0043 | Lápiz 2B               |   5 |  0.55
P0004 | A0043 | Goma de borrar         |   5 |  0.15
P0004 | A0043 | Sacapuntas            |   5 |  0.25
P0004 | A0089 | Bolígrafo azul          |  50 |  0.78
P0004 | A0089 | Bolígrafo rojo normal |  50 |  1.05
P0004 | A0089 | Lápiz 2B               |  50 |  0.55
P0004 | A0089 | Goma de borrar         |  50 |  0.15
P0004 | A0089 | Sacapuntas            |  50 |  0.25
(35 filas)
```

Como podemos observar en el resultado obtenido, se ha realizado el producto cartesiano entre las dos tablas (*LineaPedido* y *Articulo*), es decir, se ha relacionado cada línea de pedido de la tabla *LineaPedido* con cada artículo de la tabla *Articulo*. Se habría obtenido el mismo resultado si hubiésemos combinado las tablas mediante CROSS JOIN del siguiente modo:

```
SELECT RefPed, L.CodArt, DesArt, CantArt, PVPArt
FROM LineaPedido L CROSS JOIN Articulo A
ORDER BY RefPed, L.CodArt;
```

Pero esto no es lo que normalmente nos interesa, sino que deseamos que se relacione el artículo solicitado en cada línea de pedido identificado por su código (*CodArt*) con los datos de dicho artículo (*DesArt* y *PVPArt*). Para conseguir esto, hemos de realizar una combinación interna de las dos tablas escribiendo JOIN o INNER JOIN entre ellas, después la palabra ON y a continuación la condición que vincule ambas tablas a través del atributo común a ambas (la clave ajena), en este caso *CodArt*. Esta condición deberá indicar, por tanto, que el atributo clave ajena *CodArt* de la tabla *LineaPedido* debe coincidir con el valor que tome el atributo clave primaria *CodArt* de la tabla *Articulo*. La consulta, por tanto, nos quedaría así:

```
SELECT RefPed, L.CodArt, DesArt, CantArt, PVPArt
FROM LineaPedido L JOIN Articulo A on L.CodArt = A.CodArt
ORDER BY RefPed, L.CodArt;
```

```
refped | codart |        desart         | cantart | pvpart
-------+--------+----------------------+---------+--------
 P0001 | A0043 | Bolígrafo azul          |  10 |  0.78
 P0001 | A0078 | Bolígrafo rojo normal |  12 |  1.05
 P0002 | A0043 | Bolígrafo azul          |   5 |  0.78
 P0003 | A0075 | Lápiz 2B               |  20 |  0.55
 P0004 | A0012 | Goma de borrar         |  15 |  0.15
```

```
P0004  | A0043  | Bolígrafo azul       |       5 |   0.78
P0004  | A0089  | Sacapuntas          |      50 |   0.25
(7 filas)
```

En el resultado obtenido se puede observar como se ha relacionado cada línea de pedido con los datos del artículo solicitado en la misma.

En este caso, en la cláusula FROM se han incluido dos tablas, pero no existe ninguna limitación en cuanto al número de tablas. Eso sí, se debe tener en cuenta que deberán combinarse cada dos tablas escribiendo JOIN entre ambas y después de ON la condición de combinación.

Supongamos que queremos mostrar por cada pedido con fecha posterior al 20 de febrero de 2024, su referencia y fecha, y además por cada uno de los artículos solicitados en él, su código, descripción, número de unidades solicitadas, importe del artículo e importe de la línea de pedido. Este último dato se calculará multiplicando el número de unidades solicitadas por el importe unitario de cada artículo. En esta consulta necesitamos atributos de las tres tablas, por lo que deberemos incluir las tres tras la palabra FROM. En este caso, además, vamos a utilizar alias para las tablas. Combinaremos en primer lugar la tabla *Pedido* con *LineaPedido* indicando que el atributo clave ajena de *LineaPedido* (*RefFed*) debe coincidir con el atributo clave primaria de *Pedido* (*RefPed*). El resultado de esta combinación lo combinaremos a su vez con la tabla *Articulo* indicando que el atributo clave ajena de *LineaPedido* (*CodArt*) coincida con el atributo clave primaria de *Articulo* (*CodArt*). Para referirnos a los atributos *CodArt* y *RefPed*, al estar repetidos en dos tablas, deberemos poner AliasTabla. NombreAtributo. Por otro lado, en este caso, necesitamos crear un campo calculado como resultado de multiplicar el número de unidades solicitadas de un artículo en una línea de pedido por el precio del artículo. A estos campos es adecuado asignarles un alias. La consulta queda así:

```
SELECT P.RefPed, FecPed, A.CodArt, DesArt, CantArt, PVPArt,
       CantArt * PVPArt "Importe línea"
FROM Pedido P JOIN LineaPedido L on P.RefPed = L.RefPed JOIN Articulo A
ON A.CodArt = L.CodArt
WHERE FecPed > '2024-02-20';
```

```
refped |   fecped    | codart|    desart       |cantart | pvpart|Importe línea
-------+-------------+-------+-----------------+--------+-------+-------------
P0003  | 2024-02-23  | A0075 | Lápiz 2B        |     20 | 0.55  |       11.00
P0004  | 2024-02-25  | A0012 | Goma de borrar  |     15 | 0.15  |        2.25
P0004  | 2024-02-25  | A0043 | Bolígrafo azul  |      5 | 0.78  |        3.90
P0004  | 2024-02-25  | A0089 | Sacapuntas      |     50 | 0.25  |       12.50
(4 filas)
```

Estas consultas multitabla que se han llevado a cabo hasta el momento han sido composiciones internas, es decir, en ellas solo se han mostrado las filas de las tablas combinadas para las cuales se cumple el criterio de combinación.

Esta manera de combinar tablas es la aconsejada en el último estándar de SQL. Sin embargo, hay otras maneras de combinar tablas, algunas de las cuales se exponen a continuación:

2.3.6.2. Combinación de tablas empleando WHERE

Esta es la forma tradicional de combinar tablas. La sintaxis consiste en escribir después de la palabra FROM, separados por comas, los nombres de las tablas que se desean combinar y especificar el criterio de combinación de las mismas en la cláusula WHERE. Este criterio de combinación de tablas se unirá a las demás condiciones que pueda haber en la cláusula WHERE mediante el operador AND. Para combinar las tablas correctamente, deberán incluirse en la cláusula WHERE tantas condiciones unidas por el operador lógico AND como número de tablas menos 1, relacionando cada una de estas condiciones una clave ajena con su correspondiente clave primaria.

Vamos a ver cómo sería la siguiente consulta realizada con anterioridad. Se trata de mostrar por cada línea de pedido, la referencia del pedido, el código y descripción del artículo solicitado, el número de unidades solicitadas y el precio unitario del artículo:

```
SELECT RefPed, L.CodArt, DesArt, CantArt, PVPArt
FROM LineaPedido L, Articulo A
WHERE L.CodArt = A.CodArt
ORDER BY RefPed, L.CodArt;
```

refped	codart	desart	cantart	pvpart
P0001	A0043	Bolígrafo azul	10	0.78
P0001	A0078	Bolígrafo rojo normal	12	1.05
P0002	A0043	Bolígrafo azul	5	0.78
P0003	A0075	Lápiz 2B	20	0.55
P0004	A0012	Goma de borrar	15	0.15
P0004	A0043	Bolígrafo azul	5	0.78
P0004	A0089	Sacapuntas	50	0.25

(7 filas).

Veamos también cómo sería la segunda consulta multitabla creada anteriomente:

```
SELECT P.RefPed, FecPed, A.CodArt, DesArt, CantArt, PVPArt,
       CantArt * PVPArt "Importe línea"
FROM Pedido P, LineaPedido L, Articulo A
WHERE P.RefPed = L.RefPed AND A.CodArt = L.CodArt AND FecPed > '2024-02-20';
```

refped	fecped	codart	desart	cantart	pvpart	Importe línea
P0003	2024-02-23	A0075	Lápiz 2B	20	0.55	11.00
P0004	2024-02-25	A0012	Goma de borrar	15	0.15	2.25
P0004	2024-02-25	A0043	Bolígrafo azul	5	0.78	3.90
P0004	2024-02-25	A0089	Sacapuntas	50	0.25	12.50

(4 filas)

2.3.6.3. Combinación de tablas empleando JOIN USING

La sintaxis consiste en escribir las tablas que se combinan en la cláusula FROM unidas por JOIN y a continuación indicar USING y entre paréntesis uno o varios atributos, que son aquellos por los cuales se vinculan las tablas, es decir, la clave ajena y correspondiente clave primaria. Debe tenerse en cuenta que estos atributos en las dos tablas deben tener el mismo nombre; en caso contrario, no es posible combinar ambas tablas usando JOIN USING.

A modo de ejemplo, vamos a ver cómo sería la siguiente consulta realizada con anterioridad. Se trata de mostrar, por cada línea de pedido, la referencia del pedido, el código y descripción del artículo solicitado, el número de unidades solicitadas y el precio unitario del artículo. Pues bien, pondremos en la cláusula FROM las dos tablas involucradas (*LineaPedido* y *Articulo*) unidas con JOIN. Ambas tablas están vinculadas a través del atributo *CodArt*, que es clave ajena en *LineaPedido* y clave primaria en *Articulo*. Recordemos que un requisito para poder usar JOIN USING es que el atributo que vincula las tablas tenga igual nombre en las dos tablas, condición que se cumple en este caso. Pues bien, pondremos USING y después entre paréntesis el nombre de este atributo. De esta manera prescindimos de la cláusula WHERE. La consulta quedará como sigue:

```
SELECT RefPed, L.CodArt, DesArt, CantArt, PVPArt
FROM LineaPedido L JOIN Articulo A USING (CodArt)
ORDER BY RefPed, L.CodArt;
```

```
 refped | codart |        desart        | cantart | pvpart
--------+--------+----------------------+---------+--------
 P0001  | A0043  | Bolígrafo azul       |      10 |  0.78
 P0001  | A0078  | Bolígrafo rojo normal|      12 |  1.05
 P0002  | A0043  | Bolígrafo azul       |       5 |  0.78
 P0003  | A0075  | Lápiz 2B             |      20 |  0.55
 P0004  | A0012  | Goma de borrar       |      15 |  0.15
 P0004  | A0043  | Bolígrafo azul       |       5 |  0.78
 P0004  | A0089  | Sacapuntas           |      50 |  0.25
(7 filas)
```

La segunda consulta multitabla creada anteriormente también se podría llevar a cabo empleando este método de combinación de tablas porque los atributos que combinan cada par de tablas tienen el mismo nombre. Veamos cómo quedaría esta consulta:

```
SELECT P.RefPed, FecPed, A.CodArt, DesArt, CantArt, PVPArt,
       CantArt * PVPArt "Importe línea"
FROM Pedido P JOIN LineaPedido L USING(RefPed) JOIN Articulo A USING (CodArt)
WHERE FecPed>'2024-02-20';
```

```
 refped |   fecped   | codart |   desart   | cantart | pvpart | Importe línea
--------+------------+--------+------------+---------+--------+---------------
 P0003  | 2024-02-23 | A0075  | Lápiz 2B   |      20 |  0.55  |        11.00
```

```
P0004  | 2024-02-25 | A0012  | Goma de borrar    |    15 |  0.15 |         2.25
P0004  | 2024-02-25 | A0043  | Bolígrafo azul    |     5 |  0.78 |         3.90
P0004  | 2024-02-25 | A0089  | Sacapuntas        |    50 |  0.25 |        12.50
(4 filas)
```

2.3.6.4. Combinación de tablas empleando NATURAL JOIN

Esta tercera opción de JOIN, al igual que ocurría con la anterior, requiere que los atributos que vinculan las tablas (clave ajena y correspondiente clave primaria) tengan el mismo nombre y, además, que no haya, aparte de la clave ajena y correspondiente clave primaria, ningún otro atributo con igual nombre en las tablas que se vinculan. En este caso, solo hay que unir las tablas con NATURAL JOIN y el SGBD entiende que debe combinarlas a través del/de los atributo/s con idéntico nombre en las dos tablas, no siendo necesario especificar para nada los nombres de estos atributos. En el caso que venimos haciendo, por tanto, no sería necesario especificar que el atributo que vincula las dos tablas es *CodArt*. La consulta nos quedaría como sigue:

```
SELECT RefPed, L.CodArt, DesArt, CantArt, PVPArt
FROM LineaPedido L NATURAL JOIN Articulo A
ORDER BY RefPed, L.CodArt;
```

```
refped | codart |        desart         | cantart | pvpart
-------+--------+-----------------------+---------+--------
P0001  | A0043  | Bolígrafo azul        |      10 |  0.78
P0001  | A0078  | Bolígrafo rojo normal |      12 |  1.05
P0002  | A0043  | Bolígrafo azul        |       5 |  0.78
P0003  | A0075  | Lápiz 2B              |      20 |  0.55
P0004  | A0012  | Goma de borrar        |      15 |  0.15
P0004  | A0043  | Bolígrafo azul        |       5 |  0.78
P0004  | A0089  | Sacapuntas            |      50 |  0.25
(7 filas)
```

La segunda consulta multitabla creada anteriormente también se podría llevar a cabo empleando este método de combinación de tablas porque los atributos que combinan cada par de tablas tienen el mismo nombre y además no hay ningún otro atributo con nombre repetido en las tablas que se combinan. Veamos cómo quedaría esta consulta:

```
SELECT P.RefPed, FecPed, A.CodArt, DesArt, CantArt, PVPArt,
CantArt * PVPArt "Importe línea"
FROM Pedido P NATURAL JOIN LineaPedido L NATURAL JOIN Articulo A
WHERE FecPed > '2024-02-20';
```

```
refped |   fecped   | codart |    desart      | cantart | pvpart | Importe línea
-------+------------+--------+----------------+---------+--------+---------------
P0003  | 2024-02-23 | A0075  | Lápiz 2B       |      20 |  0.55 |         11.00
P0004  | 2024-02-25 | A0012  | Goma de borrar |      15 |  0.15 |          2.25
P0004  | 2024-02-25 | A0043  | Bolígrafo azul |       5 |  0.78 |          3.90
P0004  | 2024-02-25 | A0089  | Sacapuntas     |      50 |  0.25 |         12.50
(4 filas)
```

2.3.6.5. Combinaciones externas

Las consultas multitabla que se han llevado a cabo hasta el momento han sido composiciones internas, es decir, en ellas solo se han mostrado las filas de las tablas combinadas para las cuales se cumple el criterio de combinación.

Las composiciones externas son combinaciones entre dos o más tablas en las cuales aparecen en el resultado filas de una tabla, aunque no exista correspondencia con filas de la otra tabla con la que se combina. Para explicar esto, en primer lugar, vamos a añadir a la tabla *Pedido* dos nuevos pedidos con los siguientes datos, para los cuales no vamos a crear líneas de pedido:

RefPed	FecPed
P0005	2024/03/18
P0006	2024/03/23

```
pedidos=# insert into pedido values ('P0005', '2024-03-18');
INSERT 0 1
pedidos=# insert into pedido values ('P0006', '2024-03-23');
INSERT 0 1
```

Vamos a realizar una consulta entre las tablas *Pedido* y *LineaPedido* que nos muestre por cada pedido su referencia y fecha y, por cada uno de los artículos solicitados en él, su código y el número de unidades pedidas. Esta consulta mediante una combinación interna nos quedaría como sigue:

```
SELECT P.RefPed, FecPed, CodArt, CantArt
FROM Pedido P JOIN LineaPedido L on P.RefPed = L.RefPed;

 refped |   fecped   | codart | cantart
--------+------------+--------+---------
 P0001  | 2024-02-16 | A0043  |      10
 P0001  | 2024-02-16 | A0078  |      12
 P0002  | 2024-02-18 | A0043  |       5
 P0003  | 2024-02-23 | A0075  |      20
 P0004  | 2024-02-25 | A0012  |      15
 P0004  | 2024-02-25 | A0043  |       5
 P0004  | 2024-02-25 | A0089  |      50
(7 filas)
```

Como se puede observar, en el resultado no aparecen los pedidos que se acaban de añadir (los de referencia *P0005* y *P0006*) porque no hay filas para estos pedidos en la tabla *LineaPedido*. Si deseamos realizar una combinación externa consistente en este caso en que se muestren todas las filas de la tabla *Pedido* aunque no tengan correspondencia con filas de la tabla *LineaPedido*, debemos escribir LEFT OUTER JOIN o simplemente LEFT JOIN en lugar de JOIN, indicando que para la tabla de la izquierda (*Pedido*) queremos que se muestren todos sus datos aunque no haya filas correspondientes en la tabla de la derecha (*LineaPedido*).

```
SELECT P.RefPed, FecPed, CodArt, CantArt
FROM Pedido P LEFT OUTER JOIN LineaPedido L on P.RefPed = L.RefPed;

 refped |   fecped    | codart | cantart
--------+-------------+--------+---------
 P0001  | 2024-02-16  | A0043  |      10
 P0001  | 2024-02-16  | A0078  |      12
 P0002  | 2024-02-18  | A0043  |       5
 P0003  | 2024-02-23  | A0075  |      20
 P0004  | 2024-02-25  | A0012  |      15
 P0004  | 2024-02-25  | A0043  |       5
 P0004  | 2024-02-25  | A0089  |      50
 P0005  | 2024-03-18  |        |
 P0006  | 2024-03-23  |        |
(9 filas)
```

El mismo resultado habríamos obtenido si hubiésemos especificado en la cláusula FROM primero la tabla *LineaPedido* y después *Pedido* y hubiésemos escrito RIGHT OUTER JOIN o RIGHT JOIN en lugar de LEFT OUTER JOIN, pues en este caso estaríamos indicando a PostgreSQL que queremos que se muestren los datos de la tabla de la derecha, aunque no haya filas combinadas en la tabla de la izquierda:

```
SELECT P.RefPed, FecPed, CodArt, CantArt
FROM LineaPedido L RIGHT JOIN Pedido P on P.RefPed = L.RefPed;

 refped |   fecped    | codart | cantart
--------+-------------+--------+---------
 P0001  | 2024-02-16  | A0043  |      10
 P0001  | 2024-02-16  | A0078  |      12
 P0002  | 2024-02-18  | A0043  |       5
 P0003  | 2024-02-23  | A0075  |      20
 P0004  | 2024-02-25  | A0012  |      15
 P0004  | 2024-02-25  | A0043  |       5
 P0004  | 2024-02-25  | A0089  |      50
 P0005  | 2024-03-18  |        |
 P0006  | 2024-03-23  |        |
(9 filas)
```

Hay una tercera modalidad de combinación externa, que se escribe con FULL OUTER JOIN. En este caso se estaría indicando que deseamos que se muestren filas de cualquiera de las dos tablas combinadas, aunque no haya filas relacionadas en la otra. Así, si tenemos una consulta con la cláusula FROM siguiente:

```
FROM A FULL OUTER JOIN B on A.x = B.x
```

PostgreSQL ejecuta la consulta del siguiente modo:

1.º Realiza una combinación interna (INNER JOIN) de las dos tablas, mostrando en el resultado, por tanto, todas las filas de las tablas A y B para las cuales se cumple la condición de combinación (A.x = B.x).

2.º Para cada fila de A que no cumple la condición de combinación con ninguna fila de B, se muestra una fila con los atributos de A y valores nulos para los atributos de B.

3.º Para cada fila de B que no cumple la condición de combinación con ninguna fila de A, se muestra una fila con los atributos de B y valores nulos para los atributos de A.

2.3.6.6. Agregación de conjuntos de datos usando UNION

Los operadores relacionales tradicionales de la teoría de conjuntos unión, intersección y diferencia se pueden aplicar a los resultados de las consultas escribiendo:

```
SELECT ...
operador
SELECT ...
```

Estos operadores se especifican mediante las palabras *union*, *intersect* y *except* para realizar la unión, intersección y diferencia, respectivamente.

Operador *union*

El operador *union* aplicado sobre dos consultas devuelve las filas de la primera consulta más las de la segunda eliminando, si es el caso, las filas repetidas.

Supongamos que tenemos una segunda tabla con pedidos llamada *Pedido2*. El contenido de las tablas *Pedido* y *Pedido2* es el siguiente:

Pedido

RefPed	FecPed
P0001	2024-02-16
P0002	2024-02-18
P0003	2024-02-23
P0004	2024-02-25
P0005	2024-03-18
P0006	2024-04-23

Pedido2

RefPed	FecPed
P0001	2024-02-16
P0004	2024-02-25
P0007	2024-04-24
P0008	2024-04-26

Podemos obtener mediante una consulta las referencias de todos los pedidos (los de la tabla *Pedido* más los de la tabla *Pedido2*):

```
SELECT RefPed FROM Pedido
UNION
SELECT RefPed FROM Pedido2;

 refped
--------
 P0001
 P0003
 P0005
 P0008
 P0002
 P0007
```

```
P0004
P0006
(8 filas)
```

Como vemos, en el resultado aparecen las referencias de todos los pedidos de las dos tablas, no apareciendo datos repetidos:

Si queremos que aparezcan filas duplicadas, emplearemos el operador *union all*.

```
SELECT RefPed FROM Pedido
UNION ALL
SELECT RefPed FROM Pedido2;

 refped
 --------
 P0001
 P0002
 P0003
 P0004
 P0005
 P0006
 P0001
 P0004
 P0007
 P0008

(10 filas)
```

Operador *intersect*

El operador *intersect* aplicado sobre dos consultas devuelve las filas que están en el resultado de las dos consultas, es decir, las filas repetidas. Sin embargo, no aparecerán filas duplicadas en el resultado.

Por ejemplo, si queremos mostrar las referencias de los pedidos que están a la vez en las tablas *Pedido* y *Pedido2*, escribiremos:

```
SELECT RefPed FROM Pedido
INTERSECT
SELECT RefPed FROM Pedido2;

 refped
 --------
 P0004
 P0001
(2 filas)
```

Se puede conseguir el mismo efecto haciendo uso de una consulta con subconsulta:

```
SELECT RefPed FROM Pedido
WHERE RefPed IN (SELECT RefPed
                 FROM Pedido2);

 refped
 --------
 P0004
 P0001
(2 filas)
```

Operador *except*

El operador *except* aplicado sobre dos consultas devuelve las filas resultado de la primera consulta menos las de la segunda. Esto quiere decir que del resultado de la primera consulta se eliminan las filas que aparecen en la segunda consulta.

Por ejemplo, si queremos obtener las referencias de los pedidos de la tabla *Pedido* excepto las de los pedidos que están en *Pedido2*, escribiremos:

```
SELECT RefPed FROM Pedido
EXCEPT
SELECT RefPed FROM Pedido2;

 refped
--------
 P0003
 P0005
 P0002
 P0006
(4 filas)
```

Se puede conseguir el mismo efecto haciendo uso de una consulta con subconsulta:

```
SELECT RefPed FROM Pedido
WHERE RefPed NOT IN (SELECT RefPed
                     FROM Pedido2);
refped
--------
 P0002
 P0003
 P0005
 P0006
(4 filas)
```

2.3.7. Agrupación de datos para consulta: GROUP BY, HAVING

El lenguaje SQL dispone de un conjunto de funciones de resumen que nos permite resumir datos de la base de datos, es decir, datos referidos a varias filas de tablas de la base de datos. Mediante estas funciones podemos obtener, por ejemplo, el precio medio de los artículos de la base de datos, el precio máximo, el número de artículos que vende la empresa, etc. Estas funciones se aplican normalmente sobre un atributo, aunque también se podrían aplicar sobre una expresión, y son las siguientes:

- COUNT (*): cuenta el número de filas seleccionadas en la consulta.

- COUNT (atributo): cuenta el número de filas en las cuales el atributo indicado no toma valor nulo.

- MAX (atributo): devuelve el valor máximo que toma el atributo indicado.

- MIN (atributo): devuelve el valor mínimo del atributo indicado.

- SUM (atributo): devuelve la suma de los valores del atributo especificado.

- AVG (atributo): devuelve el valor medio del atributo indicado.

Al aplicar estas funciones, los valores nulos son ignorados, es decir, se realizan los cálculos como si esos valores no existiesen.

Por ejemplo, para calcular el número de artículos que vende la empresa emplearemos la orden:

```
SELECT COUNT(*) "N° artículos" FROM Articulo;

 N° artículos
-------------
           5
(1 fila)
```

Para calcular la fecha más reciente de los pedidos de la base de datos, escribiremos la orden:

```
SELECT MAX(FecPed) "Fecha más reciente" FROM Pedido;

 Fecha más reciente
-------------------
 2024-03-23
(1 fila)
```

Si queremos saber cuántos artículos distintos están solicitados en el pedido con referencia P0004, usaremos la sentencia:

```
SELECT COUNT(*)"N° artículos" FROM LineaPedido
WHERE RefPed = 'P0004';

 N° artículos
-------------
           3
(1 fila)
```

Para saber el importe del pedido P0001, deberemos sumar los importes de sus líneas de pedido, que se calcularán multiplicando *CantArt* (atributo de la tabla *LineaPedido*) por el precio de cada artículo (*PVPArt*), atributo que está en la tabla *Articulo*, por lo que será necesario combinar las tablas *LineaPedido* y *Articulo*:

```
SELECT SUM(CantArt * PVPArt) "Importe del pedido"
FROM LineaPedido L JOIN Articulo A ON L.CodArt = A.CodArt
WHERE RefPed = 'P0001';

 Importe del pedido
-------------------
              20.40
(1 fila)
```

Si queremos saber el número medio de unidades solicitadas en cada línea de pedido que hay en la base de datos, emplearemos la orden:

```
SELECT AVG(CantArt) "Nº medio unidades" FROM LineaPedido;

  Nº medio unidades
--------------------
 16.7142857142857143
(1 fila)
```

Si no deseamos que el resultado tenga tantos decimales, se puede realizar un redondeo haciendo uso de la función *round*. Esta función recibe dos parámetros: el número que se desea redondear y el número de decimales que se desean en el resultado del redondeo. Si queremos redondear a un decimal, deberemos escribir:

```
SELECT ROUND(AVG(CantArt), 1) "Nº medio unidades" FROM LineaPedido;

  Nº medio unidades
------------------
            16.7
(1 fila)
```

Para contar el número de artículos distintos solicitados en los pedidos que tenemos en la base de datos no podemos usar las siguientes órdenes SQL:

```
SELECT COUNT(*)"Nº artículos pedidos" FROM LineaPedido;

  Nº artículos pedidos
---------------------
                    7
(1 fila)

SELECT COUNT(CodArt) "Nº artículos pedidos" FROM LineaPedido;

  Nº artículos pedidos
---------------------
                    7
(1 fila)
```

Ambas consultas nos devuelven el valor 7, que es el número de filas de la tabla *LineaPedido*, pero lo que ocurre es que hay un artículo (el de código A0043) que ha sido solicitado en tres pedidos diferentes (P0001, P0002 y P0004) y este artículo no se debería contabilizar tres veces, sino solo una. Para conseguir esto, debemos colocar la palabra DISTINCT delante del atributo *CodArt*, de forma que se nos devolverán los códigos de artículos distintos, es decir, los códigos de artículos no repetidos (A0043, A0078, A0075, A0012 y A0089). Como tenemos que contarlos, usaremos la función *count*, quedándonos, por tanto, la consulta de la siguiente manera:

```
SELECT COUNT(DISTINCT CodArt) "Nº artículos pedidos" FROM LineaPedido;

  Nº artículos pedidos
---------------------
                    5
(1 fila)
```

Muchas veces nos interesa obtener varios datos de resumen y no solo uno, como hemos hecho hasta ahora. Por ejemplo, nos puede interesar conocer por cada pedido el número de artículos distintos solicitados. Para conseguir esto también deberemos emplear las funciones de resumen que hemos visto, pero en lugar de aplicarlas sobre todas las filas de la consulta, deberemos aplicarlas sobre subconjuntos de filas o grupos.

Para crear grupos o realizar agrupamientos en SQL se usa una cláusula adicional en la sentencia SELECT, que es la cláusula GROUP BY, en la cual deberán especificarse los atributos en función de los cuales se desean establecer los grupos. Por ejemplo, para dar respuesta a la consulta enunciada en el párrafo anterior, deberíamos utilizar la siguiente sentencia SQL:

```
SELECT RefPed, COUNT(CodArt) "N° artículos"
FROM LineaPedido
GROUP BY RefPed;

 refped | N° artículos
--------+--------------
 P0004  |            3
 P0001  |            2
 P0003  |            1
 P0002  |            1
(4 filas)
```

En este caso, la función *count* no se aplica sobre todas las líneas de pedido, sino sobre cada uno de los grupos que resultan de agrupar las líneas de pedido según el atributo *RefPed*. El resultado de agrupar la tabla *LineaPedido* sobre el atributo *RefPed* se puede representar así:

Tabla 2.6. Representación de los datos de la tabla
LineaPedido agrupados

RefPed	CodArt	CantArt
P0001	A0043	10
	A0078	12
P0002	A0043	5
P0003	A0075	20
P0004	A0012	15
	A0043	5
	A0089	50

El resultado de aplicar *count(CodArt)* sobre cada uno de los cuatro grupos (correspondientes a cada uno de los pedidos) nos devuelve para cada uno de ellos el número de filas del grupo en las cuales *CodArt* no es nulo; por ejemplo, para P0001 un dos (porque se piden dos artículos representados en dos filas: el A0043 y el A0078). Por ello, el resultado de la consulta es el siguiente:

```
refped | N° artículos
-------+--------------
P0004  |            3
P0001  |            2
P0003  |            1
P0002  |            1
```

La sentencia SELECT para efectuar consultas de resumen permite, además de la cláusula GROUP BY, otra cláusula (HAVING), con lo que el formato ampliado de la sentencia SELECT queda como sigue:

```
SELECT expresión₁, expresión₂,…, expresiónₙ
FROM tabla₁, tabla₂, ..., tablaₙ
WHERE criterio de selección de filas
GROUP BY expresión₁, expresión₂,...
HAVING criterio de selección de grupos
ORDER BY expresión₁ [ASC|DESC], expresión₂ [ASC|DESC],…, expresiónₙ [ASC|DESC]
LIMIT {número | ALL};
```

Se explica a continuación lo que ha de incluirse en cada cláusula:

- En la cláusula SELECT se especifican los atributos que se desean mostrar y en función de los cuales se realiza el agrupamiento y la aplicación de funciones de resumen sobre esos u otros atributos.

- En la cláusula FROM se especifican las tablas sobre las que se efectúa la consulta.

- En la cláusula WHERE se indica el criterio de selección de filas de las tablas, o lo que es lo mismo, la condición que deben cumplir las filas para ser seleccionadas.

- En la cláusula GROUP BY se especifican los atributos por los cuales se agrupa, los que suelen coincidir con los atributos que aparecen en la cláusula SELECT.

- En la cláusula HAVING se especifica la condición que debe cumplir el grupo para aparecer en el resultado de la consulta. En esta condición suelen aparecer funciones de resumen.

- En la cláusula ORDER BY se especifican los campos en función de los cuales se debe ordenar el resultado de la consulta.

- Si en la cláusula LIMIT se especifica un número, se muestran tantas filas como indica dicho número.

El orden de especificación de las cláusulas es obligatoriamente el expuesto, si bien no todas las cláusulas son obligatorias. De hecho, para crear una consulta de resumen solo son imprescindibles las cláusulas SELECT, FROM y GROUP BY.

Si bien el orden de especificación de las cláusulas es el ya indicado, el orden en el que las aplica el SGBD no es el mismo. De hecho, lo que hace el SGBD cuando se encuentra con una consulta de resumen es lo siguiente:

1.º Toma las tablas de la cláusula FROM, realizando el producto cartesiano de las tablas si se especifican varias y no hay cláusula JOIN. Si hay cláusula JOIN, se combinan las tablas en base a la/s condición/es de combinación indicada/s.

2.º Se eliminan las filas que no cumplen la condición especificada en la cláusula WHERE.

3.º Se agrupan las filas de acuerdo con los atributos especificados en la cláusula GROUP BY.

4.º Se eliminan los grupos que no cumplen la condición especificada en la cláusula HAVING.

5.º Se selecciona lo especificado en la cláusula SELECT.

6.º Se ordena el resultado de acuerdo con los atributos indicados en la cláusula ORDER BY.

7.º Se limita el resultado al número de filas especificado en la cláusula LIMIT.

Hagamos una consulta que nos muestre por cada pedido en el que se solicite más de un artículo y que haya sido realizado con fecha posterior al 20 de febrero de 2024, su referencia y fecha, así como el número de artículos diferentes solicitado y el importe del pedido. Pues bien, necesitamos las tablas *Pedido*, *LineaPedido* y *Articulo* (por requerir el atributo *PVPArt* para calcular el importe del pedido), que deberemos poner en la cláusula FROM. Vamos a realizar una combinación interna de estas tres tablas combinándolas con JOIN y escribiendo las condiciones de combinación en la cláusula FROM. En la cláusula WHERE debemos indicar que solo queremos quedarnos con los pedidos que tengan una fecha posterior al 20 de febrero de 2024. Luego agruparemos por los atributos *RefPed* y *FecPed* (cláusula GROUP BY) y nos quedaremos solo con los pedidos en los que se solicite más de un artículo. También se podría agrupar únicamente por *RefPed*, pues este atributo identifica a cada pedido, pero es más habitual agrupar por todos los atributos que se muestran en la cláusula SELECT antes de las funciones de resumen. Para contar el número de artículos solicitado en un pedido usaremos la función *count (CodArt)* y especificaremos la condición correspondiente en la cláusula HAVING. Luego especificamos en la cláusula SELECT los datos que deseamos mostrar. En definitiva, la orden SQL nos quedará como sigue:

```
SELECT P.RefPed, FecPed, COUNT(A.CodArt) "N°Artículos", SUM(CantArt*PVPArt)
       "Importe pedido"
FROM Pedido P JOIN LineaPedido L ON P.RefPed = L.RefPed
     JOIN Articulo A ON L.CodArt = A.CodArt
WHERE FecPed > '2024-02-20'
GROUP BY P.RefPed, FecPed
HAVING COUNT(A.CodArt) > 1;

 refped |   fecped   | N°Artículos | Importe pedido
--------+------------+-------------+----------------
 P0004  | 2024-02-25 |           3 |          18.65
(1 fila)
```

Otro ejemplo de consulta de este tipo es el siguiente: indicar por cada artículo de la base de datos con precio superior a 0,5 €, su código, descripción, precio, el número de pedidos en que ha sido solicitado y el número total de unidades solicitado, ordenando el resultado por precio del más caro al más barato.

Para esta consulta precisamos dos tablas: *Articulo* y *LineaPedido*. Las combinamos de la manera habitual escribiendo la condición correspondiente en la cláusula FROM y uniéndolas por JOIN. En la cláusula WHERE deberemos incluir la condición de que el precio del artículo sea superior a 0,5 €. Debemos agrupar los datos por código, descripción del artículo y precio, y mostrar (cláusula SELECT), además de estos tres atributos, el resultado de contar el número de pedidos en que aparece cada artículo (función *count*) y la suma de unidades solicitadas (función *sum*). La consulta quedará así:

```
SELECT A.CodArt, DesArt, PVPArt, COUNT(RefPed) "N°Pedidos",
       SUM(CantArt) Unidades
FROM LineaPedido L JOIN Articulo A ON L.CodArt = A.CodArt
WHERE PVPArt > 0.5
GROUP BY A.CodArt, DesArt, PVPArt
ORDER BY PVPArt DESC;

 codart |         desart        | pvpart | N°Pedidos | unidades
--------+-----------------------+--------+-----------+----------
 A0078  | Bolígrafo rojo normal |   1.05 |         1 |       12
 A0043  | Bolígrafo azul        |   0.78 |         3 |       20
 A0075  | Lápiz 2B              |   0.55 |         1 |       20
(3 filas)
```

2.3.8. Subconsultas

Hay algunas veces en las que para realizar una consulta necesitamos los resultados de otra consulta. Por ejemplo, si deseamos obtener los datos de los artículos con precio superior a la media, será necesario en primer lugar averiguar cuál es el precio medio de los artículos. Otro ejemplo sería mostrar los datos de los artículos con precio superior al del *Lápiz 2B*, porque en este caso tendríamos que obtener en primer lugar el precio de este artículo (el lápiz 2B). Estas consultas se pueden resolver mediante el empleo de subconsultas.

Una subconsulta no es más que una consulta incluida en la cláusula WHERE o HAVING de otra consulta. Por ejemplo, para saber los datos de los artículos con precio superior a la media necesitaríamos realizar una subconsulta que obtuviese el precio medio de los artículos de la base de datos. Esta subconsulta, en la que se redondea el resultado a dos decimales, se plasmaría en la siguiente sentencia SELECT:

```
SELECT ROUND(AVG(PVPArt), 2) "Precio medio" FROM Articulo;

 Precio medio
-------------
        0.56
(1 fila)
```

A continuación, deberíamos hacer la consulta, la cual, sabiendo el resultado de la subconsulta, sería:

```
SELECT * FROM Articulo
WHERE PVPArt > 0.56;

 codart |         desart         | pvpart
--------+------------------------+--------
 A0043  | Bolígrafo azul         |   0.78
 A0078  | Bolígrafo rojo normal  |   1.05
(2 filas)
```

Estas dos consultas se podrían combinar en una sola que incluyese una subconsulta en la cláusula WHERE de la siguiente manera, donde en la subconsulta se ha omitido el redondeo porque no es necesario mostrar el precio medio por pantalla:

```
SELECT * FROM Articulo
WHERE PVPArt > (SELECT AVG(PVPArt) FROM Articulo);

 codart |         desart         | pvpart
--------+------------------------+--------
 A0043  | Bolígrafo azul         |   0.78
 A0078  | Bolígrafo rojo normal  |   1.05
(2 filas)
```

La segunda consulta de las enunciadas en esta sección requeriría realizar una subconsulta para obtener el precio del artículo con descripción *Lápiz 2B*, quedándonos así toda la consulta:

```
SELECT * FROM Articulo
WHERE PVPArt > (SELECT PVPArt FROM Articulo
                WHERE DesArt = 'Lápiz 2B');

 codart |         desart         | pvpart
--------+------------------------+--------
 A0043  | Bolígrafo azul         |   0.78
 A0078  | Bolígrafo rojo normal  |   1.05
(2 filas)
```

2.3.8.1. Subconsultas que generan valores simples

Hay subconsultas que devuelven un solo valor, como las que se acaban de explicar. En estos casos se puede escribir antes de la subconsulta cualquiera de los operadores relacionales estudiados (=, !=, <>, <, <=, >, >=), e incluso los operadores *between* e *in*. Sin embargo, si la consulta genera varios valores, no podemos usar estos operadores tal cual.

2.3.8.2. Subconsultas que generan conjuntos de valores

Los operadores que se pueden emplear cuando una subconsulta devuelve varias filas son los siguientes:

- IN / NOT IN: comprueba si el valor del atributo coincide o no, según el caso, con alguno de los devueltos por la subconsulta. Por ejemplo, deseamos mostrar todos los datos de los artículos solicitados en los pedidos *P0001* y *P0002*. Deberemos hacer una subconsulta para obtener los códigos de los artículos solicitados en dichos pedidos:

```
SELECT DISTINCT CodArt FROM LineaPedido
WHERE RefPed = 'P0001' OR RefPed = 'P0002';

 codart
--------
 A0043
 A0078
(2 filas)
```

Como se puede observar, esta subconsulta nos devuelve varias filas. Por tanto, vamos a emplear el operador *in* con la subconsulta:

```
SELECT * FROM Articulo
WHERE CodArt IN (SELECT DISTINCT CodArt FROM LineaPedido
                 WHERE RefPed = 'P0001' OR RefPed = 'P0002');

 codart |         desart        | pvpart
--------+-----------------------+-------
 A0043  | Bolígrafo azul        |   0.78
 A0078  | Bolígrafo rojo normal |   1.05
(2 filas)
```

- EXISTS / NOT EXISTS: indica si una subconsulta devuelve alguna fila o no. EXISTS nos devuelve verdadero si la consulta produce como resultado alguna fila, falso en caso contrario. NOT EXISTS devuelve exactamente lo contrario. Por ejemplo, si queremos mostrar la referencia y fecha de los pedidos para los que se haya solicitado algún artículo, es decir, para los cuales ya se haya introducido en la base de datos alguna línea de pedido, tendremos que hacer la consulta:

```
SELECT * FROM Pedido
WHERE EXISTS (SELECT * FROM LineaPedido
              WHERE LineaPedido.RefPed = Pedido.RefPed);

 refped |    fecped
--------+------------
 P0001  | 2024-02-16
 P0002  | 2024-02-18
 P0003  | 2024-02-23
 P0004  | 2024-02-25
(4 filas)
```

Este tipo de consultas en las que dentro de la subconsulta se hace referencia a atributos de la tabla de la consulta se llama consulta correlacionada. Se dedica el apartado siguiente a este tipo de consultas.

- ANY / SOME: se puede emplear indistintamente ANY o SOME que, a estos efectos, son sinónimos. Estos operadores se emplean en combinación con los operadores relacionales <, <=, >, >=, =, <> y !=. Comparan el valor del atributo especificado con cada uno de los valores devueltos por la subconsulta y si alguna de las comparaciones da como resultado verdadero, devuelven verdadero. Solo devolverán falso en caso de que el resultado de todas las comparaciones sea falso. Por ejemplo, si deseamos mostrar los datos de las líneas de pedido en las que se solicite algún artículo con valor inferior a 0,5 €, haremos la consulta:

```
SELECT * FROM LineaPedido
WHERE CodArt = ANY (SELECT CodArt FROM Articulo WHERE PVPArt < 0.5);

 refped | codart | cantart
--------+--------+---------
 P0004  | A0012  |      15
 P0004  | A0089  |      50
(2 filas)

SELECT * FROM LineaPedido
WHERE CodArt = SOME (SELECT CodArt FROM Articulo WHERE PVPArt < 0.5);

 refped | codart | cantart
--------+--------+---------
 P0004  | A0012  |      15
 P0004  | A0089  |      50
(2 filas)
```

- ALL: este operador se emplea en combinación con los operadores relacionales <, <=, >, >=, =, <> y !=. Compara el valor del atributo especificado con cada uno de los valores devueltos por la subconsulta y si todas las comparaciones dan como resultado verdadero, devuelve verdadero. Devolverá falso en el caso de que el resultado de alguna de las comparaciones sea falso. Por ejemplo, si deseamos mostrar los datos de los artículos con precio inferior al de cualquier bolígrafo, haremos la consulta:

```
SELECT * FROM Articulo
WHERE PVPArt < ALL (SELECT PVPArt FROM Articulo
                         WHERE DesArt LIKE '%Bolígrafo%');

 codart |     desart      | pvpart
--------+-----------------+--------
 A0075  | Lápiz 2B        |   0.55
 A0012  | Goma de borrar  |   0.15
 A0089  | Sacapuntas      |   0.25
(3 filas)
```

2.3.8.3. Consultas correlacionadas

Como se ha indicado anteriormente, se puede definir una consulta correlacionada como una consulta con alguna subconsulta tal que dentro de la subconsulta se hace referencia a atributos de la tabla de la consulta.

Hay que tener en cuenta que el modo en que procesa el SGBD estas consultas no es el habitual para las consultas con subconsultas. Así, para una consulta no correlacionada con alguna subconsulta, lo que hace el SGBD es procesar en primer lugar la subconsulta, obtener el resultado y a partir del resultado de la subconsulta se procesa la consulta. Tomemos como ejemplo la siguiente consulta: mostrar para todos los pedidos en que se solicite alguno de los artículos solicitados en el pedido P0001, la referencia del pedido y su fecha:

```
SELECT DISTINCT P.RefPed, FecPed
FROM Pedido P JOIN LineaPedido L ON P.RefPed = L.RefPed
WHERE CodArt IN (SELECT CodArt
                   FROM LineaPedido
                   WHERE RefPed = 'P0001');

 refped |   fecped
--------+------------
 P0004  | 2024-02-25
 P0001  | 2024-02-16
 P0002  | 2024-02-18
(3 filas)
```

Pues bien, esta consulta la procesa PostgreSQL llevando a cabo los siguientes pasos:

1. Se ejecuta la subconsulta, por lo que se obtienen de la tabla *LineaPedido* los códigos de los artículos solicitados en el pedido P0001. Esta subconsulta nos devuelve los códigos de los artículos A0043 y A0078.

2. Se ejecuta la consulta con la condición de que el código del artículo de la línea de pedido sea alguno de los que nos devuelve la subconsulta: el A0043 o el A0078.

Por tanto, en estos casos, se ejecuta en su totalidad la subconsulta y luego se ejecuta la consulta con los datos resultado de la subconsulta.

Sin embargo, la manera en que procesa el SGBD una consulta correlacionada es diferente.

Consideremos el siguiente ejemplo de consulta correlacionada: muestra por cada pedido, su referencia y fecha, así como el código del artículo del que se han solicitado más unidades en ese pedido, la descripción de dicho artículo y el número de unidades solicitadas. En la consulta se requiere combinar las tres tablas del esquema *pedidos* (*Pedido*, *Articulo* y *LineaPedido*). Hay que poner como condición en la consulta que el número de unidades solicitadas sea la cantidad máxima que se solicita para los artículos del pedido cuya referencia es la de la consulta. En la subconsulta se ha de obtener, por tanto, la cantidad más alta solicitada de un artículo (función *max*) de la tabla *LineaPedido* para el pedido cuya referencia de pedido coincide con el de la consulta.

```
SELECT P.RefPed, FecPed, L.CodArt, DesArt, CantArt
FROM Pedido P JOIN LineaPedido L ON P.RefPed = L.RefPed
    JOIN Articulo A ON L.CodArt = A.CodArt
WHERE CantArt = (SELECT MAX(CantArt) FROM LineaPedido
                WHERE RefPed = P.RefPed);
```

```
refped |   fecped    | codart |         desart         | cantart
-------+-------------+--------+------------------------+---------
 P0001 | 2024-02-16  | A0078  | Bolígrafo rojo normal  |    12
 P0002 | 2024-02-18  | A0043  | Bolígrafo azul         |     5
 P0003 | 2024-02-23  | A0075  | Lápiz 2B               |    20
 P0004 | 2024-02-25  | A0089  | Sacapuntas             |    50
(4 filas)
```

Para poder entender el resultado de la consulta, se muestra a continuación el contenido de la tabla *LineaPedido*.

```
refped | codart | cantart
-------+--------+---------
 P0001 | A0043  |    10
 P0001 | A0078  |    12
 P0002 | A0043  |     5
 P0003 | A0075  |    20
 P0004 | A0012  |    15
 P0004 | A0043  |     5
 P0004 | A0089  |    50
```

Se indica a continuación cómo procesa PostgreSQL esta consulta correlacionada:

1. Se ejecuta la consulta sin considerar la condición en la que aparece la subconsulta. Por tanto, se realiza una combinación natural de la tabla *Pedido* con *LineaPedido* y luego se realiza la combinación natural del resultado con la tabla *Articulo*. Se muestra a continuación el resultado de esta combinación natural, si bien se ha proyectado el resultado solo sobre los atributos que se desea mostrar:

```
refped |   fecped    | codart |       desart        | cantart
-------+-------------+--------+---------------------+---------
 P0001 | 2024-02-16  | A0043  | Bolígrafo azul      |    10
```

```
P0001 | 2024-02-16 | A0078 | Bolígrafo rojo normal |        12
P0002 | 2024-02-18 | A0043 | Bolígrafo azul        |         5
P0003 | 2024-02-23 | A0075 | Lápiz 2B              |        20
P0004 | 2024-02-25 | A0012 | Goma de borrar        |        15
P0004 | 2024-02-25 | A0043 | Bolígrafo azul        |         5
P0004 | 2024-02-25 | A0089 | Sacapuntas            |        50
```

2. Se toma cada fila del resultado de la consulta y para cada fila se lleva a cabo lo siguiente:

   a) Se ejecuta la subconsulta.

   b) Si la condición se cumple para esa fila, se muestra en el resultado de la consulta.

Así, para la 1.ª fila la subconsulta nos devuelve el valor 12 porque es el valor más alto del atributo *CantArt* en la tabla *LineaPedido* para el pedido con referencia P0001, que es el valor de *RefPed* para la 1.ª fila de la consulta. Pues bien, como el valor de *CantArt* en la consulta (10) no coincide con 12, esa fila no se muestra en el resultado.

Para la 2.ª fila, la subconsulta también nos devuelve el valor 12 porque la referencia del pedido sigue siendo la P0001. Como en este caso, el valor de CantArt en la consulta (12) coincide con el resultado de la subconsulta, esta fila sí se muestra en el resultado. Esto se repetiría para todas las filas del resultado de la consulta.

2.3.9. Manipulación del diccionario de datos

El diccionario de datos contiene toda la información sobre los datos almacenados en la base de datos. Así, contendrá las definiciones de todos los objetos de la base de datos (tablas, vistas, índices, disparadores, procedimientos, funciones, etc.), información acerca de restricciones de integridad, información sobre privilegios y roles de los diferentes usuarios de la base de datos, información sobre los accesos a los objetos, etcétera.

En el SGBD PostgreSQL existen distintos catálogos, los más relevantes de los cuales se exponen a continuación:

- *pg_authid*: contiene información acerca de los roles creados en el sistema. Un rol incluye los conceptos de usuario y grupo, de forma que un usuario es un rol con permiso para conectarse a la base de datos. Contiene una fila por cada rol con información relevante sobre él, como el nombre del rol (*rolname*), una indicación de si tiene privilegios de superusuario (*rolsuper*), de si el rol puede crear otros roles (*rolcreaterole*), de si se puede conectar (*rolcanlogin*), etcétera.

- *pg_database*: almacena información sobre las bases de datos disponibles en el clúster. Contiene una fila por cada base de datos con información relevante sobre ella, como el nombre de la base de datos (*datname*), su codificación (*encoding*) y el cotejamiento elegido para ella (*datcollate*). Su estructura se muestra a continuación:

```
postgres=# \d pg_database;
                     Tabla ½pg_catalog.pg_database¶
    Columna       |    Tipo    | Ordenamiento | Nulable  | Por omisi¾n
------------------+------------+--------------+----------+-------------
 oid              | oid        |              | not null |
 datname          | name       |              | not null |
 datdba           | oid        |              | not null |
 encoding         | integer    |              | not null |
 datlocprovider   | "char"     |              | not null |
 datistemplate    | boolean    |              | not null |
 datallowconn     | boolean    |              | not null |
 datconnlimit     | integer    |              | not null |
 datfrozenxid     | xid        |              | not null |
 datminmxid       | xid        |              | not null |
 dattablespace    | oid        |              | not null |
 datcollate       | text       | C            | not null |
 datctype         | text       | C            | not null |
 daticulocale     | text       | C            |          |
 daticurules      | text       | C            |          |
 datcollversion   | text       | C            |          |
 datacl           | aclitem[]  |              |          |
=ndices:
    "pg_database_oid_index" PRIMARY KEY, btree (oid), tablespace ½pg_global¶
    "pg_database_datname_index"  UNIQUE  CONSTRAINT,  btree  (datname),
tablespace ½pg_global¶
Tablespace: ½pg_global¶
```

- *pg_namespace*: contiene espacios de nombres (*namespaces*), que es la estructura subyacente a los esquemas en PostgreSQL. Cada espacio de nombres contiene un conjunto de relaciones sin conflictos de nombres. Contiene una fila por cada esquema con información como el nombre del espacio de nombres (*nspname*) y su propietario (*nspowner*).

- *pg_class*: contiene una fila por cada tabla y otros objetos similares que tienen atributos, como índices, vistas y vistas materializadas. A estos objetos se les llama relaciones en PostgreSQL. Almacena información relevante sobre cada uno de estos objetos, como su nombre (*relname*), su tipo (*reltype*), su propietario (*relowner*), su número de filas (*reltuples*), etc. Su estructura se muestra a continuación:

```
postgres=# \d pg_class;
                   Tabla ½pg_catalog.pg_class¶
    Columna       |    Tipo    | Ordenamiento | Nulable  | Por omisi¾n
------------------+------------+--------------+----------+-------------
 oid              | oid        |              | not null |
 relname          | name       |              | not null |
 relnamespace     | oid        |              | not null |
 reltype          | oid        |              | not null |
```

```
reloftype           | oid          |                |  | not null |
relowner            | oid          |                |  | not null |
relam               | oid          |                |  | not null |
relfilenode         | oid          |                |  | not null |
reltablespace       | oid          |                |  | not null |
relpages            | integer      |                |  | not null |
reltuples           | real         |                |  | not null |
relallvisible       | integer      |                |  | not null |
reltoastrelid       | oid          |                |  | not null |
relhasindex         | boolean      |                |  | not null |
relisshared         | boolean      |                |  | not null |
relpersistence      | "char"       |                |  | not null |
relkind             | "char"       |                |  | not null |
relnatts            | smallint     |                |  | not null |
relchecks           | smallint     |                |  | not null |
relhasrules         | boolean      |                |  | not null |
relhastriggers      | boolean      |                |  | not null |
relhassubclass      | boolean      |                |  | not null |
relrowsecurity      | boolean      |                |  | not null |
relforcerowsecurity | boolean      |                |  | not null |
relispopulated      | boolean      |                |  | not null |
relreplident        | "char"       |                |  | not null |
relispartition      | boolean      |                |  | not null |
relrewrite          | oid          |                |  | not null |
relfrozenxid        | xid          |                |  | not null |
relminmxid          | xid          |                |  | not null |
relacl              | aclitem[]    |                |  |          |
reloptions          | text[]       | C              |  |          |
relpartbound        | pg_node_tree | C              |  |          |
=ndices:
    "pg_class_oid_index" PRIMARY KEY, btree (oid)
    "pg_class_relname_nsp_index"   UNIQUE   CONSTRAINT,   btree   (relname,
relnamespace)
    "pg_class_tblspc_relfilenode_index" btree (reltablespace, relfilenode)
```

- *pg_attribute*: contiene una fila por cada columna o atributo de cada tabla o de un índice, con información como el nombre del atributo (*attname*), una referencia a la tabla a la que pertenece el atributo (*attrelid*), la referencia a su tipo de dato en la tabla *pg_type* (*atttypid*), información adicional sobre el tipo de dato, como su longitud (*atttypmod*), si puede o no tomar valor nulo (*attnotnull*), etc. La estructura de esta tabla es la siguiente:

```
postgres=# \d pg_attribute;
                  Tabla ½pg_catalog.pg_attribute¬
    Columna     |   Tipo    | Ordenamiento | Nulable  | Por omisi¾n
----------------+-----------+--------------+----------+-------------
 attrelid       | oid       |              | not null |
 attname        | name      |              | not null |
 atttypid       | oid       |              | not null |
 attlen         | smallint  |              | not null |
 attnum         | smallint  |              | not null |
 attcacheoff    | integer   |              | not null |
 atttypmod      | integer   |              | not null |
 attndims       | smallint  |              | not null |
 attbyval       | boolean   |              | not null |
 attalign       | "char"    |              | not null |
 attstorage     | "char"    |              | not null |
```

```
attcompression | "char"      |            | not null |
attnotnull     | boolean     |            | not null |
atthasdef      | boolean     |            | not null |
atthasmissing  | boolean     |            | not null |
attidentity    | "char"      |            | not null |
attgenerated   | "char"      |            | not null |
attisdropped   | boolean     |            | not null |
attislocal     | boolean     |            | not null |
attinhcount    | smallint    |            | not null |
attstattarget  | smallint    |            | not null |
attcollation   | oid         |            | not null |
attacl         | aclitem[]   |            |          |
attoptions     | text[]      | C          |          |
attfdwoptions  | text[]      | C          |          |
attmissingval  | anyarray    |            |          |
=ndices:
    "pg_attribute_relid_attnum_index" PRIMARY KEY, btree (attrelid, attnum)
    "pg_attribute_relid_attnam_index" UNIQUE CONSTRAINT, btree (attrelid, attname)
```

- *pg_type*: contiene información sobre los tipos de datos, como su nombre (*typname*) y su longitud en bytes (*typlen*).

- *pg_constraint*: contiene una fila por cada restricción existente en cada tabla, con información como una referencia la tabla a la que pertenece la restricción (*conrelid*), el nombre de la restricción (*conname*) y su tipo (*contype*). Los valores más relevantes que puede tomar este último atributo son: 'c' (CHECK), 'f' (FOREIGN KEY), 'p' (PRIMARY KEY) y 'u' (UNIQUE). La estructura de esta tabla es la siguiente:

```
postgres=# \d pg_constraint;
                  Tabla ½pg_catalog.pg_constraint¬
     Columna      |     Tipo     | Ordenamiento | Nulable  | Por omisi¾n
------------------+--------------+--------------+----------+-------------
 oid              | oid          |              | not null |
 conname          | name         |              | not null |
 connamespace     | oid          |              | not null |
 contype          | "char"       |              | not null |
 condeferrable    | boolean      |              | not null |
 condeferred      | boolean      |              | not null |
 convalidated     | boolean      |              | not null |
 conrelid         | oid          |              | not null |
 contypid         | oid          |              | not null |
 conindid         | oid          |              | not null |
 conparentid      | oid          |              | not null |
 confrelid        | oid          |              | not null |
 confupdtype      | "char"       |              | not null |
 confdeltype      | "char"       |              | not null |
 confmatchtype    | "char"       |              | not null |
 conislocal       | boolean      |              | not null |
 coninhcount      | smallint     |              | not null |
 connoinherit     | boolean      |              | not null |
 conkey           | smallint[]   |              |          |
 confkey          | smallint[]   |              |          |
 conpfeqop        | oid[]        |              |          |
 conppeqop        | oid[]        |              |          |
 conffeqop        | oid[]        |              |          |
 confdelsetcols   | smallint[]   |              |          |
```

```
conexclop      | oid[]         |                |          |
conbin         | pg_node_tree  | C              |          |
=ndices:
    "pg_constraint_oid_index" PRIMARY KEY, btree (oid)
    "pg_constraint_conname_nsp_index" btree (conname, connamespace)
    "pg_constraint_conparentid_index" btree (conparentid)
    "pg_constraint_conrelid_contypid_conname_index" UNIQUE CONSTRAINT, btree
(conrelid, contypid, conname)
    "pg_constraint_contypid_index" btree (contypid)
```

- *pg_proc*: contiene información sobre los procedimientos y funciones existentes, como el nombre del procedimiento o función (*proname*), su propietario (*proowner*), su tipo (*prokind*), que puede ser 'f' para funciones o 'p' para procedimientos, número de argumentos o parámetros de entrada (*pronargs*), tipo de dato que devuelve (*prorettype*), un *array* con los nombres de sus parámetros (*proargnames*), un *array* con los tipos de datos de los parámetros (*proargtypes*).

- *pg_views*: contiene información interesante sobre las vistas creadas en el sistema, como el nombre de la vista (*viewname*), el esquema en el que está definida (*schemaname*), el propietario de la vista (*viewowner*) y la sentencia SELECT de definición de la vista (*definition*). La estructura de esta tabla es la siguiente:

```
Columna    | Tipo | Ordenamiento | Nulable | Por omisi¾n
-----------+------+--------------+---------+------------
schemaname | name |              |         |
viewname   | name |              |         |
viewowner  | name |              |         |
definition | text |              |         |
```

Por otro lado, PostgreSQL proporciona una serie de vistas del sistema que suministran información acerca de objetos definidos en la base de datos actual. En todas las bases de datos existe automáticamente un esquema llamado *information_schema*. El propietario de este esquema es el usuario inicial de la base de datos en el clúster y este usuario tiene todos los privilegios sobre este esquema. Este esquema no está en el camino de búsqueda de esquemas, motivo por el cual es necesario acceder a todos los objetos de este esquema mediante nombres cualificados, es decir, escribiendo *information_schena. nombreObjeto*. Se exponen a continuación las vistas más relevantes de este esquema:

- *character_sets*: identifica los conjuntos de caracteres disponibles en la base de datos actual. Contiene como campos relevantes el nombre del conjunto de caracteres (*character_set_name*) y el nombre del cotejamiento por defecto (*default_collate_name*).

- *collations*: contiene los cotejamientos disponibles en la base de datos actual. El campo *collation_name* contiene los nombres de los cotejamientos.

- *information_schema_catalog_name*: contiene una única fila y una única columna (llamada *catalog_name*) conteniendo el nombre de la base de datos actual.

- *schemata*: contiene todos los esquemas de la base de datos actual a los que tiene acceso el usuario actual. Incluye por cada esquema el nombre de la base de datos en la que está contenido el esquema (*catalog_name*), que es siempre la base de datos actual, el nombre del esquema (*schema_name*) y el nombre del propietario del esquema (*schema_owner*).

- *tables*: contiene todas las tablas y vistas definidas en la base de datos actual a las que tiene acceso el usuario actual. Contiene como información relevante los siguientes atributos:

  — *table_catalog*: el nombre de la base de datos que contiene la tabla (la base de datos actual).

  — *schema_name*: el nombre del esquema que contiene la tabla.

  — *table_name*: el nombre de la tabla.

  — *table_type*: el tipo de la tabla, que puede ser el tipo de tabla normal o tabla base (BASE TABLE), vista (VIEW) o tabla temporal (TEMPORARY TABLE).

  — *is_insertable_into*: tiene el valor YES si se pueden insertar filas en la tabla; NO, en caso contrario. En las tablas base siempre se pueden insertar datos; en las vistas, no necesariamente.

- *columns*: contiene información sobre todos los atributos de tablas y de vistas en la base de datos actual a las que tiene acceso el usuario actual. Contiene como información relevante el nombre del atributo (*column_name*), el nombre de la tabla a la que pertenece el atributo, (*table_name*), el esquema que contiene la tabla (*table_schema*), la base de datos a la que pertenece la tabla (*table_catalog*), la posición ordinal del atributo dentro de la tabla (*ordinal_position*), si el atributo puede o no tomar valor nulo (*is_nullable*), el tipo de dato del atributo (*data_type*) y si es una columna actualizable (las de las tablas siempre lo son; las de las vistas, no necesariamente).

- *table_constraints*: contiene todas las restricciones pertenecientes a tablas propiedad del usuario actual o para las que este usuario tiene algún privilegio distinto de SELECT. Contiene como información relevante los siguientes atributos:

- *constraint_catalog:* el nombre de la base de datos que contiene la restricción (la base de datos actual).

- *constraint_schema*: el nombre del esquema que contiene la restricción.

- *constraint_name*: el nombre de la restricción.

- *table_catalog*: el nombre de la base de datos que contiene la tabla.

- *table_schema:* el nombre del esquema que contiene la tabla.

- *table_name:* el nombre de la tabla afectada por la restricción.

- *constraint_type_character*: tipo de restricción: CHECK, FOREIGN KEY, PRIMARY KEY o UNIQUE.

- *nulls_distinct*: si la restricción es de tipo UNIQUE, toma el valor YES si los valores nulos son considerados distintos y NO en caso contrario. Para otro tipo de restricciones, toma valor NULL.

- *check_constraints*: contiene todas las restricciones de tipo CHECK definidas sobre tablas propiedad de un rol habilitado actualmente. Incluye por cada restricción el nombre de la base de datos donde está definida (*constraint_catalog*), el nombre del esquema que contiene la restricción (*constraint_schema*), el nombre de la restricción (*constraint_name*) y la expresión CHECK asociada (*check_clause*).

- *constraint_table_usage*: identifica todas las tablas de la base de datos actual afectadas por alguna restricción siempre que pertenezcan a un rol habilitado actualmente. Las restricciones de tipo CHECK y NOT NULL no están incluidas en esta vista. Para una restricción de clave ajena (FOREIGN KEY), identifica la tabla referenciada. Para una restricción de unicidad (UNIQUE) o de clave primaria (PRIMARY KEY), identifica la tabla a la que pertenece la restricción. Esta vista incluye los siguientes atributos:

  - *table_catalog*: el nombre de la base de datos que contiene la tabla afectada por la restricción.

  - *table_schema:* el nombre del esquema que contiene la tabla afectada por la restricción.

  - *table_name:* el nombre de la tabla afectada por la restricción.

  - *constraint_catalog:* el nombre de la base de datos que contiene la restricción (la base de datos actual).

  - *constraint_schema*: el nombre del esquema que contiene la restricción.

  - *constraint_name*: el nombre de la restricción.

- *referential_constraints*: contiene todas las restricciones de clave ajena existentes en la base de datos actual. Solo se muestran aquellas restricciones para las cuales el usuario actual es el propietario o tiene algún permiso distinto de SELECT sobre la tabla referenciada. Esta vista incluye los siguientes atributos:

  — *constraint_catalog:* el nombre de la base de datos que contiene la restricción (la base de datos actual).

  — *constraint_schema*: el nombre del esquema que contiene la restricción.

  — *constraint_name*: el nombre de la restricción.

  — *unique_constraint_catalog*: el nombre de la base de datos que contiene la restricción de clave primaria (PRIMARY KEY) o alternativa (UNIQUE) referenciada por la restricción de clave ajena.

  — *unique_constraint_schema:* el nombre del esquema que contiene la restricción de clave primaria o alternativa referenciada por la restricción de clave ajena.

  — *unique_constraint_name:* el nombre de la restricción de clave primaria o alternativa referenciada por la restricción de clave ajena.

  — *match_option*: opción correspondiente a la restricción de clave ajena (FULL, PARTIAL o NONE). Estas opciones son aplicables a claves ajenas multicolumna. Pues bien, la opción MATCH FULL no permite que ninguno de los atributos de la clave ajena tome valor nulo a menos que todos los atributos de la clave ajena sean nulos. La opción por defecto es MATCH SIMPLE, que permite que cualquier atributo de la clave ajena tome valor nulo; se trata de la opción por defecto (NONE, en este caso). La opción MATCH PARTIAL todavía no está implementada.

  — *update_rule*: opción ON UPDATE para la restricción de clave ajena: CASCADE, SET NULL, SET DEFAULT, RESTRICT o NO ACTION.

  — *delete_rule*: opción ON DELETE para la restricción de clave ajena: CASCADE, SET NULL, SET DEFAULT, RESTRICT o NO ACTION.

- *key_column_usage*: identifica todos los atributos en la base de datos actual afectados por alguna restricción UNIQUE, PRIMARY KEY o FOREIGN KEY. Solo se muestran los atributos de la base de datos actual a los que tiene acceso el usuario actual por ser el propietario o tener algún privilegio. Las restricciones de tipo CHECK no están incluidas en esta vista.

Esta vista incluye los siguientes atributos:

— *constraint_catalog:* el nombre de la base de datos que contiene la restricción (la base de datos actual).

— *constraint_schema*: el nombre del esquema que contiene la restricción.

— *constraint_name*: el nombre de la restricción.

— *table_catalog*: el nombre de la base de datos que contiene la tabla donde está el atributo afectado por la restricción.

— *table_schema:* el nombre del esquema que contiene la tabla que contiene el atributo afectado por la restricción.

— *table_name:* el nombre de la tabla que contiene el atributo afectado por la restricción.

— *column_name:* el nombre del atributo afectado por la restricción.

— *ordinal_position:* posición ordinal del atributo dentro de la restricción.

— *position_in_unique_constraint:* para una restricción de clave ajena, posición ordinal del atributo referenciado dentro de su restricción de unicidad.

• *constraint_column_usage*: identifica todos los atributos en la base de datos actual afectados por alguna restricción siempre que pertenezcan a una tabla propiedad de un rol habilitado actualmente. Para una restricción de tipo CHECK, identifica los atributos que aparecen en la restricción. Para una restricción de clave ajena (FOREIGN KEY), identifica las columnas referenciadas. Para una restricción de unicidad (UNIQUE) o de clave primaria (PRIMARY KEY), identifica las columnas afectadas por la restricción. Esta vista incluye los siguientes atributos:

— *table_catalog*: el nombre de la base de datos donde está el atributo afectado por la restricción.

— *table_schema:* el nombre del esquema al que pertenece la tabla que contiene el atributo afectado por la restricción.

— *table_name:* el nombre de la tabla que contiene el atributo afectado por la restricción.

— *column_name:* el nombre del atributo afectado por la restricción.

— *constraint_catalog:* el nombre de la base de datos que contiene la restricción (la base de datos actual).

— *constraint_schema*: el nombre del esquema que contiene la restricción.

— *constraint_name*: el nombre de la restricción.

- *routines*: contiene todas las funciones y procedimientos en la base de datos actual. Solo se muestran las funciones y procedimientos a los que tiene acceso el usuario actual por ser el propietario o tener algún privilegio. Esta vista incluye como relevantes los siguientes atributos:

  — *specific_catalog*: el nombre de la base de datos que contiene la rutina (la base de datos actual).

  — *specific_schema:* el nombre del esquema que contiene la rutina.

  — *specific_name:* el nombre de la rutina.

  — *routine_type:* el tipo de la rutina (FUNCTION o PROCEDURE).

  — *data_type:* el tipo de dato devuelto por la función, NULL si se trata de un procedimiento.

  — *routine_definition*: el código fuente de la rutina.

  — *is_deterministic*: indica si la función ha sido declarada inmutable o determinista, en cuyo caso toma el valor YES; en caso contrario, NO.

- *parameters*: contiene información acerca de los parámetros o argumentos de todas las rutinas en la base de datos actual. Solo se muestran parámetros de las funciones y procedimientos a los que tiene acceso el usuario actual por ser el propietario o tener algún privilegio. Esta vista incluye como relevantes los siguientes atributos:

  — *specific_catalog*: el nombre de la base de datos que contiene la rutina (la base de datos actual).

  — *specific_schema:* el nombre del esquema que contiene la rutina.

  — *specific_name:* el nombre de la rutina.

  — *ordinal_position:* posición ordinal del parámetro en la lista de parámetros de la rutina.

  — *parameter_mode:* IN para parámetros de entrada, OUT para parámetros de salida e INOUT para parámetros de entrada/salida.

  — *parameter_name:* nombre del parámetro o NULL si el parámetro no tiene nombre.

  — *data_type:* tipo de dato del parámetro.

- *triggers*: contiene todos los disparadores definidos en la base de datos actual sobre tablas y vistas propiedad del usuario o sobre las que tiene algún permiso distinto de SELECT. Esta vista contiene como columnas relevantes las siguientes:

— *trigger_catalog*: el nombre de la base de datos que contiene el disparador (la base de datos actual).

— *trigger_schema*: el nombre del esquema que contiene el disparador.

— *trigger_name*: el nombre del disparador.

— *event_manipulation*: el evento que desencadena la ejecución del disparador (INSERT, UPDATE o DELETE).

— *event_object_catalog*: el nombre de la base de datos que contiene la tabla sobre la que está definido el disparador (la base de datos actual).

— *event_object_schema*: el nombre del esquema que contiene la tabla sobre la que está definido el disparador.

— *event_object_name*: el nombre de la tabla sobre la que está definido el disparador.

— *action_orientation*: indica si el disparador se ejecuta una vez por cada fila procesada o una vez por cada sentencia (valores ROW o STATEMENT, respectivamente).

— *action_timing*: momento en el que se ejecuta el disparador (BEFORE, AFTER o INSTEAD OF).

- *views*: contiene todas las vistas definidas en la base de datos actual que son propiedad del usuario actual o sobre las que este tiene algún privilegio. Contiene como columnas relevantes las siguientes:

— *table_catalog*: el nombre de la base de datos que contiene la vista (la base de datos actual).

— *table_schema*: el nombre del esquema que contiene la vista.

— *table_name*: el nombre de la vista.

— *view_definition*: consulta mediante la que se define la vista.

— *check_option*: CASCADED o LOCAL si la vista tiene la opción CHECK OPTION; NULL, en caso contrario.

— *is_updatable*: YES si la vista es actualizable (permite UPDATE y DELETE); NO, en caso contrario.

— *is_insertable*: YES si la vista permite INSERT; NO, en caso contrario.

Las vistas más relevantes de este esquema relacionadas con privilegios son las siguientes:

- *applicable_roles*: contiene todos los roles cuyos privilegios puede utilizar el usuario actual. Contiene columnas para el nombre del rol que concedió el rol (*grantee*), el nombre del rol (*role_name*) y si se tiene la opción de conceder el rol a otros roles (*is_grantable*).

- *enabled_roles*: contiene los nombres de todos los roles que tiene el usuario actual directa o indirectamente. Esta vista contiene un único atributo llamado *role_name*.

- *table_privileges*: identifica todos los privilegios concedidos sobre tablas o vistas a un rol habilitado actualmente o por un rol habilitado actualmente. Hay una fila por cada tabla, otorgador del privilegio y rol al que se le ha otorgado. Esta vista incluye los siguientes atributos:

  — *grantor*: el nombre del rol que ha otorgado el privilegio.

  — *grantee*: el nombre del rol que ha recibido el privilegio.

  — *table_catalog:* el nombre de la base de datos que contiene la tabla.

  — *table_schema:* el nombre del esquema que contiene la tabla.

  — *table_name:* el nombre de la tabla.

  — *privilege_type:* el tipo del privilegio (SELECT, INSERT, UPDATE, DELETE, TRUNCATE, REFERENCES o TRIGGER).

  — *is_grantable*: si es posible conceder el privilegio a otros roles.

  — *with_hierarchy*: esta columna toma el valor YES si el privilegio es SELECT; NO, en caso contrario.

- *role_table_grants*: identifica todos los privilegios concedidos sobre tablas o vistas tal que el que otorga o el que recibe el privilegio es un rol habilitado actualmente. La única diferencia con respecto a *table_privileges* es que esta vista omite las tablas que se han hecho accesibles al usuario actual por medio de una concesión de privilegios a PUBLIC.

- *column_privileges*: identifica todos los privilegios concedidos sobre atributos a un rol habilitado actualmente o por un rol habilitado actualmente. Hay una fila por cada atributo, otorgador del privilegio y rol al que se le ha otorgado. Si se ha concedido un privilegio sobre toda la tabla, aparecerá en esta vista como un privilegio para cada atributo, pero solo para los tipos de privilegios que se pueden conceder sobre atributos (SELECT, INSERT, UPDATE y REFERENCES). Esta vista incluye los siguientes atributos:

— *grantor*: el nombre del rol que ha otorgado el privilegio.

— *grantee*: el nombre del rol que ha recibido el privilegio.

— *table_catalog:* el nombre de la base de datos que contiene la tabla que contiene el atributo.

— *table_schema:* el nombre del esquema que contiene la tabla que contiene el atributo.

— *table_name:* el nombre de la tabla que contiene el atributo.

— *column_name:* el nombre del atributo.

— *privilege_type:* el tipo del privilegio (SELECT, INSERT, UPDATE o REFERENCES).

— *is_grantable*: si es posible conceder el privilegio a otros roles.

- *role_column_grants*: identifica todos los privilegios concedidos sobre atributos tal que el que otorga o el que recibe el privilegio es un rol habilitado actualmente. La única diferencia con respecto a *column_privileges* es que esta vista omite los atributos que se han hecho accesibles al usuario actual por medio de una concesión de privilegios a PUBLIC.

- *routine_privileges*: identifica todos los privilegios concedidos sobre funciones a un rol habilitado actualmente o por un rol habilitado actualmente. Hay una fila por cada función, otorgador del privilegio y rol al que se le ha otorgado. Esta vista incluye los siguientes atributos:

— *grantor*: el nombre del rol que ha otorgado el privilegio.

— *grantee*: el nombre del rol que ha recibido el privilegio.

— *specific_catalog:* el nombre de la base de datos que contiene la función (siempre la base de datos actual).

— *specific_schema:* el nombre del esquema que contiene la función.

— *routine_catalog:* el nombre de la base de datos que contiene la función (siempre la base de datos actual).

— *routine_schema:* el nombre del esquema que contiene la función.

— *routine_name:* el nombre de la función.

— *privilege_type:* el tipo del privilegio (EXECUTE). Es el único privilegio para funciones.

— *is_grantable*: si es posible conceder el privilegio a otros roles.

- *role_routine_grants*: identifica todos los privilegios concedidos sobre funciones tal que el que otorga o el que recibe el privilegio es un rol habilitado actualmente. La única diferencia con respecto a *routine_privileges* es que esta vista omite funciones que se han hecho accesibles al usuario actual por medio de una concesión de privilegios a PUBLIC.

2.4. Nociones sobre el almacenamiento de objetos en las bases de datos relacionales

El modelo de datos orientado a objetos se puede considerar en cierto modo una ampliación del modelo Entidad-Relación. Para explicar este modelo de datos es preciso conocer previamente diversos conceptos, que se exponen a continuación en la siguiente subsección. En las subsecciones sucesivas se exponen varias extensiones al modelo relacional, proporcionando un sistema de tipos más rico e incluyendo tipos de datos complejos. Los lenguajes de consulta relacionales, como SQL, también necesitan ser extendidos para trabajar con el sistema de tipos enriquecido.

2.4.1. Conceptos de objeto, clase, método y herencia

Una aplicación en la metodología orientada a objetos consigue sus objetivos por medio de la interacción entre diferentes objetos. Un objeto se puede definir como una entidad tangible que presenta un comportamiento bien definido. Un objeto se puede considerar como análogo a una ocurrencia de una entidad en el modelo Entidad-Relación.

Existen una serie de características que definen a un objeto:

- Su estado: el estado de un objeto viene determinado por el conjunto de propiedades o atributos que tiene el objeto y los valores que toman estos en cada momento. En el sistema de gestión de una biblioteca un objeto puede ser un libro en concreto y su estado puede venir definido por los atributos código, ISBN, título, editorial, número de páginas y situación de prestado o no, junto con los valores que toma cada uno de estos atributos para ese libro en concreto, por ejemplo, código "A087", título "Bases de datos relacionales", ISBN 1234567890123, editorial "Paraninfo", con 140 páginas y situación de prestado "falso".

- Su comportamiento: el comportamiento de un objeto viene dado por la manera en que actúa al recibir un mensaje por parte de otro objeto, cambiando su estado posiblemente. Un mensaje es una solicitud de un objeto para que realice una operación con un determinado propósito. Por ejemplo, un objeto libro podría recibir un mensaje solicitando que dicho libro sea prestado, operación que modificaría su situación de prestado a "verdadero".

Un objeto es una instancia de una clase, o lo que es lo mismo, una clase está formada por un conjunto de objetos que poseen la misma estructura y el mismo comportamiento. Por ejemplo, la clase *Libro* representa cualquier libro de la biblioteca, siendo un objeto cada uno de los ejemplares de libros disponibles en la biblioteca.

Una clase tiene una serie de atributos y una serie de métodos, comunes a todos los objetos de la clase:

- Los atributos son las propiedades que posee una clase, concepto similar al de atributo de los diagramas Entidad-Relación. Así, la clase *Libro* puede tener los atributos código, ISBN, título, editorial y prestado. Cada atributo tendrá su nombre, un tipo de dato (numérico, cadena de caracteres, etc.) y, posiblemente, un valor por defecto.

- Los métodos son las operaciones que se pueden llevar a cabo sobre los objetos de la clase y definen el comportamiento de la clase. Khoshafian y Abnous (1990) clasifican los métodos en tres clases:

  — De acceso: acceden a los valores de los atributos, recuperando su valor.

  — De actualización: cambian el estado o el valor de un atributo.

  — Constructores y destructores: son invocados para crear y destruir objetos de la clase, respectivamente.

Una característica muy importante de la orientación a objetos es la creación de jerarquías de clases. Hay muchos casos en los que se pueden crear para una aplicación clases con características similares (atributos y métodos). En tal caso, se suele crear una jerarquía de clases, agrupando los atributos y métodos comunes a diversas clases en una superclase y creando una o varias subclases con atributos y métodos específicos. Por ejemplo, podemos agrupar los atributos comunes a las subclases *Coche* y *Camión* (*Matrícula* y *Precio*) en una superclase llamada *Vehículo*. De esta manera, *Coche* solo tendría los atributos propios de los coches (*Plazas*) y *Camión* solo los específicos de los camiones (*Tonelaje*). Esto se representaría en UML como aparece en la Figura 2.14.

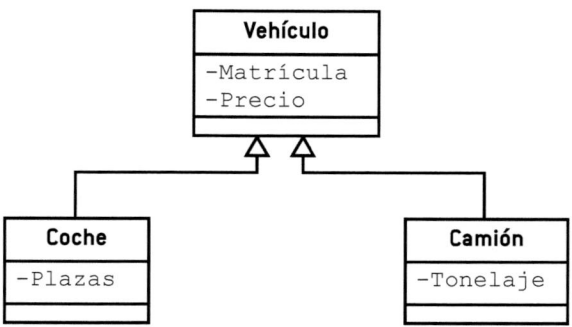

Figura 2.14. Jerarquía de clases.

Pues bien, la herencia es la propiedad por la cual las subclases (en este caso, *Coche* y *Camión*) tienen además de sus atributos y métodos propios, los atributos y métodos de su superclase (en este caso, los atributos *Matrícula* y *Precio* de *Vehículo*).

2.4.2. Relaciones anidadas

La primera forma normal (1FN) exige que todos los atributos tengan valores atómicos, o lo que es lo mismo, que en la intersección de una fila y una columna haya un único valor.

El modelo relacional extendido es una extensión del modelo relacional en la que los dominios pueden ser atómicos o de relación. Vamos a estudiar las relaciones anidadas mediante un ejemplo extraído de una biblioteca. Consideremos que para cada libro de la biblioteca se almacena la siguiente información: su título, la editorial y una lista de palabras clave. Si esta información se almacena en una única tabla, varios de los atributos no son atómicos:

- La editorial, que es un atributo compuesto que se puede desglosar en los campos nombre y localidad.

- Las palabras clave, que pueden ser, como en el caso anterior, una o varias, esto es, un conjunto.

Se muestra en la Figura 2.15 un ejemplo de contenido de la tabla *Libro* no en 1FN.

Título	Editorial (Nombre, Localidad)	Palabras clave
Lenguajes de definición y modificación de datos SQL	Paraninfo, Madrid	{SQL, MySQL}
Bases de datos	Garceta, Madrid	{datos, SQL, E-R}

Figura 2.15. Tabla *Libro* no en 1FN.

2.4.3. Tipos complejos

Vamos a estudiar a continuación las extensiones propuestas a SQL-92 en SQL:1999 para permitir tipos complejos, incluyendo las relaciones anidadas y las características orientadas a objetos.

En primer lugar, vamos a ver cómo se especifican tipos estructurados en SQL:1999. Estos tipos permiten la representación directa de atributos compuestos. Aplicado al ejemplo que nos ocupa, *Editorial* es un atributo compuesto que consta de los atributos *Nombre* y *Localidad*. Este tipo se crea así:

```
CREATE TYPE editorial AS
(Nombre varchar(30) COLLATE "es-ES-x-icu",
Localidad varchar(30) COLLATE "es-ES-x-icu");
```

La sintaxis, como se puede observar, es igual a la de CREATE TABLE con la salvedad de que hay que incluir la palabra AS después del nombre del tipo compuesto y solo se pueden especificar nombres de atributos y sus tipos, pero no restricciones como NOT NULL.

Una vez que se ha creado un tipo estructurado, se puede usar dicho tipo estructurado como el tipo de dato de un atributo al crear una tabla. A continuación, se crea la tabla *Libro* con un atributo del tipo estructurado *editorial* que se acaba de crear:

```
CREATE TABLE Libro
(Título varchar(60) COLLATE "es-ES-x-icu" PRIMARY KEY,
Editorial editorial NOT NULL);
```

Ahora podemos añadir varias filas a la tabla *Libro* asociándoles una editorial. Para asignar un valor a un tipo compuesto se deben encerrar los valores de cada atributo del tipo compuesto dentro de un paréntesis, separados por comas, por ejemplo:

```
('Paraninfo', 'Madrid')
```

Con la siguiente instrucción se añaden a la tabla *Libro* dos filas para dos editoriales distintas. Se muestra el contenido de la tabla *Libro* tras añadir las dos filas:

```
INSERT INTO Libro VALUES ('Lenguajes de definición y modificación de datos
SQL', ('Paraninfo', 'Madrid'));

INSERT INTO Libro VALUES ('Bases de datos', ('Garceta', 'Madrid'));

SELECT * FROM Libro;

                    título                       |     editorial
-------------------------------------------------+--------------------
 Lenguajes de definición y modificación de datos SQL | (Paraninfo,Madrid)
 Bases de datos                                  | (Garceta,Madrid)
(2 filas)
```

Para acceder a un campo o componente de un tipo compuesto se debe escribir después del atributo de tipo compuesto entre paréntesis, un punto y el nombre de dicho componente. Por ejemplo, se puede hacer la siguiente consulta para obtener por cada libro, el título del libro y el nombre de la editorial que lo ha publicado:

```
SELECT Título, (Editorial).Nombre FROM Libro;

                        título                          |      editorial
--------------------------------------------------------+------------------
 Lenguajes de definición y modificación de datos SQL    |(Paraninfo,Madrid)
 Bases de datos                                         |(Garceta,Madrid)
(2 filas)
```

La siguiente consulta es equivalente, si bien se pregunta por la localidad de la editorial en la cláusula WHERE siguiente la misma sintaxis:

```
SELECT Título, (Editorial).Nombre FROM Libro
WHERE (Editorial).Localidad = 'Madrid';

                        título                          |      editorial
--------------------------------------------------------+------------------
 Lenguajes de definición y modificación de datos SQL    |(Paraninfo,Madrid)
 Bases de datos                                         |(Garceta,Madrid)
(2 filas)
```

Otro tipo complejo son los arrays. Los arrays permiten almacenar varios valores del tipo especificado. Así, si el número máximo de palabras clave que se puede especificar para un libro es de 10, el atributo *PalabrasClave* se especificaría así:

```
PalabrasClave varchar(20)[10]
```

Sin embargo, la especificación del tamaño máximo del array no es necesaria pues, a pesar de estar permitido sintácticamente, PostgreSQL hace caso omiso al tamaño especificado. Por este motivo, la siguiente declaración es equivalente a la anterior:

```
PalabrasClave varchar(20)[]
```

También se puede usar en la declaración la palabra ARRAY, por lo que las dos siguientes declaraciones también resultan equivalentes en PostgreSQL:

```
PalabrasClave varchar(20) ARRAY
PalabrasClave varchar(20) ARRAY[10]
```

Pues bien, se va a añadir este atributo a la tabla *Libro* que se ha creado mediante una orden ALTER TABLE:

```
postgres=# ALTER TABLE Libro ADD PalabrasClave varchar(20) [];
ALTER TABLE
```

A continuación, se va a borrar todo su contenido y añadir los dos libros anteriores, pero asignándoles palabras clave. Pues bien, para asignar valores a un atributo de tipo array, dichos valores se deben escribir, dentro de unas llaves, separados por comas cada uno de los valores y todo ello entre comillas.

Si estos valores son de tipo cadena de caracteres, se deben encerrar entre comillas dobles. Por ejemplo, de la siguiente forma se asigna valor a 3 componentes de un array:

```
'{valor1, valor2, valor3}'
```

Así, mediante las siguientes órdenes DELETE e INSERT se asignan a los libros anteriores palabras clave:

```
DELETE FROM Libro;

INSERT INTO Libro VALUES ('Lenguajes de definición y modificación de datos SQL', ('Paraninfo', 'Madrid'), '{"Bases de datos", "SQL"}');

INSERT INTO Libro VALUES ('Bases de datos', ('Garceta', 'Madrid'), '{"Entidad-Relación", "Tablas", "Normalización", "SQL"}');
```

Son equivalentes las siguientes órdenes, en las que para especificar los valores de un array se escribe la palabra ARRAY y luego entre corchetes los valores de cada uno de sus elementos separados por comas:

```
INSERT INTO Libro VALUES ('Lenguajes de definición y modificación de datos SQL', ('Paraninfo', 'Madrid'), ARRAY['Bases de datos', 'SQL']);

INSERT INTO Libro VALUES ('Bases de datos', ('Garceta', 'Madrid'), ARRAY['Entidad-Relación', 'Tablas', 'Normalización', 'SQL']);
```

Para acceder a cada una de las posiciones de un array se usa un índice numérico que se ha de especificar entre corchetes. Se ha de tener en cuenta que los índices comienzan con el número 1. Por ejemplo, mediante la siguiente consulta, se puede obtener por cada libro en cuyo título aparece la cadena 'datos', su título y sus dos primeras palabras clave:

```
SELECT Título, PalabrasClave[1], PalabrasClave[2]
FROM Libro
WHERE Título LIKE '%datos%';
                        título                     | palabrasclave | palabrasclave
---------------------------------------------------+---------------+-------------
Lenguajes de definición y modificación de datos SQL | Bases de datos | SQL
Bases de datos                                     | Entidad-Relación | Tablas
 (2 filas)
```

También se podría hacer una consulta que nos devolviese información sobre los libros que contengan entre alguna de sus palabras clave la palabra clave 'SQL' empleando el operador ANY:

```
SELECT * FROM Libro
WHERE 'SQL' = ANY(PalabrasClave);
```

2.4.4. Herencia

La herencia puede especificarse a nivel de tabla en PostgreSQL. Veámoslo con un ejemplo. Creemos en primer lugar una tabla para contener información sobre usuarios de una red social:

```
CREATE TABLE Usuario
(Nombre varchar(30) COLLATE "es-ES-x-icu" PRIMARY KEY,
Clave varchar(40) COLLATE "es-ES-x-icu" NOT NULL,
FechaAlta DATE DEFAULT CURRENT_DATE NOT NULL);
```

Hay un tipo especial de usuarios, que son los usuarios prémium. Para estos usuarios, además de los datos anteriores, es necesario registrar el número de cuenta por medio del que realizan el pago de la suscripción. Se podría crear una tabla para estos usuarios con la siguiente orden:

```
CREATE TABLE UsuarioPremium
(Nombre varchar(30) COLLATE "es-ES-x-icu" PRIMARY KEY,
Clave varchar(40) COLLATE "es-ES-x-icu" NOT NULL,
FechaAlta DATE DEFAULT CURRENT_DATE NOT NULL,
NumCuenta varchar(24) NOT NULL);
```

Se podría crear una consulta o una vista que generase la información común a los dos tipos de usuarios. Por ejemplo, se podría crear la siguiente vista:

```
CREATE VIEW Usuarios AS
SELECT Nombre, Clave, FechaAlta FROM Usuario
UNION
SELECT Nombre, Clave, FechaAlta FROM UsuarioPremium;
```

Una mejor solución es crear la tabla *UsuarioPremium* que herede todos los atributos de *Usuario*, como si fuese una subclase de la supuesta clase *Usuario* y añadiese un atributo adicional para indicar el número de cuenta por el que paga la suscripción. Para crear una tabla que herede de otra, al final de la definición de la tabla se debe escribir INHERITS (NomTabla) para indicar la tabla de la que hereda. En PostgreSQL una tabla puede heredar de ninguna, una o varias tablas. Se muestra el código para crear estas dos tablas y añadir en ellas tres usuarios normales y dos prémium:

```
CREATE TABLE Usuario
(Nombre varchar(30) COLLATE "es-ES-x-icu" PRIMARY KEY,
Clave varchar(40) COLLATE "es-ES-x-icu" NOT NULL,
FechaAlta DATE DEFAULT CURRENT_DATE NOT NULL);

CREATE TABLE UsuarioPremium
(NumCuenta char(24) NOT NULL) INHERITS (Usuario);

INSERT INTO Usuario (Nombre, Clave) VALUES ('jose', 'aaaabbbb'), ('ana',
'bbbbdddd'), ('santi', 'cccceeee');

INSERT INTO UsuarioPremium (Nombre, Clave, NumCuenta) VALUES ('iker',
'ddddffff', 'ES1123456789987654321234'), ('peter', 'eeeegggg',
'ES2388886666777788888888');
```

Realmente los usuarios prémium también son usuarios, por lo que se puede crear la siguiente consulta para obtener los nombres de todos los usuarios dados de alta hoy mismo:

```
postgres=# SELECT Nombre FROM Usuario WHERE FechaAlta = CURRENT_DATE;

 nombre
--------
 jose
 ana
 santi
 iker
 peter
(5 filas)
```

Se puede usar la siguiente consulta para obtener los nombres de todos los usuarios prémium dados de alta hoy:

```
postgres=# SELECT Nombre FROM UsuarioPremium WHERE FechaAlta =
CURRENT_DATE;

 nombre
--------
 iker
 peter
(2 filas)
```

En el siguiente caso se usa la palabra ONLY para indicar que se muestren los nombres de los usuarios que no son prémium dados de alta hoy:

```
postgres=# SELECT Nombre FROM ONLY Usuario WHERE FechaAlta = CURRENT_DATE;

 nombre
--------
 jose
 ana
 santi
(3 filas)
```

2.5. Nociones sobre el almacenamiento y recuperación de XML en las bases de datos relacionales

Hay en PostgreSQL una serie de funciones y expresiones que permiten obtener contenido XML a partir de datos SQL. Se exponen en la siguiente subsección algunas de estas funciones.

2.5.1. Introducción del estándar SQL-2006

El estándar SQL-2006 define la manera de importar y almacenar datos XML en una base de datos SQL y la forma de publicar tanto los datos XML como los SQL en forma XML. Además, proporciona facilidades para que se pueda usar junto con el código SQL el lenguaje de consultas XML llamado XQuery.

Se exponen a continuación algunas de las funciones que proporciona PostgreSQL para obtener contenido XML a partir de datos SQL:

- La expresión *XMLELEMENT* genera un elemento XML con el nombre, atributos y contenido indicados. El formato de esta expresión es el siguiente:

```
XMLELEMENT (NAME nombre_elemento [, XMLATTRIBUTES (valor_atributo {AS
nombre_atributo] [, ...]) [, contenido [, ...]]
```

Los elementos valor_atributo y contenido pueden albergar datos de cualquier tipo de los permitidos en PostgreSQL. Con XMLATTRIBUTES se generan atributos para el elemento XML. Ejemplos:

```
postgres=# SELECT XMLELEMENT (NAME nombre);
 xmlelement
------------
 <nombre/>
(1 fila)


postgres=# SELECT XMLELEMENT (NAME director, XMLATTRIBUTES (CURRENT_DATE
AS fecha_alta), 'Luis');
                        xmlelement
--------------------------------------------------
 <director fecha_alta="2024-04-04">Luis</director>
(1 fila)
```

- La expresión *XMLFOREST* genera una secuencia de elementos XML con los nombres y el contenido indicados. El formato de esta expresión es el siguiente:

```
XMLFOREST (contenido [AS nombre] [, ...])
```

Cada nombre debe ser un identificador y el contenido puede albergar datos de cualquier tipo de los permitidos en PostgreSQL. Ejemplo:

```
postgres=# SELECT XMLFOREST ('María' AS nombre, 25 AS edad);
              xmlforest
-------------------------------------
 <nombre>María</nombre><edad>25</edad>
(1 fila)
```

El nombre del elemento se puede omitir si el contenido hace referencia a una columna de una tabla, en cuyo caso se usa el nombre de la columna por defecto. En caso contrario, se debe especificar un nombre. Ejemplo:

```
SELECT XMLFOREST (table_name, column_name)
FROM information_schema.columns
WHERE table_schema = 'pg_catalog';
                                              xmlforest
-----------------------------------------------------------------------
<table_name>pg_stat_subscription_stats</table_name><column_name>stats_
reset</column_name>
<table_name>pg_stat_user_tables</table_name><column_name>autoanalyze_
count</column_name>
<table_name>pg_statio_all_tables</table_name><column_name>relid</
column_name>
...
```

- El predicado *IS DOCUMENT* devuelve true si el argumento es un documento XML correcto; false, en caso contrario. El formato de este predicado es el siguiente:

```
argumento IS DOCUMENT
```

- El predicado *XML_IS_WELL_FORMED_DOCUMENT* comprueba si la cadena de caracteres pasada como argumento representa un documento XML correcto, devolviendo un valor booleano. *XML_IS_WELL_FORMED_CONTENT* comprueba contenido XML. El predicado *XML_IS_WELL_FORMED* hace lo mismo que *XML_IS_WELL_FORMED_DOCUMENT* si el parámetro de configuración XMLOPTION toma el valor DOCUMENT, mientras que hace lo mismo que *XML_IS_WELL_FORMED_CONTENT* si el parámetro de configuración XMLOPTION toma el valor CONTENT.

El formato de estas funciones es el siguiente:

```
XML_IS_WELL_FORMED (texto)
XML_IS_WELL_FORMED_DOCUMENT (texto)
XML_IS_WELL_FORMED_CONTENT (texto)
```

Ejemplos:

```
postgres=# SET XMLOPTION TO DOCUMENT;
SET
postgres=# SELECT XML_IS_WELL_FORMED('123');
 xml_is_well_formed
--------------------
 f
(1 fila)

postgres=# SET XMLOPTION TO CONTENT;
SET
postgres=# SELECT XML_IS_WELL_FORMED('123');
 xml_is_well_formed
--------------------
 t
(1 fila)
```

- Las siguientes funciones mapean el contenido de tablas a valores XML, por lo que se puede interpretar que proporcionan una funcionalidad de exportación a XML. Los formatos de estas funciones son los siguientes:

```
TABLE_TO_XML (TABLE nombre_tabla , NULLS valor_booleano,
              TABLEFOREST valor_booleano, TARGETNS texto)
QUERY_TO_XML (QUERY texto , NULLS valor_booleano,
              TABLEFOREST valor_booleano, TARGETNS texto)
CURSOR_TO_XML (CURSOR referencia_cursor , COUNT número,
               NULLS valor_booleano, TABLEFOREST valor_booleano,
               TARGETNS texto)
```

La función TABLE_TO_XML mapea el contenido de la tabla cuyo nombre se indica después de TABLE. La función QUERY_TO_XML ejecuta la consulta cuyo texto se pasa como parámetro y mapea el conjunto de filas resultado. La función

CURSOR_TO_XML recupera el número de filas indicadas del cursor pasado como argumento.

Si el parámetro TABLEFOREST toma el valor *false*, el documento XML resultado tendrá el siguiente formato:

```
<nombre_tabla>
    <fila>
        <nombre_columna₁>dato</nombre_columna₁>
        ...
        <nombre_columnaₙ>dato</nombre_columnaₙ>
    </fila>
    <fila>
        <nombre_columna₁>dato</nombre_columna₁>
        ...
        <nombre_columnaₙ>dato</nombre_columnaₙ>
    </fila>
    ...
</nombre_tabla>
```

Si el parámetro TABLEFOREST toma el valor *true*, el documento XML resultado tendrá el siguiente formato:

```
<nombre_tabla₁>
    <nombre_columna₁>dato</nombre_columna₁>
    ...
    <nombre_columnaₙ>dato</nombre_columnaₙ>
</nombre_tabla₁>
<nombre_tabla₂>
    <nombre_columna₁>dato</nombre_columna₁>
    ...
    <nombre_columnaₘ>dato</nombre_columnaₘ>
</nombre_tabla₂>
...
```

La elección del formato depende del usuario. El primer formato se corresponde con un documento XML apropiado y será relevante en muchas aplicaciones. El segundo formato suele ser más útil cuando se usa la función CURSOR_TO_XML si el resultado se tiene que adjuntar a un documento posteriormente.

Los datos se mapean de la manera descrita para la función XMLEMENT indicada anteriormente.

El parámetro NULLS determina si se deben incluir en el resultado valores nulos. Si se asigna valor *false* a este parámetro, se omiten los valores nulos en el resultado; en caso contrario, los valores nulos en columnas se representan así:

```
<nombre_columna xsi:nil="true">
```

Están disponibles las siguientes funciones para producir mapeos análogos partiendo de esquemas enteros o de la base de datos actual completa:

```
SCHEMA_TO_XML (SCHEMA nombre_esquema , NULLS valor_booleano,
               TABLEFOREST valor_booleano, TARGETNS texto)
DATABASE_TO_XML (NULLS valor_booleano, TABLEFOREST valor_booleano,
                 TARGETNS texto)
```

La función SCHEMA_TO_XML ignora las tablas que no son legibles por el usuario actual. La función DATABASE_TO_XML ignora los esquemas para los cuales el usuario actual no tiene permiso USAGE.

Debe tenerse en cuenta que estas funciones pueden generar gran cantidad de datos, por lo que, al realizar el mapeo de esquemas o bases de datos de gran tamaño, es aconsejable considerar la conveniencia de mapear por separado cada tabla, incluso mediante el empleo de un cursor.

El resultado del mapeo de un esquema tiene el siguiente formato, en el que el formato del mapeo de cada tabla depende del valor asignado al parámetro TABLEFOREST:

```
<nombre_esquema>
mapeo_tabla₁
...
mapeo_tablaₙ
</nombre_esquema>
```

El resultado del mapeo de una base de datos tiene el siguiente formato, en el cual el mapeo de cada esquema tiene el formato que se acaba de mostrar:

```
<nombre_BD>
<nombre_esquema₁>
...
</nombre_esquema₁>
<nombre_esquema₂>
...
</nombre_esquema₂>
...
</nombre_BD>
```

Por otro lado, la expresión XMLTABLE genera un conjunto de filas (una tabla) a partir de una serie de valores XML, un filtro XPath para extraer filas y una serie de definiciones de columnas. Aunque tiene la forma de una función, solo puede aparecer como una tabla en la cláusula FROM de una consulta. Su formato es el siguiente:

```
XMLTABLE (
expresión_filas PASSING expresión_documento
COLUMNS nombre_columna {tipo [PATH expresión_columna]
        [DEFAULT valor_defecto [NOT NULL | NULL]] | FOR ORDINALITY}
    [,...]
)
```

El argumento expresión_filas es una expresión XPath 1.0 (como texto) que se evalúa pasando el valor XML expresión_documento como su contenido para obtener un conjunto de nodos XML. No se generarán filas si expresión_documento toma valor nulo ni en caso de que expresión_filas genere un conjunto de nodos vacío o cualquier valor distinto de un conjunto de nodos.

El argumento expresión_documento proporciona el contexto para expresión_filas. Debe tratarse de un documento XML sintácticamente correcto, no siendo válidos fragmentos.

Las cláusulas COLUMNS especifican las columnas que se generarán para la tabla resultado. Para cada columna hay que indicar su nombre y su tipo de dato, excepto en el caso de que se especifique FOR ORDINALITY, en cuyo caso se considera el tipo *integer*. Las cláusulas DEFAULT y NULL son opcionales.

Las columnas con la opción FOR ORDINALITY almacenan un número de filas comenzando por 1 en el orden en el que se recuperan los nodos del conjunto de nodos resultado de expresión_filas. Solamente se puede especificar FOR ORDINALITY para una columna.

La expresión_columna es una expresión XPath que, para encontrar el valor de cada columna, se evalúa para cada fila con el nodo actual del resultado de expresión_fila como contexto. Si no se especifica expresión_columna, se usa como *path* implícito el nombre de la columna.

Si la expresión XPath de una columna devuelve un valor no XML (que está limitado a cadena de caracteres, booleano o double en XPath 1.0) y la columna tiene un tipo de PostgreSQL distinto de xml, se asignará a la columna el valor resultado de representar en forma de cadena de caracteres el tipo de PostgreSQL. Si el tipo es booleano, su representación en forma de cadena de caracteres será 1 o 0 si el tipo de la columna es numérico; true o false, en caso contrario.

Si la expresión XPath de una columna devuelve un conjunto de nodos XML no vacío y el tipo de PostgreSQL de la columna es xml, se asignará a la columna exactamente la expresión resultado.

Un resultado no XML asignado a una columna xml en el resultado, genera como resultado un nodo conteniendo como texto el valor de la cadena de caracteres resultado. Un resultado XML asignado a una columna de un tipo diferente puede que no tenga más de un nodo o se generará un error. Si hay exactamente un nodo, se asignará a la columna el valor resultado de representar en forma de cadena de caracteres el tipo de PostgreSQL.

El valor de la cadena de caracteres de un elemento XML es la concatenación, en el orden del documento, de todos los nodos de texto contenidos en ese elemento y sus descendientes. El valor de la cadena de caracteres de un elemento sin nodos de texto descendientes es una cadena vacía (no nula). Todos los elementos con atributos xsi:nil son ignorados.

Si la expresión después de PATH devuelve un conjunto de nodos vacío para una fila dada, se asignará valor nulo a la columna a no ser que se haya especificado un valor por defecto, en cuyo caso se asignará dicho valor por defecto. Se muestra a continuación, a modo de ejemplo, las instrucciones necesarias para crear una tabla a partir de un documento XML y luego se muestra su contenido:

```
CREATE TABLE xmlPaises AS SELECT
XML $$
<ROWS>
        <ROW>
                <CodISOPa>ESP</CodISOPa>
                <NomPa>España</NomPa>
                <ExtPa unit="km2">505944</ExtPa>
                <PobPa>48592909</PobPa>
                <JefeEstadoPa>Felipe V</JefeEstadoPa>
        </ROW>
        <ROW>
                <CodISOPa>FRA</CodISOPa>
                <NomPa>Francia</NomPa>
                <ExtPa unit="km2">675417</ExtPa>
                <PobPa>68042591</PobPa>
        </ROW>
        <ROW>
                <CodISOPa>AND</CodISOPa>
                <NomPa>Andorra</NomPa>
                <ExtPa unit="km2">468</ExtPa>
        </ROW>
</ROWS>
$$ AS datos;

SELECT XMLTABLE.* FROM xmlPaises,
XMLTABLE('//ROWS/ROW' PASSING datos
COLUMNS orden FOR ORDINALITY,
        nombre text PATH 'NomPa',
        códigoISO text PATH 'CodISOPa',
        extensión_km2 int PATH 'ExtPa',
        población int PATH 'PobPa',
        jefeDeEstado text PATH 'JefeEstadoPa' DEFAULT 'no indicado');

 orden | nombre  | códigoiso | extensión_km2 | población | jefedeestado
-------+---------+-----------+---------------+-----------+--------------
     1 | España  | ESP       |        505944 | 48592909  | Felipe V
     2 | Francia | FRA       |        675417 | 68042591  | no indicado
     3 | Andorra | AND       |           468 |           | no indicado
(3 filas)
```

3. Transaccionalidad y concurrencia

Contenido

3.1. Conceptos fundamentales

Cuando se aplica un tratamiento a una base de datos, esta normalmente pasa por unos estados transitorios durante los cuales no se verifican algunas restricciones de integridad. Con el fin de aislar aquellas unidades de tratamiento que respetan la coherencia de la base de datos, se introduce el concepto de transacción.

Se puede definir una transacción como un conjunto de operaciones que forman una única unidad de trabajo. Siguiendo a Silberschatz, Korth y Sudarshan (2002), un sistema de base de datos debe asegurar que la ejecución de las transacciones se realice adecuadamente a pesar de la existencia de fallos, de manera que la transacción se debe ejecutar completamente o no ejecutarse en absoluto. Además, el sistema debe gestionar la ejecución concurrente de las transacciones evitando introducir inconsistencias.

Una transacción está formada por un conjunto de instrucciones escritas en un lenguaje de manipulación de datos o en un lenguaje de programación y está delimitada por instrucciones de la forma "inicio de transacción" y "fin de transacción".

En los sistemas de bases de datos es normal que se ejecuten varias operaciones de manera simultánea por diversas razones:

- Para aumentar la productividad o número de transacciones ejecutadas por unidad de tiempo.

- Para aumentar la utilización de la CPU.

- Para reducir el tiempo medio de respuesta de las transacciones.

3.2. Identificación de los problemas de concurrencia

Cuando se ejecutan varias transacciones de manera simultánea o concurrente, es necesario que el sistema las controle de manera que garantice la propiedad de aislamiento de las mismas, es decir, de manera que el resultado de la ejecución concurrente de las transacciones sea el mismo que si las transacciones se ejecutasen secuencialmente. Para ello existen diferentes esquemas de control de concurrencia, que se estudiarán en la Sección 3.3. En esta sección se estudiarán los problemas que se pueden dar como consecuencia de la ejecución concurrente de varias transacciones.

Vamos a suponer, siguiendo la idea de lo que proponen Silberschatz, Korth y Sudarshan (2002), una base de datos bancaria en la que se dispone de cuentas sobre las que se pueden realizar ingresos y extracciones de fondos. Sobre esta base de datos vamos a poder realizar dos operaciones:

- leer (X), que transfiere el dato X desde la base de datos a una memoria intermedia local perteneciente a la transacción.

- escribir (X), que transfiere el dato X desde la memoria intermedia local a la base de datos.

3.2.1. Actualizaciones perdidas

Las actualizaciones pueden perderse cuando dos o más transacciones seleccionan la misma fila y, a continuación, intentan actualizar esa fila basándose en el valor seleccionado originalmente. La última actualización sobrescribe las actualizaciones realizadas por las demás transacciones, lo que da lugar a una pérdida de datos.

Supongamos una transacción T1 que transfiere 100 € desde la cuenta C1 a la cuenta C2, y otra transacción T2 que incrementa al saldo de la cuenta C1 en 150 €.

T1	**T2**
leer (C1);	leer (C1);
C1 ← C1 − 100;	C1 ← C1 + 150;
escribir (C1);	escribir (C1);
leer (C2);	
C2 ← C2 + 100;	
escribir (C2);	

Figura 3.1. Transacciones T1 y T2.

Supongamos, además, que ejecutándose concurrentemente intercalan sus operaciones según el siguiente orden (de arriba abajo).

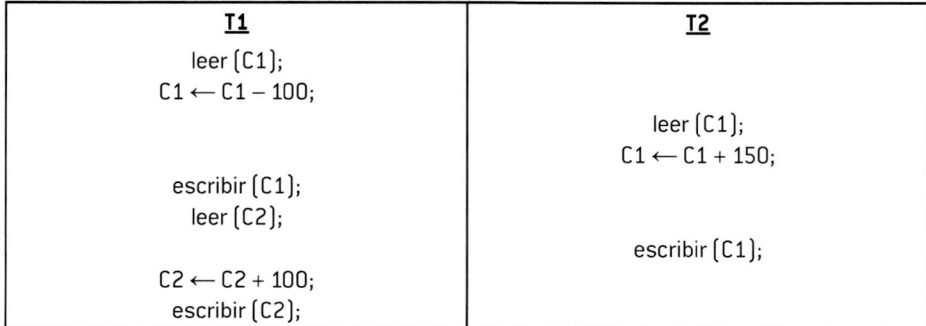

Figura 3.2. Planificación 1.

La cuenta C1 tras la ejecución de la transacción T2 tiene un saldo incorrecto porque la actualización de C1 por la transacción T1 se perdió. Supongamos que antes de ejecutar las transacciones T1 y T2, C1 tenía un saldo de 1000 € y el saldo de C2 era de 2000 €. Pues bien, al finalizar T1, el saldo de C2 será de 2100 €, pero el de C1 será de 900 € tras la instrucción escribir (C1) de T1 y de 1150 € tras ejecutar la transacción T2. Esto no es correcto porque, como consecuencia de la transferencia de C1 a C2, la suma de los saldos de C1 y C2 se debe mantener constante (3000 € en total) y como consecuencia de T2 el saldo de C1 debería ser de 150 € más. Esto no es así porque el decremento de saldo de C1 se perdió, por lo que el incremento de C1 es de 250 € en lugar de ser un incremento de 150 €.

3.2.2. Lecturas no repetibles

El problema de las lecturas no repetibles se produce cuando una transacción tiene acceso a la misma fila varias veces y entre dichas lecturas la información es modificada por otra transacción.

Consideremos la transacción T1 del apartado anterior y otra transacción T3, la cual lee dos veces el saldo de la cuenta C1. Supongamos que intercalan sus operaciones según el siguiente orden:

__T1__	__T3__
leer (C1); C1 ← C1 − 100; escribir (C1); leer (C2);	 leer (C1); ... leer (C1); ...
C2 ← C2 + 100; escribir (C2);	

Figura 3.3. Planificación 2.

Como se puede observar, la primera lectura de C1 por parte de T1 se hace antes de decrementar el saldo de C1 y la segunda lectura se realiza después de realizar un decremento de 100 € sobre el saldo de C1.

3.2.3. Lecturas ficticias

Este problema, también llamado lecturas fantasmas, se produce cuando se intenta insertar o eliminar una fila y esta pertenece a un intervalo de filas que está leyendo otra transacción. La primera lectura que hizo esta transacción en el intervalo de filas muestra una fila que ya no existe en la segunda lectura o en lecturas sucesivas, porque otra transacción la ha eliminado. De forma similar, la segunda lectura o las lecturas sucesivas de la transacción muestran una fila que no existía en la primera lectura, como consecuencia de una inserción realizada por otra transacción.

3.2.4. Lecturas sucias

Este problema se produce cuando una operación de una transacción realiza una actualización y la transacción no llega a completarse con éxito por algún problema (caída del sistema, problemas en la red, etc.) y otra transacción utiliza el valor actualizado antes de que el elemento actualizado por la transacción fallida se restaure a su valor original.

Supongamos que tenemos dos transacciones T1 y T2 que se ejecutan en el orden de la Figura 3.4. Pues bien, la transacción T1 modifica el saldo de C1, pero falla antes de completarse la transacción, por lo que el sistema debe restaurar C1 al valor que tenía originalmente, antes de que se iniciase la transacción. Sin embargo, cuando se produce el problema en T1 y se inicia su restauración, la transacción T2 ya ha empleado el valor modificado de C1, que no ha sido guardado como tal en la base de datos. Al valor de C1 en la transacción T1 se le denomina dato sucio, porque está creado por una transacción que no ha finalizado aún, dando lugar al problema de la lectura sucia.

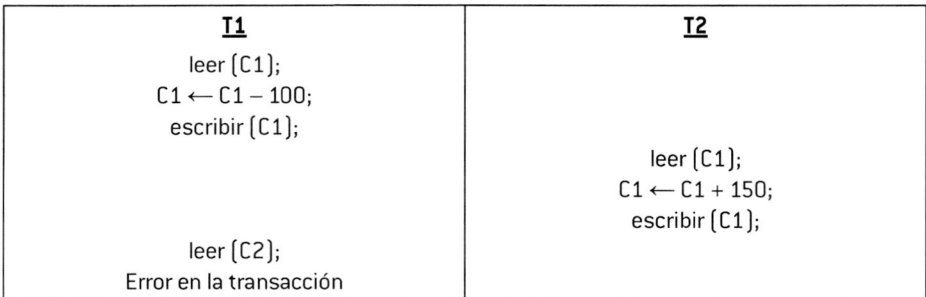

Figura 3.4. Planificación 3.

3.3. Nociones sobre control de concurrencia

Cuando se ejecutan varias transacciones de manera simultánea o concurrente, es necesario que el sistema las controle de manera que garantice la propiedad de aislamiento de las mismas, es decir, de manera que el resultado de la ejecución concurrente de las transacciones sea el mismo que si las transacciones se ejecutasen secuencialmente. Para ello, existen diferentes esquemas de control de concurrencia, que van a ser analizados en las siguientes secciones. Estos esquemas se clasifican en dos grupos: los pesimistas y los optimistas.

3.3.1. Pesimista

Dentro de los esquemas de control de concurrencia pesimistas, se van a analizar los dos más empleados: los protocolos basados en bloqueos y los basados en marcas temporales.

3.3.1.1. Bloqueos

Siguiendo a Silberschatz, Korth y Sudarshan (2002), una forma de controlar la concurrencia es exigir que el acceso a los elementos de datos se haga en exclusión mutua, es decir, mientras una transacción accede a un elemento de datos, ninguna otra transacción puede modificar dicho elemento.

Un elemento de datos se puede bloquear en dos modos:

- En modo compartido: si una transacción bloquea un elemento de datos en modo compartido solo lo puede leer, es decir, no lo puede escribir.

- En modo exclusivo: si una transacción obtiene un bloqueo sobre un elemento de datos en modo exclusivo, puede leerlo y escribirlo.

Cuando una transacción desea realizar una determinada operación sobre un elemento de datos, debe pedir un bloqueo de uno de estos dos tipos según la operación que se desee realizar. Esta petición es enviada al llamado gestor de bloqueos, de manera que la transacción solo podrá realizar la operación después de que le sea concedido el bloqueo solicitado.

Hay que tener en cuenta que el modo compartido es compatible con otro modo compartido, pero no con el modo exclusivo. Esto quiere decir que puede haber varios bloqueos compartidos simultáneos pedidos por diversas transacciones sobre un mismo elemento de datos. Si sobre ese mismo elemento otra transacción solicita un bloqueo exclusivo, deberá esperar con anterioridad a que se liberen todos los bloqueos en modo compartido.

Siguiendo a Silberschatz, Korth y Sudarshan (2002), vamos a considerar que una transacción solicita un bloqueo compartido sobre un elemento de datos Q a través de la instrucción *bloquear_C(Q)*. De forma similar, se solicita un bloqueo exclusivo a través de la instrucción *bloquear_X(Q)*. Se puede desbloquear un elemento de datos Q mediante la instrucción *desbloquear(Q)*.

Para acceder a un elemento de datos, una transacción *Ti* debe, en primer lugar, bloquear dicho elemento de datos. Si este ya se encuentra bloqueado por otra transacción en un modo incompatible, el gestor de control de concurrencia no concederá el bloqueo hasta que todos los bloqueos incompatibles que posean otras transacciones hayan sido liberados. Una transacción debe poseer un bloqueo sobre un elemento de datos durante todo el tiempo que acceda a dicho elemento. Además, no siempre es recomendable que una transacción desbloquee un elemento de datos inmediatamente después de finalizar el acceso sobre él, ya que puede dejar de asegurarse la secuencialidad.

Siguiendo a Silberschatz, Korth y Sudarshan (2002), consideremos un sistema bancario con dos cuentas C1 y C2 a las que acceden las transacciones T1 y T2 (Figura 3.5). La transacción T1 transfiere 50 € de C2 a C1 y la transacción T2 visualiza el saldo total de las cuentas C1 y C2.

T1	T2
bloquear_X (C2);	bloquear_C (C1);
leer (C2);	leer (C1);
C2 ← C2 − 50;	desbloquear (C1);
escribir (C2);	bloquear_C (C2);
desbloquear (C2);	leer (C2);
bloquear_X (C1);	desbloquear (C2);
leer (C1);	visualizar (C1+C2);
C1 ← C1 + 50;	
escribir (C1);	
desbloquear (C1);	

Figura 3.5. Transacciones T1 y T2.

Supongamos que los saldos de las cuentas C1 y C2 son 100 y 200 €, respectivamente. Si estas dos transacciones se ejecutan secuencialmente, tanto en el orden T1, T2 como en el orden T2, T1, la transacción T2 visualizará el valor de 300 €. Si, por el contrario, estas transacciones se ejecutan concurrentemente, puede darse la planificación 1 (Figura 3.6), en la que la transacción T2 visualiza 250 €, lo que es incorrecto. El motivo de esta incorrección es que la transacción T1 desbloquea C2 demasiado pronto, lo que provoca que T2 perciba un estado inconsistente.

En la planificación de la Figura 3.6 se muestran las acciones que ejecuta cada transacción, así como los momentos en los que el gestor de control de concurrencia concede los bloqueos. La transacción que solicita una petición de bloqueo no puede continuar ejecutando la siguiente acción hasta que el gestor de control de concurrencia conceda dicho bloqueo. Por tanto, el bloqueo debe concederse en el intervalo de tiempo entre la petición del bloqueo y la siguiente acción de la transacción. A partir de aquí se va a obviar la columna que describe las acciones del gestor de control de concurrencia en las planificaciones siguientes.

T1	T2	Gestor de control de concurrencia
bloquear_X (C2);		
		conceder_X (C2, T1);
leer (C2);		
C2 ← C2 – 50;		
escribir (C2);		
desbloquear (C2);		
	bloquear_C (C1);	
		conceder_C (C1, T2);
	leer (C1);	
	desbloquear (C1);	
	bloquear_C (C2);	
		conceder_C (C2, T2);
	leer (C2);	
	desbloquear (C2);	
	visualizar (C1+C2);	
bloquear_X (C1);		
		conceder_X (C1, T1);
leer (C1);		
C1 ← C1 + 50;		
escribir (C1);		
desbloquear (C1);		

Figura 3.6. Planificación 1.

Siguiendo a Silberschatz, Korth y Sudarshan (2002), supóngase que ahora el desbloqueo se retrasa hasta el final. Las transacciones T3 y T4 de la Figura 3.7 se corresponden con las transacciones anteriores T1 y T2, respectivamente, con los desbloqueos retrasados.

T3	T4
bloquear_X (C2); leer (C2); C2 ← C2 – 50; escribir (C2); bloquear_X (C1); leer (C1); C1 ← C1 + 50; escribir (C1); desbloquear (C2); desbloquear (C1);	bloquear_C (C1); leer (C1); bloquear_C (C2); leer (C2); desbloquear (C1); desbloquear (C2); visualizar (C1+C2);

Figura 3.7. Transacciones T3 y T4.

La secuencia de lecturas y escrituras de la planificación 1, que provoca que se visualice un total incorrecto de 250 €, ya no es posible con las transacciones T3 y T4.

Como indican Silberschatz, Korth y Sudarshan (2002), el uso de bloqueos puede conducir a una situación no deseada conocida como interbloqueo. Considérese la planificación parcial 2 para T3 y T4 de la Figura 3.8. Puesto que T3 posee en bloqueo sobre C2 en modo exclusivo y T4 solicita un bloqueo sobre C2 en modo compartido, T4 espera a que T3 desbloquee C2. De forma similar, puesto que T4 posee un bloqueo sobre C1 en modo compartido y T3 solicita un bloqueo sobre C1 en modo exclusivo, T3 espera a que T4 desbloquee C1. Así se llega a un estado en el cual ninguna de las transacciones puede continuar su ejecución normal. Esta situación se denomina interbloqueo. Cuando aparece un interbloqueo, el sistema debe retroceder una de las dos transacciones. Una vez que una de ellas se ha retrocedido, se desbloquean los elementos de datos que estuvieran bloqueados por la transacción. Estos elementos de datos están disponibles entonces para otra transacción, la cual puede continuar su ejecución.

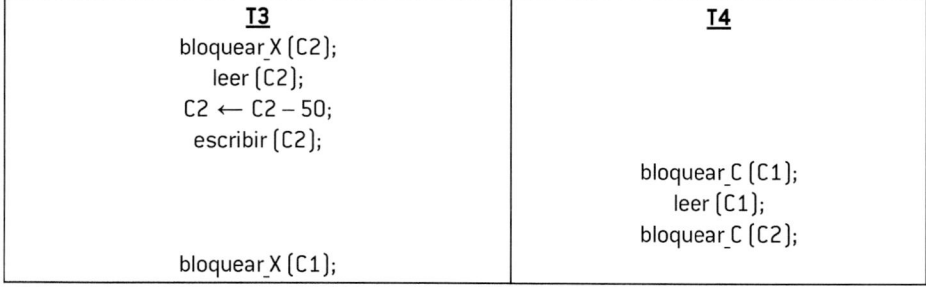

Figura 3.8. Planificación 2.

Como indican Silberschatz, Korth y Sudarshan (2002), si no se utilizan bloqueos o se desbloquean los elementos de datos tan pronto como sea posible después de leerlos o escribirlos, se puede llegar a estados inconsistentes. Por otro lado, si no se desbloquea un elemento de datos antes de solicitar un bloqueo sobre otro, pueden producirse interbloqueos. En algunas situaciones hay formas de evitar interbloqueos, los cuales se pueden considerar un mal necesario asociado a los bloqueos si se quieren evitar los estados inconsistentes. Los interbloqueos son preferibles a las inconsistencias, ya que se pueden tratar retrocediendo las transacciones, mientras que los estados inconsistentes producen problemas en el mundo real que el sistema no puede manejar.

Siguiendo a Silberschatz, Korth y Sudarshan (2002), un protocolo que asegura la secuencialidad es el protocolo de bloqueo de dos fases, el cual exige que cada transacción realice las peticiones de bloqueo y desbloqueo en dos fases:

- Fase de crecimiento, en la que una transacción puede obtener bloqueos, pero no puede liberarlos.

- Fase de decrecimiento, en la que una transacción puede liberar bloqueos, pero no puede obtener ninguno nuevo.

Inicialmente una transacción está en la fase de crecimiento, durante la cual la transacción adquiere los bloqueos que necesita. Una vez que la transacción libera un bloqueo, entra en la fase de decrecimiento y no puede realizar más peticiones de bloqueo. Así, las transacciones T3 y T4 de la Figura 3.7 son de dos fases, mientras que las transacciones T1 y T2 de la Figura 3.5 no lo son. No es necesario que las instrucciones de desbloqueo aparezcan al final de la transacción. Así, en el caso de la transacción T3, se puede trasladar la instrucción desbloquear (C2) hasta justo antes de la instrucción bloquear-X (C1) y se sigue cumpliendo la propiedad del bloqueo de dos fases.

PostgreSQL proporciona un amplio abanico de herramientas para manejar el acceso concurrente a los datos. Se consigue la consistencia de los datos usando un modelo multiversión (MVCC: *Multiversion Concurrency Control*). Cada operación SQL ve una versión de la base de datos anterior a la del momento actual independientemente de los datos contenidos actualmente. Esto impide que las operaciones vean estados inconsistentes producidos por transacciones concurrentes que actualizan datos sobre las mismas filas, dado que se proporciona un aislamiento de las transacciones para cada sesión. MVCC, al evitar los esquemas basados en bloqueos de los sistemas de bases de datos tradicionales, minimiza la contención de bloqueos, para permitir un rendimiento razonable en entornos multiusuario.

En MVCC, los bloqueos adquiridos para consultar (leer) datos no entran en conflicto con los adquiridos para escribirlos, por lo que la lectura nunca bloquea la escritura, y la escritura nunca bloquea la lectura. PostgreSQL mantiene esta garantía incluso al proporcionar el nivel más estricto de aislamiento de transacciones mediante el uso de un innovador nivel de aislamiento de transacciones conocido como SSI (*Serializable Snapshot Isolation*).

PostgreSQL también ofrece bloqueos a nivel de tabla y fila para aplicaciones que generalmente no necesitan un aislamiento total de transacciones y prefieren gestionar explícitamente los puntos de conflicto. Sin embargo, el uso correcto de MVCC generalmente proporciona un mejor rendimiento que los bloqueos.

PostgreSQL ofrece varios modos de bloqueo para controlar el acceso concurrente a los datos de las tablas. Estos modos se pueden utilizar para bloqueos controlados por la aplicación en situaciones donde MVCC no proporciona el comportamiento deseado. Además, la mayoría de los comandos de PostgreSQL adquieren automáticamente bloqueos de los modos adecuados para garantizar que las tablas referenciadas no sean eliminadas ni modificadas de forma incompatible durante la ejecución del comando. Por ejemplo, TRUNCATE no puede ejecutarse de forma segura simultáneamente con otras operaciones sobre la misma tabla, por lo que obtiene un bloqueo de acceso exclusivo sobre la tabla para garantizarlo.

Se indican a continuación los modos de bloqueo a nivel de tabla disponibles en PostgreSQL y los contextos en los que PostgreSQL los usa automáticamente. También es posible adquirir estos bloqueos explícitamente con el comando LOCK TABLE. Es de destacar que, aunque en los nombres de algunos modos de bloqueo aparezca la palabra "row", todos estos bloqueos son a nivel de tabla. La única diferencia entre un modo de bloqueo y otro es el conjunto de modos de bloqueo con los que entra en conflicto. Dos transacciones no pueden conseguir bloqueos que entran en conflicto sobre la misma tabla a la vez. Múltiples transacciones pueden conseguir concurrentemente modos de bloqueo que no entran en conflicto:

- ACCESS SHARE: solo entra en conflicto con el modo de bloqueo EXCLUSIVE. El comando SELECT adquiere un bloqueo de este tipo sobre las tablas referenciadas.

- ROW SHARE: entra en conflicto con los modos de bloqueo EXCLUSIVE y ACCESS EXCLUSIVE. El comando SELECT adquiere un bloqueo de este tipo sobre todas las tablas para las cuales se especifica alguna de las siguientes opciones: FOR UPDATE, FOR NO KEY UPDATE, FOR SHARE o FOR

KEY SHARE, además de los bloqueos del tipo ACCESS SHARE para cualquier tabla referenciada sin opciones de bloqueo FOR…

- ROW EXCLUSIVE: entra en conflicto con los modos de bloqueo SHARE, SHARE ROW EXCLUSIVE, EXCLUSIVE y ACCESS EXCLUSIVE. Los comandos UPDATE, DELETE e INSERT adquieren un bloqueo de este tipo sobre la tabla referenciada.

- SHARE UPDATE EXCLUSIVE: entra en conflicto con los modos de bloqueo SHARE UPDATE EXCLUXIVE, SHARE, SHARE ROW EXCLUSIVE, EXCLUSIVE y ACCESS EXCLUSIVE. Los comandos ANALYZE, CREATE INDEX CONCURRENTLY, CREATE STATISTICS, COMMENT ON, REINDEX CONCURRENTLY y ciertas variantes de ALTER INDEX y ALTER TABLE adquieren un bloqueo de este tipo sobre la tabla referenciada.

- SHARE: entra en conflicto con los modos de bloqueo ROW EXCLUXIVE, SHARE UPDATE EXCLUXIVE, SHARE ROW EXCLUSIVE, EXCLUSIVE y ACCESS EXCLUSIVE. El comando CREATE INDEX sin CONCURRENTLY adquiere un bloqueo de este tipo sobre la tabla referenciada.

- SHARE ROW EXCLUSIVE: entra en conflicto con los modos de bloqueo ROW EXCLUXIVE, SHARE UPDATE EXCLUXIVE, SHARE, SHARE ROW EXCLUSIVE, EXCLUSIVE y ACCESS EXCLUSIVE. Este modo de bloqueo protege a una tabla contra cambios de datos concurrentes y es autoexclusivo, esto es, solo una sesión puede adquirir un bloqueo de este tipo a la vez. El comando CREATE TRIGGER y algunas formas de ALTER TABLE adquieren un bloqueo de este tipo.

- EXCLUSIVE: entra en conflicto con los modos de bloqueo ROW SHARE, ROW EXCLUXIVE, SHARE UPDATE EXCLUXIVE, SHARE, SHARE ROW EXCLUSIVE, EXCLUSIVE y ACCESS EXCLUSIVE. Este modo de bloqueo solo permite bloqueos ACCESS SHARE concurrentes de manera que solo lecturas de una tabla pueden compatibilizarse con una transacción que genere un bloqueo de este tipo. El comando REFRESH MATERIALIZED VIEW CONCURRENTLY adquiere un bloqueo de este tipo.

- ACCESS EXCLUSIVE: entra en conflicto con bloqueos de cualquier tipo. Este modo de bloqueo garantiza que la transacción que ha generado este bloqueo es la única que tiene acceso a la tabla. Los comandos DROP TABLE, TRUNCATE, REINDEX, CLUSTER, VACUUM FULL y REFRESH MATERIALIZED VIEW sin CONCURRENTLY adquieren un bloqueo de este tipo. Muchas formas de ALTER INDEX y ALTER TABLE también generan un bloqueo de este tipo. Este es el modo de bloqueo por defecto para las órdenes LOCK TABLE en las que no se indica un modo explícitamente.

Se muestran en la Tabla 3.1 los modos de bloqueo a nivel de tabla que entran en conflicto:

Tabla 3.1. Modos de bloqueo a nivel de tabla que entran en conflicto

Modo de bloqueo solicitado	Modo de bloqueo existente							
	ACCESS SHARE	ROW SHARE	ROW EXCLUSIVE	SHARE UPDATE EXCLUSIVE	SHARE	SHARE ROW EXCLUSIVE	EXCLUSIVE	ACCESS EXCLUSIVE
ACCESS SHARE								X
ROW SHARE							X	X
ROW EXCLUSIVE					X	X	X	X
SHARE UPDATE EXCLUSIVE				X	X	X	X	X
SHARE			X	X		X	X	X
SHARE ROW EXCLUSIVE			X	X	X	X	X	X
EXCLUSIVE		X	X	X	X	X	X	X
ACCESS EXCLUSIVE	X	X	X	X	X	X	X	X

Una vez adquirido un bloqueo normalmente se mantiene hasta el final de la transacción. Sin embargo, si se adquiere después de establecer un punto de recuperación, se libera inmediatamente si se revierte a dicho punto.

Es posible conseguir un bloqueo de un tipo determinado para una tabla mediante el comando LOCK TABLE, que presenta el siguiente formato:

```
LOCK  [TABLE]  [ONLY]  nombre_tabla  [*],  …  [IN  modo_bloqueo  MODE]
[NOWAIT}

modo_bloqueo:
ACCESS SHARE | ROW  SHARE | ROW EXCLUSIVE | SHARE UPDATE EXCLUSIVE
| SHARE | SHARE ROW EXCLUSIVE | EXCLUSIVE | ACCESS EXCLUSIVE
```

Con este comando se consigue un bloqueo a nivel de tabla, tras esperar, si es necesario, que se libere cualquier bloqueo que entre en conflicto con el solicitado. Si se especifica NOWAIT, con este comando no se espera a adquirir el bloqueo solicitado, de manera que, si no es posible adquirir el bloqueo de forma inmediata, el comando es abortado y se produce un error. Una vez obtenido el bloqueo, este se mantiene hasta el final de la transacción actual. Es de reseñar que no existe un comando UNLOCK TABLE, de manera que los bloqueos siempre se liberan con el final de la transacción.

Como se puede observar en el formato del comando, se debe indicar el nombre de la tabla que se desea bloquear. Si se escribe ONLY delante, solo se bloquea la tabla indicada; en caso contrario, se bloqueará la tabla indicada y todas sus descendientes. Se puede solicitar esto explícitamente, aunque no es necesario, escribiendo * después del nombre de la tabla. En una misma orden LOCK TABLE se pueden bloquear varias tablas escribiendo sus nombres separados por comas. En este caso, las tablas se bloquean según el orden en el que se han escrito.

Después se debe especificar el modo de bloqueo deseado, de manera que, si no se especifica ninguno, se bloquea según el modo más restrictivo: ACCESS EXCLUSIVE.

Para poder bloquear una tabla, el usuario debe tener ciertos privilegios o ser el propietario de la tabla o un superusuario. Si tiene los privilegios UPDATE, DELETE o TRUNCATE sobre la tabla, se le permite cualquier modo de bloqueo. Si tiene el privilegio INSERT sobre la tabla, se le permite el modo de bloqueo ROW EXCLUSIVE o un modo que genera menos conflictos, según se ha mostrado en la Tabla 3.1. Si tiene el privilegio SELECT sobre la tabla, se le permite el modo de bloqueo ACCESS SHARE.

El comando LOCK TABLE es inútil fuera de un bloque de transacción: el bloqueo se mantendría solo hasta la finalización de la sentencia. Por tanto, PostgreSQL muestra un error si se usa LOCK fuera de un bloque de transacción. Se deben usar las palabras BEGIN y COMMIT (o ROLLBACK) para definir un bloque de transacción.

Cuando se bloquea una vista, todas las tablas que aparecen en la consulta de definición de la vista también se bloquean con el mismo modo de bloqueo.

Al adquirir bloqueos automáticamente para comandos que hacen referencia a tablas, PostgreSQL siempre utiliza el modo de bloqueo menos restrictivo posible. LOCK TABLE permite casos en los que se podría necesitar un bloqueo más restrictivo.

Además de los bloqueos a nivel de tabla, en PostgreSQL hay bloqueos a nivel de fila. Una transacción puede tener bloqueos conflictivos en la misma fila, incluso en diferentes subtransacciones; pero, dos transacciones nunca pueden tener bloqueos conflictivos en la misma fila. Los bloqueos a nivel de fila no afectan la consulta de datos. Los bloqueos a nivel de fila se liberan al final de la transacción o durante la reversión al punto de recuperación, al igual que los bloqueos a nivel de tabla. Los bloqueos a nivel de tabla posibles en PostgreSQL son los siguientes:

- FOR UPDATE: bloquea las filas recuperadas por la instrucción SELECT como si fueran para una actualización. Esto evita que otras transacciones las bloqueen, modifiquen o eliminen hasta que finalice la transacción actual. Esto implica que otras transacciones que intenten ejecutar UPDATE, DELETE, SELECT FOR UPDATE, SELECT FOR NO KEY UPDATE, SELECT FOR SHARE o SELECT FOR KEY SHARE en estas filas se bloquearán hasta que finalice la transacción actual; por el contrario, SELECT FOR UPDATE esperará una transacción concurrente que haya ejecutado cualquiera de estos comandos en la misma fila y, a continuación, bloqueará y devolverá la fila actualizada (o ninguna fila, si la fila fue eliminada). El modo de bloqueo FOR UPDATE también se adquiere con cualquier DELETE en una fila, así como con una UPDATE que modifica los valores de ciertas columnas.

- FOR NO KEY UPDATE: se comporta de forma similar a FOR UPDATE, excepto por el hecho de que el bloqueo adquirido es más débil. Este bloqueo no bloqueará los comandos SELECT FOR KEY SHARE que intenten adquirir un bloqueo en las mismas filas. Este modo de bloqueo también lo adquiere cualquier UPDATE que no adquiera un bloqueo FOR UPDATE.

- FOR SHARE: se comporta de forma similar a FOR NO KEY UPDATE, excepto que adquiere un bloqueo compartido en lugar de uno exclusivo en cada fila recuperada. Un bloqueo compartido impide que otras transacciones realicen UPDATE, DELETE, SELECT FOR UPDATE o SELECT FOR NO KEY UPDATE en estas filas, pero no les impide realizar SELECT FOR SHARE o SELECT FOR KEY SHARE.

- FOR KEY SHARE: se comporta de forma similar a FOR SHARE, excepto en que el bloqueo es más débil. Un bloqueo FOR KEY SHARE impide que otras transacciones realicen DELETE o cualquier UPDATE que modifique los valores de la clave, pero no otras UPDATE, ni impide SELECT FOR NO KEY UPDATE, SELECT FOR SHARE o SELECT FOR KEY SHARE.

Se muestran en la Tabla 3.2 los modos de bloqueo a nivel de fila que entran en conflicto:

Tabla 3.2. Modos de bloqueo a nivel de fila que entran en conflicto

Modo de bloqueo solicitado	Modo de bloqueo existente			
	FOR KEY SHARE	FOR SHARE	FOR NO KEY UPDATE	FOR UPDATE
FOR KEY SHARE				X
FOR SHARE			X	X
FOR NO KEY UPDATE		X	X	X
FOR UPDATE	X	X	X	X

3.3.1.2. Marcas temporales

Siguiendo a Silberschatz, Korth y Sudarshan (2002), en los protocolos de control de concurrencia basados en bloqueos, se determina el orden entre dos transacciones conflictivas a través del primer bloqueo que soliciten ambas que conlleve modos incompatibles. Otra manera de determinar el orden de secuencialidad es seleccionar previamente un orden entre las transacciones. Uno de los protocolos que se basa en esta idea es el protocolo de ordenación por marcas temporales.

Como indican Silberschatz, Korth y Sudarshan (2002), a toda transacción Ti del sistema se le asocia una única marca temporal denotada por MT(Ti). El SGBD asigna esta marca temporal antes de que comience la ejecución de Ti. Si a la transacción Ti se le ha asignado la marca temporal MT(Ti) y una nueva transacción Tj entra en el sistema, entonces MT(Ti) < MT(Tj).

Si MT(Ti) < MT(Tj), el sistema debe asegurar que toda planificación que produzca es equivalente a una planificación secuencial en la que la transacción Ti aparece antes que la transacción Tj.

Como indican Silberschatz, Korth y Sudarshan (2002), para implementar este esquema se asocia a cada elemento de datos Q dos valores de marca temporal:

- marca_temporal-E(Q) denota la mayor marca temporal de todas las transacciones que ejecutan con éxito escribir(Q).

- marca_temporal-L(Q) denota la mayor marca temporal de todas las transacciones que ejecutan con éxito leer(Q).

Estas marcas temporales se actualizan cada vez que se ejecuta una nueva operación leer(Q) o escribir(Q).

El protocolo de ordenación por marcas temporales garantiza que todas las operaciones de lectura y escritura conflictivas se ejecutan en el orden de las marcas temporales. Este protocolo funciona de la siguiente manera:

- Si la transacción Ti ejecuta leer(Q):

  — Si MT(Ti) < marca_temporal-E(Q), entonces Ti necesita leer un valor de Q que ya se ha sobrescrito, por lo que se rechaza la operación leer y Ti se retrocede.

  — Si MT(Ti) ≥ marca_temporal-E(Q), entonces se ejecuta leer(Q) y se actualiza marca_temporal-L(Q) con el valor máximo entre marca_temporal-L(Q) y MT(Ti).

- Si la transacción Ti ejecuta escribir(Q):

  — Si MT(Ti) < marca_temporal-L(Q), entonces una transacción Tj posterior a Ti leyó Q antes de que fuera escrito por Ti, por lo que se rechaza la operación escribir(Q) y hay que retroceder Ti.

  — Si MT(Ti) < marca_temporal-E(Q), entonces Ti está intentando escribir un valor obsoleto de Q, por lo que hay que retroceder Ti.

  — En cualquier otro caso, se ejecuta escribir(Q) y se actualiza marca_temporal-E(Q) con el valor de MT(Ti).

Si una transacción Ti ha tenido que ser retrocedida como resultado de la ejecución de leer(Q) o escribir(Q), se le asigna una nueva marca temporal y se inicia de nuevo.

Para estudiar este protocolo, consideremos las transacciones T5 y T6 (Figura 3.9). La transacción T5 visualiza la suma de los saldos de las cuentas C1 y C2, mientras que la transacción T6 transfiere 50 € de la cuenta C2 a la C1 y muestra después la suma de saldos de ambas cuentas.

T5	**T6**
	leer (C2);
	C2 ← C2 − 50;
	escribir (C2);
leer (C2);	leer (C1);
leer (C1);	C1 ← C1 + 50;
Visualizar (C1+C2);	escribir (C1);
	visualizar (C1+C2);

Figura 3.9. Transacciones T5 y T6.

A una transacción se le asigna una marca temporal inmediatamente antes de su primera instrucción, por lo que en la planificación 3 de la Figura 3.10, MT(T5) < MT(T6) y la planificación con el protocolo de marcas temporales es posible. Esta ejecución también es posible con el protocolo de bloqueo de dos fases. No obstante, hay planificaciones posibles con el protocolo de bloqueo de dos fases que no lo son con el protocolo de marcas temporales, y viceversa.

El protocolo de ordenación por marcas temporales asegura la secuencialidad y además la ausencia de interbloqueos, ya que ninguna transacción tiene que esperar.

T5	T6
leer (C2);	
	leer (C2);
	C2 ← C2 – 50;
	escribir (C2);
leer (C1);	
	leer (C1);
Visualizar (C1+C2);	
	C1 ← C1 + 50;
	escribir (C1);
	visualizar (C1+C2);

Figura 3.10. Planificación 3.

3.3.2. Optimista

Los protocolos de control de concurrencia optimistas o basados en validación se fundamentan en la idea de que los problemas de concurrencia van a aparecer en muy pocas ocasiones, lo que es cierto en bases de datos en las que se realizan casi exclusivamente operaciones de consulta, siendo las operaciones de escritura muy escasas.

Los protocolos de control de concurrencia basados en validación consisten en hacer que las transacciones preparen todas sus modificaciones en un buffer con anterioridad a modificar la base de datos. Una vez que las transacciones han terminado y antes de modificar la base de datos, se ejecuta una validación que comprueba la secuencialidad de las operaciones realizadas en el buffer (por ejemplo, con el protocolo de marcas temporales). En caso de que la validación falle, las transacciones serán abortadas y ejecutadas con un nuevo plan.

Como indican Silberschatz, Korth y Sudarshan (2002), se asume que toda transacción Ti se ejecuta en dos o tres fases, dependiendo de si se trata de una transacción de solo lectura o de una de actualización. Estas fases son en orden:

- Fase de lectura: tiene lugar la ejecución de la transacción Ti. Se leen los valores de varios elementos de datos y se almacenan en variables locales de Ti. Todas las operaciones escribir se realizan sobre las variables locales temporales sin actualizar la base de datos.

- Fase de validación: se realiza una prueba de validación para determinar si se pueden copiar a la base de datos las variables locales temporales que tienen los resultados de las operaciones escribir sin causar una violación de la secuencialidad.

- Fase de escritura: si la transacción Ti tiene éxito en la validación, las actualizaciones reales se aplican a la base de datos; en otro caso, Ti se retrocede.

Para realizar la prueba de validación, se necesita conocer el momento en que tienen lugar las distintas fases de la transacción Ti. Se asociarán, por tanto, tres marcas temporales a cada transacción:

- Inicio(Ti), instante en el que Ti comienza su ejecución.
- Validación(Ti), momento en el que Ti comienza la fase de validación.
- Fin(Ti), momento en el que Ti termina la fase de escritura.

Se determina el orden de secuencialidad de las transacciones a través del protocolo de ordenación por marcas temporales usando el valor de la marca temporal Validación(Ti).

Como indican Silberschatz, Korth y Sudarshan (2002), la comprobación de validación para la transacción Ti con MT(Ti) < MT(Tj), exige que se cumpla una de las dos siguientes condiciones:

- Fin(Ti) < Inicio(Tj). Dado que Ti completa su ejecución antes de que comience Tj, el orden de secuencialidad se mantiene realmente.
- El conjunto de datos escritos por Ti no coincide con ninguno de los datos leídos por Tj y, además, Ti completa su fase de escritura antes de que Tj comience su fase de validación (Inicio(Tj) < Fin(Ti) < Validación(Tj)).

Si una de estas dos condiciones se cumple, entonces Tj es confirmada, en caso contrario, Tj es abortada.

Como ejemplo, considérense de nuevo las transacciones T5 y T6 de la Figura 3.9. Supóngase que MT(T5) < MT(T6). De esta manera la fase de validación tiene éxito y produce la planificación 4 de la Figura 3.11.

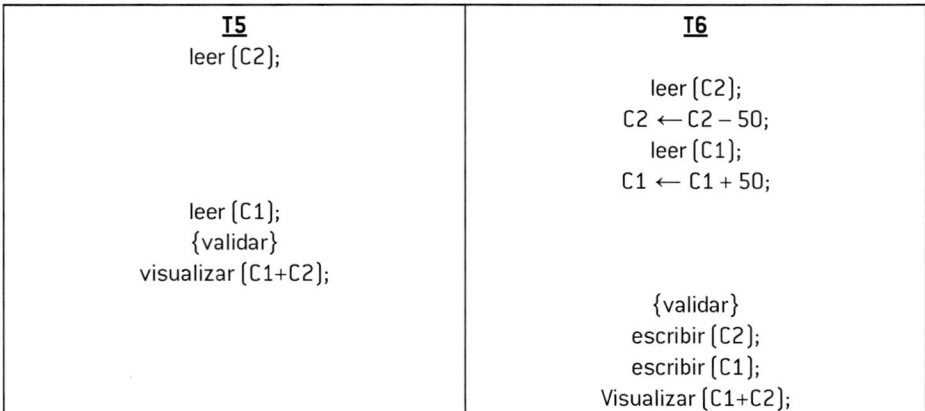

T5	T6
leer (C2);	
	leer (C2);
	C2 ← C2 – 50;
	leer (C1);
	C1 ← C1 + 50;
leer (C1);	
{validar}	
visualizar (C1+C2);	
	{validar}
	escribir (C2);
	escribir (C1);
	Visualizar (C1+C2);

Figura 3.11. Planificación 4.

3.4. Conocimiento de las propiedades fundamentales de las transacciones: ACID

Como indican Silberschatz, Korth y Sudarshan (2002), para asegurar la integridad de los datos se necesita que el sistema de base de datos mantenga las siguientes propiedades de las transacciones: atomicidad (*atomicity*), consistencia (*consistency*), aislamiento (*isolation*) y durabilidad (*durability*). Estas propiedades frecuentemente reciben el nombre de propiedades ACID por la primera letra de cada una de las propiedades en inglés. En los subapartados de esta sección se definen cada una de estas cuatro propiedades.

Para analizar estas propiedades, supongamos (Silberschatz, Korth y Sudarshan, 2002) una transacción para transferir 100 € desde la cuenta C1 a la cuenta C2. Esta transacción se puede escribir de la siguiente forma:

$$\text{leer (C1);}$$

$$C1 \leftarrow C1 - 100;$$

$$\text{escribir (C1);}$$

$$\text{leer (C2);}$$

$$C2 \leftarrow C2 + 100;$$

$$\text{escribir (C2);}$$

Figura 3.12. Transacción.

3.4.1. Atomicidad

Una transacción es atómica si todas las operaciones de la transacción se realizan adecuadamente en la base de datos o no se realiza ninguna de ellas.

Aplicado al ejemplo enunciado anteriormente, si suponemos que los saldos de las cuentas C1 y C2 son 500 y 1000 €, respectivamente, tras la ejecución de la transacción los saldos deberían ser de 400 y 1100 €, respectivamente. Si la transacción no fuese atómica y se interrumpiese como consecuencia de fallos de *hardware* o *software*, después de la instrucción escribir (C1), los valores de las cuentas serían de 400 € para C1 y 1000 € para C2. De esta manera, se habrían perdido 100 € de la cuenta C1 y la suma de los saldos de las cuentas C1 y C2 se habría alterado, por lo que la base de datos no reflejaría de una manera adecuada la realidad que pretende modelar y se encontraría en un estado inconsistente, lo que no se puede permitir.

3.4.2. Consistencia

La ejecución aislada de una transacción, es decir, sin otra transacción que se ejecute concurrentemente, conserva la consistencia de la base de datos.

Aplicado al ejemplo, el requisito de consistencia consiste en que la suma de los saldos de C1 y C2 no sea modificada como causa de la transacción. Sin este requisito podría crearse o destruirse dinero, es decir, decrementar el saldo de C1 sin incrementar el de C2, o bien incrementar el de C2 sin decrementar el de C1.

3.4.3. Aislamiento (*Isolation*)

La propiedad de aislamiento consiste en que, aunque se ejecuten varias transacciones concurrentemente, el sistema garantiza que cada transacción ignora al resto de transacciones.

Si dos transacciones entrelazan sus operaciones de una manera no deseada, pueden llevar a un estado inconsistente de la base de datos, aun cuando se cumplan las propiedades de consistencia y atomicidad. Aplicado al ejemplo, la base de datos se encuentra en un estado inconsistente en la transacción de la Figura 3.12 antes de la última operación escribir (C2). Si otra transacción que se ejecuta concurrentemente lee los saldos de C1 y C2, obtendrá un valor inconsistente. Además, si esta transacción realiza modificaciones sobre los datos de C1 y C2 basándose en los valores leídos, la base de datos puede quedar en un estado inconsistente, aunque terminen las dos transacciones.

Una solución a este problema, como indican Silberschatz, Korth y Sudarshan (2002), es ejecutar las transacciones secuencialmente, una tras otra, en lugar de hacerlo concurrentemente. Sin embargo, ejecutar transacciones concurrentemente aporta unas mejoras considerables en el rendimiento.

La propiedad de aislamiento asegura que el resultado de ejecutar transacciones concurrentemente es el mismo que si se ejecutan secuencialmente. La parte del sistema de bases de datos que se encarga de asegurar la propiedad de aislamiento de las transacciones es el componente de control de concurrencia.

3.4.4. Durabilidad

La durabilidad hace referencia a que, tras la ejecución con éxito de una transacción, los cambios realizados en la base de datos permanecen, aunque haya fallos en el sistema.

3.5. Análisis de los niveles de aislamiento

El nivel de aislamiento de una transacción define el grado en que se aísla una transacción de las modificaciones de datos realizadas por otras transacciones. Este nivel de aislamiento afecta a los tipos y la duración de los bloqueos que se producen en la base de datos, lo que tiene efectos directos en el rendimiento y tiempo de respuesta de las operaciones sobre la base de datos. Además, el nivel de aislamiento nos permite indicar cómo deseamos que se comporte nuestro motor de base de datos frente a situaciones como las lecturas ficticias o las lecturas no repetibles, comportamientos que pueden impactar de manera significativa en la eficacia de nuestros desarrollos en entornos de bases de datos con concurrencia. Obviamente, la elección del nivel de aislamiento es más importante cuanto mayor sea el nivel de concurrencia en nuestra base de datos.

Pues bien, los niveles de aislamiento definidos en el estándar SQL-92 son los que se indican a continuación.

3.5.1. Lectura no confirmada

Es el nivel de aislamiento menos restrictivo. En él se permiten las lecturas sucias, es decir, lecturas de datos modificados por otra transacción, pero aún no confirmadas. Cuando se usa este nivel de aislamiento, las filas recuperadas por una transacción solo son bloqueadas si otra transacción intenta eliminar o alterar la tabla de la cual se recuperan las filas. Como las filas normalmente permanecen desbloqueadas cuando se usa este nivel de aislamiento, pueden ocurrir además de las lecturas sucias, lecturas no repetibles y lecturas ficticias. Por todo ello, este nivel de aislamiento se usa normalmente solo para transacciones que acceden a tablas y vistas de solo lectura y para transacciones que realizan consultas para las cuales los datos no confirmados de otras transacciones no tienen efectos adversos.

3.5.2. Lectura confirmada

En este nivel de aislamiento las instrucciones no pueden leer datos que hayan sido modificados, pero no confirmados por otras transacciones. Esto evita las lecturas sucias, pero otras transacciones pueden cambiar datos entre cada una de las instrucciones de la transacción actual, dando como resultado lecturas no repetibles.

En este nivel de aislamiento, un SGBD que implemente el control de concurrencia basado en bloqueos mantiene los bloqueos de escritura de los datos seleccionados hasta el final de la transacción, mientras que los bloqueos de lectura se cancelan tan pronto como acaba la consulta, motivo por el cual pueden darse lecturas no repetibles.

3.5.3. Lectura repetible

En este nivel de aislamiento las instrucciones no pueden leer datos que han sido modificados, pero aún no confirmados por otras transacciones y ninguna otra transacción puede modificar los datos leídos por la transacción actual hasta que esta finalice. En este nivel de aislamiento lecturas repetidas de una misma fila para la misma transacción dan los mismos resultados.

En un SGBD que implemente el control de concurrencia basado en bloqueos, se aplican bloqueos compartidos a todos los datos leídos por cada instrucción de la transacción y se mantienen hasta que la transacción finalice. De esta forma se evita que otras transacciones modifiquen las filas que han sido leídas por la transacción actual. Si la transacción actual vuelve a ejecutar la instrucción, recuperará las filas nuevas, dando como resultado lecturas fantasmas o ficticias. Debido a que los bloqueos compartidos se mantienen hasta el final de la transacción en lugar de liberarse al final de cada instrucción, la simultaneidad es inferior que en el nivel de aislamiento de lectura confirmada.

3.5.4. Serializable

En este nivel de aislamiento, que es el más restrictivo, se dan las siguientes condiciones:

- Las instrucciones no pueden leer datos que hayan sido modificados, pero aún no confirmados por otras transacciones.

- Ninguna otra transacción puede modificar los datos leídos por la transacción actual hasta que la transacción actual finalice.

- Otras transacciones no pueden insertar filas nuevas con valores de clave que pudieran estar incluidos en el intervalo de claves leído por las instrucciones de la transacción actual hasta que esta finalice.

En este nivel de aislamiento se realizan bloqueos de intervalo en el intervalo de valores de clave que coincidan con las condiciones de búsqueda de cada instrucción ejecutada en una transacción. De esta manera, se impide que otras transacciones actualicen o inserten filas que satisfagan los requisitos de alguna de las instrucciones ejecutadas por la transacción actual. Esto significa que, si alguna de las instrucciones de una transacción se ejecuta por segunda vez, leerá el mismo conjunto de filas. Los bloqueos de intervalo se mantienen hasta que la transacción finaliza. Este es el nivel de aislamiento más restrictivo, porque bloquea intervalos de claves completos y mantiene esos bloqueos hasta que la transacción finaliza. Al ser menor la simultaneidad, solo se debe utilizar este nivel de aislamiento cuando sea necesario. En este nivel no se pueden dar ni lecturas sucias, ni lecturas no repetibles, ni lecturas fantasmas.

Se pueden resumir los comportamientos permitidos por cada nivel de aislamiento según la Tabla 3.3:

Tabla 3.3. Niveles de aislamiento de transacciones

Nivel de aislamiento	Comportamiento permitido		
	Lectura sucia	Lectura no repetible	Lectura fantasma
Lectura no confirmada	Sí, pero no en PostgreSQL	Sí	Sí
Lectura confirmada	No	Sí	Sí
Lectura repetible	No	No	Sí, pero no en PostgreSQL
Serializable	No	No	No

Los niveles de aislamiento permitidos en PostgreSQL son los cuatro que aparecen en el estándar SQL-92, pero internamente están implementados tres de estos niveles, pues el nivel de lectura no confirmada de PostgreSQL se comporta como el de lectura confirmada. Esto se debe a que es la única forma de hacer corresponder los niveles de aislamiento estándares con el modelo MVCC de PostgreSQL. En la tabla también se puede observar que la implementación del nivel de lectura repetible de PostgreSQL no permite lecturas fantasmas. Esto es aceptable porque el estándar SQL especifica qué anomalías no deben ocurrir en ciertos niveles de aislamiento, pero se permiten mayores garantías.

Se puede usar el comando SET TRANSACTION para establecer el nivel de aislamiento para una transacción. El formato de este comando es el siguiente:

```
SET TRANSACTION modo_transacción [,…]
modo_transacción es uno de los siguientes:
    ISOLATION LEVEL { SERIALIZABLE | REPETIBLE READ | READ COMMITTED |
        READ UNCOMMITTED }
READ WRITE | READ ONLY
```

Este comando establece las características de la transacción actual, de manera que no tiene efecto sobre las transacciones siguientes. El comando SET SESSION CHARACTERISTICS establece las características por defecto para las siguientes transacciones de la sesión. Estas características pueden ser sustituidas para una transacción en concreto con el comando SET TRANSACTION. El formato del comando SET SESSION CHARACTERISTICS es el siguiente:

```
SET SESSION CHARACTERISTICS AS TRANSACTION modo_transacción [,…]
```

Con cualquiera de los dos comandos indicados, las características que se pueden establecer son el nivel de aislamiento de la transacción y su modo de acceso. Este modo determina si la transacción es de lectura/escritura (READ WRITE) o de solo lectura (READ ONLY). El modo por defecto es lectura/escritura. Cuando una transacción es de solo lectura, no están permitidos los siguientes comandos: INSERT, UPDATE, DELETE y todos los comandos CREATE, ALTER y DROP.

Los modos de transacción por defecto de la sesión se pueden establecer o consultar por medio de los parámetros de configuración *default_transaction_isolation* y *default_transaction_read_only*. De forma similar, el modo de la transacción actual se puede establecer o consultar por medio de los parámetros de configuración *transaction_isolation* y *transaction_read_only*. Asignar valor a uno de estos parámetros tiene el mismo efecto y restricciones que usar el comando SET TRANSACTION con la opción correspondiente.

3.6. Desarrollo de un supuesto práctico en el que se ponga de manifiesto la relación y las implicaciones entre el modelo lógico de acceso y definición de datos y el modelo físico de almacenamiento de los datos

El proceso de creación de una base de datos incluye tres fases, que es necesario llevar a cabo en el orden que se indica a continuación:

- Diseño conceptual: consiste en representar la parte de la realidad para la que se desea crear la base de datos (el universo del discurso) usando un modelo de datos conceptual, obteniendo de esta forma lo que se denomina un esquema conceptual. Estos modelos conceptuales son altamente semánticos e independientes del tipo de base de datos que se vaya a utilizar con posterioridad. Esto quiere decir que esta tarea se puede llevar a cabo aun desconociendo el SGBD que se vaya a utilizar en fases posteriores. El modelo de datos masivamente utilizado en la actualidad en el ámbito mundial para la realización de esta tarea es el modelo Entidad-Interrelación o modelo Entidad-Relación (modelo E-R). Un esquema conceptual creado con el modelo E-R consta de entidades, atributos y relaciones.

- Diseño lógico: consiste en transformar el esquema conceptual obtenido en la fase anterior en un esquema lógico aplicando una serie de reglas de transformación dependientes del modelo lógico y, por tanto, del tipo de base de datos que deseemos crear. El modelo lógico de bases de datos más empleado en la actualidad es el relacional, motivo por el cual es el que se ha empleado a lo largo del presente libro. Un esquema lógico relacional consta de un conjunto de relaciones o tablas. Además, para cada una de estas tablas se debe indicar cuál es su clave primaria. Por su parte, las relaciones entre los datos se establecen a través de claves ajenas.

- Diseño físico: consiste en transformar el esquema lógico obtenido en la fase anterior en un esquema físico, lo que requiere crear en un SGBD concreto todos los elementos de que consta la base de datos: tablas, restricciones, índices, etc. En este libro se han estudiado todas las instrucciones SQL necesarias para crear estos elementos.

Se puede establecer una relación entre los elementos del esquema conceptual, los del esquema lógico y los del esquema físico:

- Cada entidad del esquema conceptual (diagrama E-R) origina una tabla en el esquema físico, que se crea con la instrucción CREATE TABLE.

- Cada atributo de una entidad en el esquema conceptual se convierte en un atributo o campo en la tabla correspondiente a la entidad.

- Los atributos identificadores principales (AIP) de las entidades en el diagrama E-R se convertirán en los atributos clave primaria en el modelo relacional y en el modelo físico deberán llevar asociada la restricción PRIMARY KEY.

- Los atributos identificadores alternativos (AIA) de las entidades en el diagrama E-R se convertirán en clave alternativa en el modelo relacional y en el modelo físico deberán llevar asociada la restricción UNIQUE y, en caso de que se trate de atributos obligatorios (lo más habitual), también la restricción NOT NULL.

- En cuanto a las relaciones del diagrama E-R, hay diferencias dependiendo del tipo de relación de que se trate, e incluso, a veces, en función de las cardinalidades que aparezcan en la relación correspondiente en el diagrama E-R. No obstante, a grandes rasgos:

— Si la relación es 1:N, en el modelo relacional aparecerá una clave ajena en la tabla correspondiente a la cardinalidad N apuntando a la clave primaria de la tabla correspondiente a la cardinalidad 1. La clave ajena se creará en el modelo físico mediante la restricción FOREIGN KEY.

— Si la relación es N:M, en el modelo relacional aparecerá una nueva tabla que contendrá como atributos, además de los propios de la relación del diagrama E-R, dos claves ajenas, cada una de ellas apuntando a la clave primaria de las tablas correspondientes a las dos entidades relacionadas. Esta tabla se creará en el modelo físico mediante una instrucción CREATE TABLE.

— Si la relación es 1:1, el paso al modelo relacional se llevará a cabo de una u otra forma dependiendo de las cardinalidades existentes en la relación. Se puede consultar Piñeiro (2025) para profundizar en el tema.

— Si la relación es ternaria o de mayor grado, se creará una tabla que contendrá, además de los atributos propios de la relación, una clave ajena a la clave primaria de cada una de las tablas correspondientes a las entidades relacionadas.

Para ejemplificar todo esto, se van a llevar a cabo las etapas de diseño conceptual, diseño lógico y diseño físico para una base de datos. No obstante, se puede obtener mucha más información sobre cómo llevar a cabo las etapas de diseño conceptual y diseño lógico en Piñeiro (2025).

Consideremos que se desea crear una base de datos para un grupo de excompañeros de estudios, que deciden que sería interesante organizar una cena anual para mantener su amistad. La cena la organizarán dos personas del grupo que pueden cambiar cada año. Sobre cada cena se desea registrar su fecha y lugar. Cada persona se identifica por su nombre y también se desea almacenar su dirección, teléfono y correo electrónico. También se pretende registrar el historial profesional de cada uno de los miembros del grupo, o sea, las empresas en las que han trabajado (nombre y actividad), entre qué fechas (fecha de inicio y de fin) y el cargo que han ocupado en cada una de ellas en cada periodo. Se debe tener en cuenta que una misma persona puede haber trabajado en la misma empresa en varios periodos de tiempo y desempeñando distintos cargos.

La aplicación deberá dar respuesta a consultas como las siguientes:

- Teléfono de cada uno de los miembros del grupo.

- Lista de los que han trabajado en una empresa en concreto.

- ¿Dónde está trabajando actualmente Lola Ruiz?

- Lista de los que no estuvieron en la cena del año pasado.

- ¿Dónde tuvo lugar la cena del 2024 y quiénes la organizaron?

Llevemos a cabo, en primer lugar, la etapa de diseño conceptual, elaborando el correspondiente diagrama conceptual empleando el modelo Entidad-Relación.

Comenzaremos creando la entidad *Persona* (excompañero) con atributos nombre (AIP), dirección, teléfono y correo electrónico. Crearemos también la entidad *Empresa* con atributos nombre y actividad. Para registrar la historia profesional de cada excompañero podemos pensar que es necesario establecer una relación *trabaja* entre *Persona* y *Empresa*. No obstante, dado que puede ocurrir que una misma persona trabaje en la misma empresa en distintos periodos de tiempo, necesitamos crear una entidad *Fecha* para almacenar las distintas fechas en que personas han empezado a trabajar en empresas. Como atributos de la relación debemos incluir la fecha de fin de ese periodo y el cargo que ha desempeñado la persona en ese periodo. Para determinar las cardinalidades de la relación ternaria, hemos de plantearnos las siguientes cuestiones:

- Dada una persona, en una empresa, ¿en cuántas fechas ha empezado a trabajar? Puede que en ninguna, puesto que habrá pares persona-empresa para los cuales no haya información en la base de datos, o en varias fechas, si esa persona ha trabajado en esa empresa en varios periodos de tiempo. Por este motivo, las cardinalidades mínima y máxima al lado de *Fecha* deben ser (0,n).

- Dada una persona, en una fecha, ¿en cuántas empresas ha empezado a trabajar? Puede que en ninguna, puesto que habrá pares persona-fecha para los cuales no haya información en la base de datos, o en varias empresas, si esa persona ha empezado a trabajar el mismo día en más de una empresa. Este no es un caso muy frecuente, pero podría darse en casos especiales, como en caso de contratos a jornada parcial. Por este motivo, las cardinalidades mínima y máxima al lado de *Empresa* deben ser (0,n).

- Dada una empresa, en una fecha, ¿cuántas personas han empezado a trabajar ese día en esa empresa? Puede que ninguna, puesto que habrá pares empresa-fecha para los cuales no haya información en la base de datos, o varias personas. Por este motivo, las cardinalidades mínima y máxima al lado de *Persona* deben ser (0,n).

Las cenas también constituirán una entidad. Cada cena puede venir identificada por la fecha en que se celebra, pues en un día no puede haber más de una cena. Además, para dar respuesta a la última consulta es necesario registrar el lugar en el que la cena se ha realizado.

Como queremos saber quién organizó cada cena para dar respuesta a la última consulta, establecemos una relación entre *Cena* y *Miembro* llamada *organiza*.

Un miembro del grupo puede que no organice ninguna o que organice varias cenas (cardinalidad (0,n)), mientras que toda cena es organizada por dos miembros (cardinalidad (2,2)).

También es de interés conocer quién acudió a cada cena y así además podremos dar respuesta a la cuarta consulta. Por este motivo, estableceremos otra relación N:M entre *Persona* y *Cena*, llamada *asiste a*.

El diagrama E-R queda como sigue:

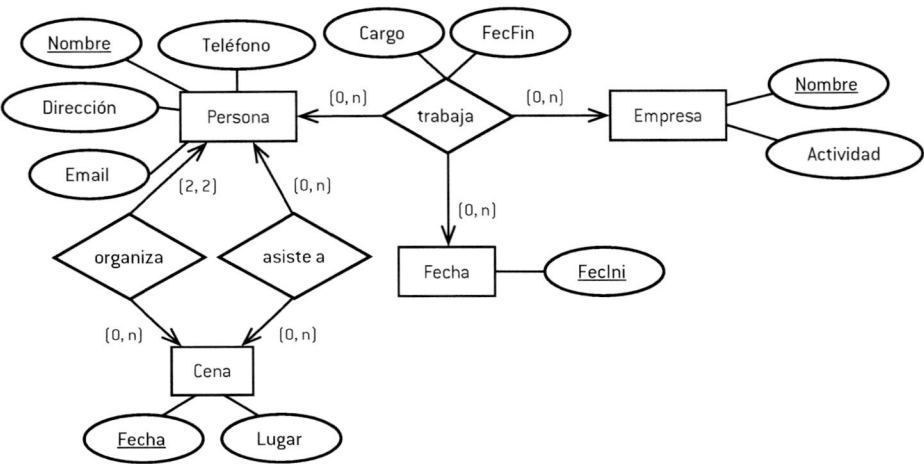

Figura 3.13. Diagrama Entidad-Relación para excompañeros.

Una vez realizado el diseño conceptual, llevemos a cabo la tarea de diseño lógico elaborando el correspondiente esquema relacional (conjunto de tablas) siguiendo las correspondientes reglas de transformación.

Comenzaremos creando 4 tablas o relaciones (una para cada una de las entidades). Estas tablas tendrán como atributos los de las correspondientes entidades y constituirán la clave primaria los AIP de las entidades. En cuanto a las relaciones:

- La relación N:M *asiste a* origina una tabla con dos claves ajenas.

- La relación *organiza* también es N:M. Sin embargo, una de las dos cardinalidades es muy pequeña (2) y el valor mínimo y el máximo de las cardinalidades es el mismo (2), lo que denota que cada cena siempre es organizada por dos miembros del grupo de excompañeros. Por este motivo, en vez de emplear el método de crear una nueva tabla, quizás sea más adecuado en este caso crear en la tabla *Cena* dos claves ajenas apuntando a los nombres de los dos organizadores (atributos que he llamado *Organizador1* y *Organizador2*).

- La relación ternaria *trabaja* genera una tabla con tres claves ajenas y la clave primaria de esta nueva tabla está formada por las tres claves ajenas porque las tres cardinalidades máximas de la relación ternaria son n:

Por todo ello, el esquema lógico relacional nos quedará como sigue:

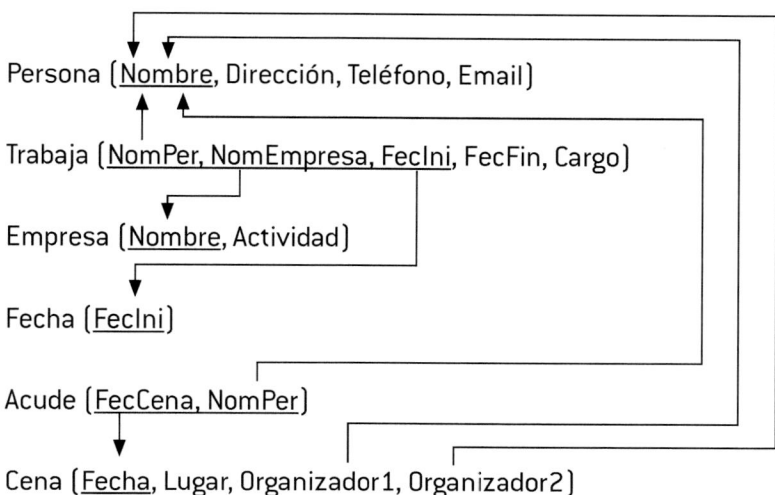

Persona (<u>Nombre</u>, Dirección, Teléfono, Email)

Trabaja (<u>NomPer, NomEmpresa, FecIni</u>, FecFin, Cargo)

Empresa (<u>Nombre</u>, Actividad)

Fecha (<u>FecIni</u>)

Acude (<u>FecCena, NomPer</u>)

Cena (<u>Fecha</u>, Lugar, Organizador1, Organizador2)

Ahora ya solo queda realizar el diseño físico, esto es, crear una base de datos y estas 6 tablas en un SGBD concreto, como PostgreSQL. Se puede optar por crear una base de datos nueva o utilizar una base de datos existente, como *postgres* y crear en ella un esquema, que es la opción más adecuada normalmente. Creamos en primer lugar un esquema llamado *excompañeros* y modificamos el camino de búsqueda de esquemas para que este aparezca en primer lugar:

```
postgres=# CREATE SCHEMA excompañeros;
CREATE SCHEMA

postgres=# SET SEARCH_PATH TO excompañeros, public;
SET
```

Ahora en el esquema procedamos a crear las tablas, si bien es necesario elegir un orden adecuado para ello, pues si una tabla presenta una clave ajena a otra, esta otra tabla debe crearse con anterioridad:

```
CREATE TABLE Persona
(Nombre varchar(40) COLLATE "es-ES-x-icu" PRIMARY KEY,
Direccion varchar(60) NOT NULL COLLATE "es-ES-x-icu",
Telefono char(9) NOT NULL,
Email varchar(60) NOT NULL CONSTRAINT UQ_Email_Persona UNIQUE);

CREATE TABLE Empresa
(Nombre varchar(60) COLLATE "es-ES-x-icu" PRIMARY KEY,
Actividad varchar(80) COLLATE "es-ES-x-icu");
```

```
CREATE TABLE Fecha
(FecIni date PRIMARY KEY);

CREATE TABLE Trabaja
(NomPer varchar(40),
NomEmpresa varchar(60),
FecIni date,
FecFin date,
Cargo varchar(40) NOT NULL COLLATE "es-ES-x-icu",
CONSTRAINT PK_Trabaja PRIMARY KEY (NomPer, NomEmpresa, FecIni),
CONSTRAINT FK_NomPer_Trabaja FOREIGN KEY(NomPer) REFERENCES Persona(Nombre)
ON UPDATE CASCADE,
CONSTRAINT  FK_NomEmp_Trabaja   FOREIGN   KEY(NomEmpresa)   REFERENCES
Empresa(Nombre) ON UPDATE CASCADE,
CONSTRAINT FK_FecIni_Trabaja FOREIGN KEY(FecIni) REFERENCES Fecha(FecIni),
CONSTRAINT CK_Fechas CHECK (FecFin >= FecIni));

CREATE TABLE Cena
(Fecha date PRIMARY KEY,
Lugar varchar(40) COLLATE "es-ES-x-icu" NOT NULL,
Organizador1 varchar(40) NOT NULL,
Organizador2 varchar(40) NOT NULL,
CONSTRAINT   FK_Org1_Cena   FOREIGN   KEY(Organizador1)   REFERENCES
Persona(Nombre) ON UPDATE CASCADE,
CONSTRAINT   FK_Org2_Cena   FOREIGN   KEY(Organizador2)   REFERENCES
Persona(Nombre) ON UPDATE CASCADE);

CREATE TABLE Acude
(FecCena date,
NomPer varchar(40),
CONSTRAINT PK_Acude PRIMARY KEY (FecCena, NomPer),
CONSTRAINT FK_FecCena_Acude FOREIGN KEY(FecCena) REFERENCES Cena(Fecha)
ON UPDATE CASCADE,
CONSTRAINT FK_NomPer_Acude FOREIGN KEY(NomPer) REFERENCES Persona(Nombre)
ON UPDATE CASCADE);
```

Ejercicios resueltos

Tema 2: Lenguajes de definición, manipulación y control

1. Hay que crear un esquema llamado *suministros* dentro de la base de datos *postgres* para el siguiente esquema relacional:

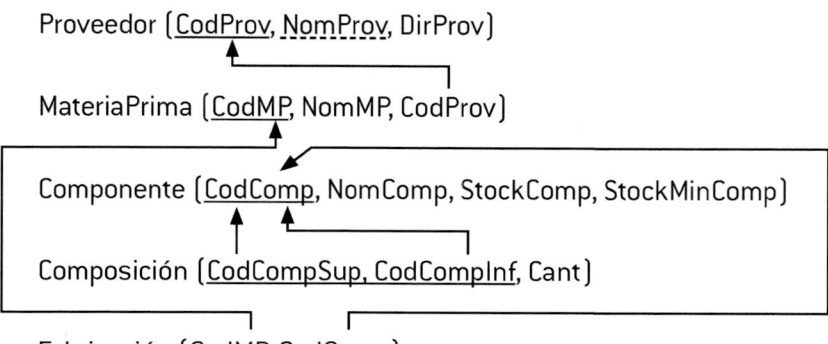

Proveedor (<u>CodProv</u>, <u>NomProv</u>, DirProv)

MateriaPrima (<u>CodMP</u>, NomMP, CodProv)

Componente (<u>CodComp</u>, NomComp, StockComp, StockMinComp)

Composición (<u>CodCompSup</u>, <u>CodCompInf</u>, Cant)

Fabricación (<u>CodMP</u>, <u>CodComp</u>)

Crea el esquema teniendo en consideración el esquema lógico y que en todos los casos se desean modificaciones y borrados restringidos a no ser que se indique lo contrario.

Es preciso tener en cuenta que:

- En la tabla *Proveedor:*
  - El código es un número entero mayor que 0.
  - El nombre y la dirección son obligatorios.
- En la tabla *MateriaPrima:*
  - El código es un número entero no negativo.
  - El nombre de la materia prima y el código del proveedor son obligatorios.
  - Queremos que si se modifica el código de un proveedor se modifique este en consonancia en todas las filas de la tabla *MateriaPrima* para las materias primas suministradas por ese proveedor.
- En la tabla *Componente:*
  - El código es una cadena de 4 caracteres exactamente.
  - Todos los campos son obligatorios.
  - El *stock* es un número entero no negativo.

— El *stock* mínimo es un número entero no negativo que tiene como valor por defecto 5.

- En la relación *Composición*.

  — No se debe permitir borrar componentes si aparecen en alguna fila de la tabla *Composición*.

  — La cantidad es un número entero positivo obligatorio con valor por defecto 1.

- En la tabla *Fabricación*:

  — No se debe permitir borrar componentes ni materias primas si aparecen en alguna fila de la tabla *Fabricación*.

SOLUCIÓN:

```
CREATE SCHEMA suministros;

SET SEARCH_PATH TO suministros, public;

CREATE TABLE Proveedor
(CodProv int PRIMARY KEY CONSTRAINT ck_CodProv CHECK (CodProv > 0),
NomProv varchar(30) COLLATE "es-ES-x-icu" NOT NULL UNIQUE,
DirProv varchar(50) COLLATE "es-ES-x-icu" NOT NULL);

CREATE TABLE MateriaPrima
(CodMP int PRIMARY KEY CONSTRAINT ck_CodMP CHECK (CodMP >= 0),
NomMP varchar(20) COLLATE "es-ES-x-icu" NOT NULL,
CodProv int NOT NULL CONSTRAINT ck_Prov CHECK (CodMP >= 0),
CONSTRAINT    FK_Proveedor_MP    FOREIGN    KEY    (CodProv)    REFERENCES
Proveedor(CodProv) ON UPDATE CASCADE);

CREATE TABLE Componente
(CodComp char(4) PRIMARY KEY,
NomComp varchar(20) COLLATE "es-ES-x-icu" NOT NULL,
StockComp int NOT NULL CONSTRAINT ck_StockComp CHECK (StockComp >= 0),
StockMinComp int DEFAULT 5 NOT NULL CONSTRAINT ck_StockMinComp CHECK
(StockMinComp >= 0));

CREATE TABLE Composición
(CodCompSup char(4),
CodCompInf char(4),
Cant int DEFAULT 1 NOT NULL CONSTRAINT ck_Cant CHECK (Cant > 0),
CONSTRAINT    FK_CompSup    FOREIGN    KEY    (CodCompSup)    REFERENCES
Componente(CodComp),
CONSTRAINT    FK_CompInf    FOREIGN    KEY    (CodCompInf)    REFERENCES
Componente(CodComp),
CONSTRAINT PK_Composición PRIMARY KEY (CodCompSup, CodCompInf));

CREATE TABLE Fabricación
(CodMP int,
CodComp char(4),
CONSTRAINT FK_MP_Fabricac FOREIGN KEY (CodMP) REFERENCES MateriaPrima(CodMP),
CONSTRAINT FK_Comp_Fabricac    FOREIGN KEY (CodComp)
                                    REFERENCES Componente(CodComp),
CONSTRAINT PK_Fabricación PRIMARY KEY (codMP, CodComp));
```

2. Hay que crear un esquema llamado *padrónMunicipal* dentro de la base de datos *postgres* para el siguiente esquema relacional:

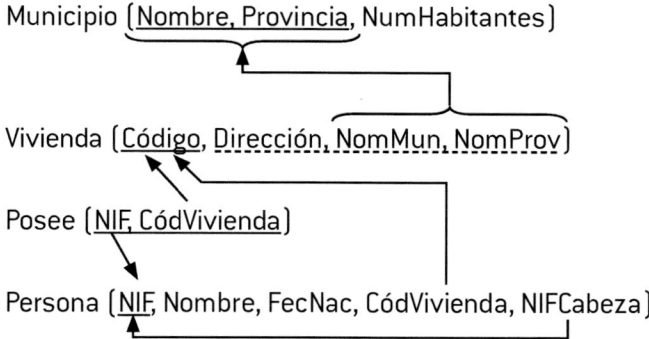

Municipio (<u>Nombre, Provincia</u>, NumHabitantes)

Vivienda (<u>Código</u>, <u>Dirección, NomMun, NomProv</u>)

Posee (<u>NIF, CódVivienda</u>)

Persona (<u>NIF</u>, Nombre, FecNac, CódVivienda, NIFCabeza)

Es preciso tener en cuenta que:

- En la tabla *Municipio*:

  — El n.º de habitantes no es obligatorio y solo puede tomar valores entre 5 y 10000000.

- En la tabla *Vivienda*:

  — El código es un número entero positivo autonumérico.

  — La dirección es obligatoria.

  — Para toda vivienda se conoce el municipio donde se ubica.

  — El trío de atributos {*Dirección, NomMun, NomProv*} constituyen una clave alternativa.

  — Queremos que, si se modifica el nombre o la provincia de un municipio, se cambie esta información para todas las viviendas de ese municipio.

- En la tabla *Posee*:

  — Queremos que, si se modifica el código de una vivienda o el NIF de una persona propietaria de una vivienda, se cambie esa información en la tabla *Posee* para todas las filas en las que aparezca esa persona o esa vivienda.

- En la tabla *Persona*:

  — El NIF es una cadena de exactamente 9 caracteres.

  — Todos los atributos son obligatorios.

— Queremos que si se modifica el código de una vivienda se cambie en la tabla *Persona* para las personas que habitan en esa vivienda.

— Queremos que si se modifica el NIF de una persona que es cabeza de familia, se modifique el atributo *NIFCabeza* en la tabla *Persona* para todas las personas para las cuales esa persona es cabeza de familia.

SOLUCIÓN:

```
CREATE SCHEMA padrónMunicipal;

SET SEARCH_PATH TO padrónMunicipal, public;

CREATE TABLE Municipio
(Nombre varchar(50) COLLATE "es-ES-x-icu",
Provincia varchar(40) COLLATE "es-ES-x-icu",
NumHabitantes int CONSTRAINT ck_NumHabitantes CHECK (NumHabitantes
BETWEEN 5 AND 10000000),
CONSTRAINT PK_Municipio PRIMARY KEY (Nombre, Provincia));

CREATE TABLE Vivienda
(Código serial PRIMARY KEY,
Dirección varchar(60) COLLATE "es-ES-x-icu" NOT NULL,
NomMun varchar(50) COLLATE "es-ES-x-icu" NOT NULL,
NomProv varchar(40) COLLATE "es-ES-x-icu" NOT NULL,
CONSTRAINT UQ_Vivienda UNIQUE (Dirección, NomMun, NomProv),
CONSTRAINT FK_Municipio_Vivienda FOREIGN KEY (NomMun, NomProv)
            REFERENCES Municipio(Nombre, Provincia) ON UPDATE CASCADE);

CREATE TABLE Persona
(NIF char(9) COLLATE "es-ES-x-icu" PRIMARY KEY,
Nombre varchar(40) COLLATE "es-ES-x-icu" NOT NULL,
FecNac date NOT NULL,
CódVivienda int NOT NULL,
NIFCabeza char(9) NOT NULL,
CONSTRAINT FK_Vivienda_Persona FOREIGN KEY (CódVivienda)
            REFERENCES Vivienda (Código) ON UPDATE CASCADE,
CONSTRAINT NIF_CabezaFamilia FOREIGN KEY (NIFCabeza)
            REFERENCES Persona (NIF) ON UPDATE CASCADE);

CREATE TABLE Posee
(NIF char(9) COLLATE "es-ES-x-icu",
CódVivienda int,
CONSTRAINT PK_Posee PRIMARY KEY (NIF, CódVivienda),
CONSTRAINT FK_Persona_Posee FOREIGN KEY(NIF)
             REFERENCES Persona(NIF) ON UPDATE CASCADE,
CONSTRAINT FK_Vivienda_Posee FOREIGN KEY(CódVivienda)
            REFERENCES Vivienda(Código) ON UPDATE CASCADE);
```

3. Para las tablas *Empleado* y *Departamento* del esquema *empresa* crea las siguientes consultas:

Departamento (NumDep, NomDep, Localidad)

Empleado (NumEmp, NomEmp, Puesto, NumEmpJefe, FecIngreso, Salario, Comision, NumDep)

a) Muestra todos los datos de los empleados del departamento n.º 1 ordenados por nombre de la A a la Z.

```
SELECT * FROM Empleado
WHERE NumDep = 1 ORDER BY NomEmp;

numemp|     nomemp      | puesto |numempjefe| fecingreso| salario|comision|numdep
------+-----------------+--------+----------+----------+--------+--------+------
     1|Alberto Rey Ruiz|Gerente |          | 2014-01-02| 5500.00|    0.00|     1
     3|Ana Ruiz Almeida|Empleado|         2| 2014-01-02| 1525.00|    0.00|     1
     2|Luis Grande Gil |Director|         1| 2014-01-02| 3200.00|    0.00|     1
(3 filas)
```

b) Muestra el nombre, fecha de ingreso y salario de los empleados del departamento n.º 3 cuyo puesto sea vendedor.

```
SELECT NomEmp, FecIngreso, Salario FROM Empleado
WHERE NumDep = 3 AND Puesto = 'Vendedor';

        nomemp        | fecingreso | salario
----------------------+------------+---------
 Vanessa Amor López   | 2018-01-02 | 1600.00
 Sandra Rojo Núñez    | 2018-01-02 | 1900.00
 María Galiano Lastra | 2020-01-15 | 1300.00
 Pedro Gómez Sanz     | 2022-05-05 | 1250.00
(4 filas)
```

c) Muestra el número y nombre de todos los departamentos.

```
SELECT NumDep, NomDep
FROM Departamento;

 numdep |      nomdep
--------+------------------
      1 | Compras
      2 | Recursos humanos
      3 | Ventas
(3 filas)
```

d) Muestra el número, nombre y puesto de todos los empleados cuyo nombre comience por la letra A.

```
SELECT NumEmp, NomEmp, Puesto
FROM Empleado WHERE NomEmp like 'A%';
 numemp |        nomemp       |  puesto
--------+---------------------+----------
      1 | Alberto Rey Ruiz    | Gerente
      3 | Ana Ruiz Almeida    | Empleado
      4 | Albert Rius García  | Director
(3 filas)
```

e) Muestra el nombre, puesto, salario y comisión de todos los datos de los empleados que tengan como primero o segundo apellido Ruiz.

```
SELECT NomEmp, Puesto, Salario, Comision FROM Empleado
WHERE NomEmp like '%Ruiz%';

       nomemp       |  puesto  | salario | comision
--------------------+----------+---------+----------
 Alberto Rey Ruiz   | Gerente  | 5500.00 |     0.00
 Ana Ruiz Almeida   | Empleado | 1525.00 |     0.00
 Georgina Ruiz Plà  | Empleado | 1420.00 |     0.00
(3 filas)
```

f) Muestra los nombres y puestos de los empleados cuyo puesto sea gerente, director o empleado, ordenando el resultado por puesto y por nombre.

```
SELECT NomEmp, Puesto FROM Empleado
WHERE Puesto IN ('Gerente', 'Director', 'Empleado')
ORDER BY Puesto, NomEmp;

         nomemp        |  puesto
-----------------------+----------
 Albert Rius García    | Director
 Esther Gómez Bilbao   | Director
 Luis Grande Gil       | Director
 Ángel Jiménez Sánchez | Empleado
 Ana Ruiz Almeida      | Empleado
 Georgina Ruiz Plá     | Empleado
 Laura Díaz Folgado    | Empleado
 Alberto Rey Ruiz      | Gerente
(8 filas)
```

g) Muestra el nombre, salario y comisión de todos los empleados que cobran más de 2000 € de salario o más de 300 € de comisión.

```
SELECT NomEmp, Salario, Comision
FROM Empleado
WHERE Salario > 2000 OR Comision >300;

        nomemp       | salario | comision
---------------------+---------+----------
 Alberto Rey Ruiz    | 5500.00 |     0.00
 Luis Grande Gil     | 3200.00 |     0.00
 Albert Rius García  | 3100.00 |
```

```
Esther Gómez Bilbao  | 2800.00 |     0.00
Sandra Rojo Núñez    | 1900.00 |   400.00
María Galiano Lastra | 1300.00 |   900.00
(6 filas)
```

h) Visualiza todos los datos de los empleados que cobran más de 2000 € de salario y más de 300 € de comisión.

```
SELECT *
FROM Empleado
WHERE Salario > 2000 AND Comision >300;

numemp | nomemp | puesto | numempjefe | fecingreso | salario | comision | numdep
--------+--------+--------+------------+------------+---------+----------+--------
(0 filas)
```

i) Muestra para todos los empleados que cobren más de 2000 €, su nombre, salario, puesto y comisión, así como el nombre y la localidad del departamento en el que trabaja. Emplea todos los métodos de combinación de tablas posibles.

```
SELECT NomEmp, Salario, Puesto, Comision, NomDep, Localidad
FROM Empleado E JOIN Departamento D ON E.NumDep  = D.NumDep
WHERE Salario > 2000;

SELECT NomEmp, Salario, Puesto, Comision, NomDep, Localidad
FROM Empleado E, Departamento D
WHERE E.NumDep  = D.NumDep AND Salario > 2000;

SELECT NomEmp, Salario, Puesto, Comision, NomDep, Localidad
FROM Empleado JOIN Departamento using(NumDep)
WHERE Salario > 2000;

SELECT NomEmp, Salario, Puesto, Comision, NomDep, Localidad
FROM Empleado natural JOIN Departamento
WHERE Salario > 2000;

     nomemp         |salario| puesto |comision|     nomdep      |localidad
--------------------+-------+--------+--------+-----------------+---------
Alberto Rey Ruiz    |5500.00|Gerente |   0.00|Compras          |Madrid
Luis Grande Gil     |3200.00|Director|   0.00|Compras          |Madrid
Albert Rius García  |3100.00|Director|   0.00|Recursos humanos|Barcelona
Esther Gómez Bilbao|2800.00|Director|   0.00|Ventas           |Bilbao
(4 filas)
```

j) Indica para todos los empleados que cobran comisión, su nombre, el nombre del departamento en el que trabajan, la comisión que cobran, su salario y el porcentaje que supone la comisión con respecto al salario (alias *Porcentaje comisión*). Redondea este último dato a 2 decimales, para lo que puedes hacer uso de la función *round*, que recibe como primer parámetro el número que se desea redondear y como segundo, el número de decimales que se desean en el resultado.

```
SELECT NomEmp, NomDep, Comision, Salario, ROUND(Comision/Salario
* 100, 2)  "Porcentaje comision"
```

```
FROM Empleado E JOIN Departamento D ON E.NumDep = D.NumDep
WHERE comision > 0;
```

```
        nomemp       | nomdep | comision | salario | Porcentaje comision
---------------------+--------+----------+---------+---------------------
 Vanessa Amor López  | Ventas |  250.00  | 1600.00 |               15.63
 Sandra Rojo Núñez   | Ventas |  400.00  | 1900.00 |               21.05
 María Galiano Lastra| Ventas |  900.00  | 1300.00 |               69.23
 Pedro Gómez Sanz    | Ventas |  300.00  | 1250.00 |               24.00
(4 filas)
```

k) Indica para el empleado que no tiene jefe o director su nombre, puesto, nombre del departamento y la localidad donde trabaja.

```
SELECT NomEmp, Puesto, NomDep, Localidad
FROM Empleado e JOIN Departamento D ON E.NumDep = D.NumDep
WHERE NumEmpJefe IS NULL;
```

```
      nomemp      | puesto  | nomdep  | localidad
------------------+---------+---------+-----------
 Alberto Rey Ruiz | Gerente | Compras | Madrid
(1 fila)
```

l) Añade un nuevo departamento a la tabla *Departamento*, con número 4, nombre, Calidad y ubicado en Santander. Para ello emplea la siguiente orden:

```
INSERT INTO Departamento VALUES (4, 'Calidad', 'Santander');
```

Muestra a continuación para los departamentos con número superior o igual a 3, su nombre y localidad y, en caso de que trabaje en él algún empleado, su nombre, salario y comisión. Aunque no trabaja ningún empleado en dicho departamento, se deben mostrar sus datos.

Tras añadir el departamento, ejecutaremos la consulta:

```
Tras añadir el departamento, ejecutaremos la consulta:
```

```
SELECT NomDep, Localidad, NomEmp, Salario, Comision
FROM Departamento D left JOIN Empleado E ON D.NumDep = E.NumDep
WHERE D.NumDep >= 3;
```

```
 nomdep  | localidad  |        nomemp        | salario | comision
---------+------------+----------------------+---------+----------
 Ventas  | Bilbao     | Esther Gómez Bilbao  | 2800.00 |     0.00
 Ventas  | Bilbao     | Vanessa Amor López   | 1600.00 |   250.00
 Ventas  | Bilbao     | Ángel Jiménez Sánchez| 1450.00 |     0.00
 Ventas  | Bilbao     | Sandra Rojo Núñez    | 1900.00 |   400.00
 Ventas  | Bilbao     | María Galiano Lastra | 1300.00 |   900.00
 Ventas  | Bilbao     | Pedro Gómez Sanz     | 1250.00 |   300.00
 Calidad | Santander  |                      |         |
(7 filas)
```

4. Para las tablas *Empleado* y *Departamento* del esquema *empresa* crea las siguientes consultas:

Departamento (<u>NumDep</u>, NomDep, Localidad)

Empleado (<u>NumEmp</u>, NomEmp, Puesto, NumEmpJefe, FecIngreso, Salario, Comision, NumDep)

a) Indica por cada puesto que sea desempeñado por más de dos emplea-dos, el nombre del puesto, el número de empleados que lo desempe-ñan, la suma de sus salarios, la suma de sus comisiones, el salario máximo y el salario mínimo. Asigna alias a todos los datos que se muestran excepto al puesto. Ordena el resultado por suma salarial en orden descendente.

```
SELECT  Puesto,  COUNT(NumEmp)  "N°Empleados",  SUM(Salario)  "Suma
salarial",  SUM(Comision)  "Suma  comisiones",  MAX(Salario)  "Salario
máximo",  MIN(Salario)  "Salario  mínimo"
FROM Empleado
GROUP BY Puesto
HAVING COUNT(NumEmp) > 2
ORDER BY SUM(Salario) DESC;
```

```
  puesto  |N°Empleados|Suma salarial|Suma comisiones|Salario máximo|Salario mínimo
---------+-----------+-------------+---------------+--------------+---------------
 Director|         3|      9100.00|           0.00|       3200.00|        2800.00
 Vendedor|         4|      6050.00|        1850.00|       1900.00|        1250.00
 Empleado|         4|      5715.00|           0.00|       1525.00|        1320.00
(3 filas)
```

b) Indica por cada número de departamento y puesto, el número de em-pleados que desempeñan ese puesto en ese departamento, así como su salario mínimo y máximo. Ordena el resultado por número de depar-tamento y puesto.

```
SELECT NumDep, Puesto, COUNT(NumEmp) "N°Empleados", MAX(Salario)
"Salario máximo", MIN(Salario) "Salario mínimo"
FROM Empleado
GROUP BY NumDep, Puesto
ORDER BY NumDep, Puesto;
```

numdep	puesto	N°Empleados	Salario máximo	Salario mínimo
1	Director	1	3200.00	3200.00
1	Empleado	1	1525.00	1525.00
1	Gerente	1	5500.00	5500.00
2	Director	1	3100.00	3100.00
2	Empleado	2	1420.00	1320.00
3	Director	1	2800.00	2800.00

```
        3 | Empleado |            1 |        1450.00 |         1450.00
        3 | Vendedor |            4 |        1900.00 |         1250.00
(8 filas)
```

c) Solo consideraremos a los empleados no directores. Pues bien, indica por cada departamento con un salario medio de sus empleados no directores superior a 1200 €, el número del departamento, el número de empleados no directores que tiene y su salario medio (redondeado a dos decimales), ordenando el resultado por el número de empleados de cada departamento.

```
SELECT NumDep, COUNT(NumEmp) "N°Empleados", ROUND(AVG(salario),2)
        "Salario medio "
FROM Empleado
WHERE Puesto != 'Director'
GROUP BY NumDep
HAVING AVG(Salario)>1200
ORDER BY COUNT(NumEmp);


  numdep | N°Empleados | Salario medio
 --------+-------------+----------------
       2 |           2 |        1370.00
       1 |           2 |        3512.50
       3 |           5 |        1500.00
(3 filas)
```

d) Indica para los departamentos con salario medio superior a 1800 €, su número, nombre, el salario medio de sus empleados y el salario máximo y mínimo.

```
SELECT D.NumDep, NomDep, ROUND(AVG(Salario),2) "Salario medio",
        MAX(Salario) "Salario máximo", MIN(Salario) "Salario mínimo"
FROM Empleado E JOIN Departamento D ON E.NumDep = D.NumDep
GROUP BY D.NumDep, NomDep
HAVING AVG(Salario) > 1800;


  numdep |      nomdep       | Salario medio | Salario máximo | Salario mínimo
 --------+-------------------+---------------+----------------+----------------
       2 | Recursos humanos  |       1946.67 |        3100.00 |        1320.00
       1 | Compras           |       3408.33 |        5500.00 |        1525.00
(2 filas)
```

e) Visualiza el número de vendedores del departamento llamado Ventas.

```
SELECT COUNT(NumEmp) "N° vendedores"
FROM Empleado E JOIN Departamento D ON E.NumDep = D.NumDep
WHERE NomDep = 'Ventas' AND Puesto = 'Vendedor';


 N° vendedores
 --------------
             4
(1 fila)
```

f) Indica para todos los empleados que trabajan en el departamento de ventas, su nombre, salario, el nombre de su jefe (columna Jefe) y el salario de este (columna Salario jefe).

```
Select Es.NomEmp, Es.salario Salario, Ej.NomEmp Jefe, Ej.salario "Salario jefe"
From Empleado Es JOIN Empleado Ej ON eS.NumEmpJefe = Ej.NumEmp JOIN
Departamento D ON Es.NumDep=D.NumDep
WHERE NomDep ='Ventas';
```

```
        nomemp         | salario |        jefe         | Salario jefe
-----------------------+---------+---------------------+--------------
 Esther Gómez Bilbao   | 2800.00 | Alberto Rey Ruiz    |      5500.00
 Vanessa Amor López    | 1600.00 | Esther Gómez Bilbao |      2800.00
 Ángel Jiménez Sánchez | 1450.00 | Vanessa Amor López  |      1600.00
 Sandra Rojo Núñez     | 1900.00 | Vanessa Amor López  |      1600.00
 María Galiano Lastra  | 1300.00 | Sandra Rojo Núñez   |      1900.00
 Pedro Gómez Sanz      | 1250.00 | Sandra Rojo Núñez   |      1900.00
(6 filas)
```

g) Indica para todos los empleados que tengan dos o más empleados subordinados, su nombre, salario, número de subordinados que tiene y el nombre del departamento en el que trabaja. Ordena el resultado por número de subordinados de mayor a menor.

```
SELECT Ej.NomEmp, Ej.Salario Salario, COUNT(Es.NomEmp) "Nº
          subordinados", NomDep
FROM Empleado Es JOIN Empleado Ej ON Es.NumEmpJefe = Ej.NumEmp
JOIN Departamento D ON Ej.NumDep = D.NumDep
GROUP BY Ej.NomEmp, Ej.Salario, NomDep
HAVING COUNT(Es.NomEmp) >= 2
ORDER BY 3 DESC;
```

```
       nomemp        | salario | Nº subordinados |      nomdep
---------------------+---------+-----------------+-----------------
 Alberto Rey Ruiz    | 5500.00 |               3 | Compras
 Albert Rius García  | 3100.00 |               2 | Recursos humanos
 Vanessa Amor López  | 1600.00 |               2 | Ventas
 Sandra Rojo Núñez   | 1900.00 |               2 | Ventas
(4 filas)
```

h) Muestra el nombre, puesto, salario y fecha de ingreso de los empleados que desempeñen el mismo puesto que Esther Gómez Bilbao o que tengan un salario mayor o igual que el de Albert Rius García.

```
SELECT NomEmp, Puesto, Salario, FecIngreso
FROM Empleado WHERE Puesto = (SELECT Puesto FROM Empleado
                             WHERE NomEmp='Esther Gómez Bilbao')
OR Salario >= (SELECT Salario FROM Empleado
            WHERE NomEmp = 'Albert Rius García');
```

```
       nomemp        |  puesto  | salario | fecingreso
---------------------+----------+---------+-----------
 Alberto Rey Ruiz    | Gerente  | 5500.00 | 2014-01-02
```

```
Luis Grande Gil     | Director | 3200.00 | 2014-01-02
Albert Rius García  | Director | 3100.00 | 2016-02-02
Esther Gómez Bilbao | Director | 2800.00 | 2018-01-02
(4 filas)
```

i) Muestra los nombres y puestos de los empleados que tienen el mismo puesto que el empleado apellidado Grande, excluido este.

```
SELECT NomEmp, Puesto
FROM Empleado
WHERE Puesto = (SELECT Puesto FROM Empleado WHERE NomEmp LIKE
               '%Grande%')
AND NomEmp NOT LIKE '%Grande%';

        nomemp       |  puesto
---------------------+----------
 Albert Rius García  | Director
 Esther Gómez Bilbao | Director
(2 filas)
```

j) Visualiza los nombres de los departamentos en los que el salario medio es mayor o igual que la media de todos los salarios.

```
SELECT NomDep
FROM Empleado E JOIN Departamento D ON E.NumDep = D.NumDep
GROUP BY NomDep
HAVING AVG(Salario) >= (SELECT AVG(Salario) FROM Empleado);

 nomdep
---------
 Compras
(1 fila)
```

k) Selecciona el nombre de los empleados, puesto y localidad donde trabajan los empleados que trabajan en los departamentos en los que trabajan los vendedores.

```
SELECT NomEmp, Puesto, Localidad
FROM Empleado e JOIN Departamento D ON E.NumDep = D.NumDep
WHERE D.NumDep in (SELECT NumDep FROM Empleado WHERE Puesto
                  ='Vendedor');

        nomemp        |  puesto  | localidad
----------------------+----------+-----------
 Esther Gómez Bilbao  | Director | Bilbao
 Vanessa Amor López   | Vendedor | Bilbao
 Ángel Jiménez Sánchez| Empleado | Bilbao
 Sandra Rojo Núñez    | Vendedor | Bilbao
 María Galiano Lastra | Vendedor | Bilbao
 Pedro Gómez Sanz     | Vendedor | Bilbao
(6 filas)
```

l) Obtén los nombres de los departamentos en los que trabajen más de tres empleados mediante una consulta de resumen con combinación de tablas y mediante una consulta con subconsulta.

```
SELECT NomDep
FROM Empleado E JOIN Departamento D ON E.NumDep = D.NumDep
GROUP BY NomDep
HAVING COUNT(NumEmp) > 3;

SELECT NomDep
FROM Departamento WHERE NumDep in (SELECT NumDep
                                   FROM Empleado
                                   GROUP BY NumDep
                                   HAVING COUNT(NumEmp) > 3);
  nomdep
 --------
  Ventas
(1 fila)
```

m) Crea una tabla llamada *Vendedores* con el número, nombre y salario de los empleados con tal puesto y el nombre del departamento en el que trabajan y la localidad.

```
CREATE TABLE Vendedores
As SELECT NumEmp, NomEmp, Salario, NomDep, Localidad
FROM Empleado E JOIN Departamento D ON e.NumDep = d.NumDep
WHERE Puesto = 'Vendedor';

SELECT * FROM Vendedores;

 numemp |       nomemp        | salario | nomdep | localidad
--------+---------------------+---------+--------+-----------
     12 | Pedro Gómez Sanz    | 1250.00 | Ventas | Bilbao
     11 | María Galiano Lastra| 1300.00 | Ventas | Bilbao
     10 | Sandra Rojo Núñez   | 1900.00 | Ventas | Bilbao
      8 | Vanessa Amor López  | 1600.00 | Ventas | Bilbao

(4 filas)
```

n) Crea una tabla llamada *DeparEmpleado* que almacene por cada departamento su número, nombre y localidad, así como el número de empleados que trabajan en él y su salario medio redondeado a dos decimales. A estos dos últimos datos nómbralos *Nº empleados* y *Salario medio*, respectivamente.

```
CREATE TABLE DeparEmpleado
AS SELECT D.NumDep, NomDep, Localidad, count(NomEmp) "Nº empleados",
          ROUND (avg(Salario),2) "Salario medio"
FROM Empleado E JOIN Departamento D ON D.NumDep = E.NumDep
GROUP BY D.NumDep, NomDep, Localidad;

SELECT * FROM DeparEmpleado;

 numdep |      nomdep      | localidad | Nº empleados | Salario medio
--------+------------------+-----------+--------------+---------------
      2 | Recursos humanos | Barcelona |            3 |       1946.67
      1 | Compras          | Madrid    |            3 |       3408.33
      3 | Ventas           | Bilbao    |            6 |       1716.67
(3 filas)
```

o) Muestra para los empleados con mayor salario de su departamento, el nombre del empleado, su salario y el nombre del departamento en el que trabajan.

```
SELECT NomEmp, ROUND(Salario,2) Salario, NomDep
FROM Empleado E JOIN Departamento D ON E.NumDep = D.NumDep
WHERE Salario = (SELECT MAX(Salario)
                 FROM Empleado
                 WHERE NumDep = E.NumDep);

        nomemp        | salario |       nomdep
----------------------+---------+-------------------
 Alberto Rey Ruiz     | 5500.00 | Compras
 Albert Rius García   | 3100.00 | Recursos humanos
 Esther Gómez Bilbao  | 2800.00 | Ventas
(3 filas)
```

5. Para las tablas *Empleado* y *Departamento* del esquema *empresa*, lleva a cabo las siguientes operaciones:

Departamento (<u>NumDep</u>, NomDep, Localidad)

Empleado (<u>NumEmp</u>, NomEmp, Puesto, NumEmpJefe, FecIngreso, Salario, Comision, NumDep)

a) Crea una tabla llamada *Departamento2* con el contenido de la tabla *Departamento*, y otra llamada *Empleado2* con el contenido de la tabla *Empleado*.

```
postgres=# CREATE TABLE Empleado2 as SELECT * FROM Empleado;
SELECT 12
postgres=# CREATE TABLE Departamento2 as SELECT * FROM Departamento;
SELECT 3
```

b) Añade un departamento a la tabla *Departamento2* con número *5*, nombre *Producción* y ubicado en *Burgos*.

```
postgres=#  INSERT  INTO  Departamento2  VALUES  (5, 'Producción',
'Burgos');
INSERT 0 1
```

c) Añade un empleado a la tabla *Empleado2* con número *20*, nombre *Luis Gómez Valverde*, puesto *empleado*, dado de alta el día de hoy, con salario *1800 €*, comisión *0 €* y número de departamento el *2*. Se obtiene la fecha del día de hoy por medio de la función CURRENT_DATE.

```
postgres=# INSERT INTO Empleado2
postgres-# VALUES (20, 'Luis Gómez Valverde', 'Empleado', NULL,
CURRENT_DATE, 1800, 0, 2);
INSERT 0 1
```

d) Divide entre 2 la comisión a todos los empleados de la tabla *Empleado2* que la cobran.

```
postgres=# UPDATE Empleado2 SET Comision = Comision / 2 WHERE Comision >
0;
UPDATE 4
```

e) Asigna el departamento número 1 a todos los directores de la tabla *Empleado2*.

```
postgres=# UPDATE Empleado2 SET NumDep = 1 WHERE Puesto = 'Director';
UPDATE 3
```

f) Elimina de la tabla *Empleado2* a los empleados con fecha de ingreso en el año 2016.

```
postgres=# DELETE FROM Empleado2 WHERE EXTRACT(YEAR FROM FecIngreso) =
2016;
DELETE 3
```

g) Elimina de la tabla *Departamento2* los departamentos que no tengan empleados.

```
postgres=# DELETE FROM Departamento2
postgres-# WHERE NumDep NOT IN (SELECT NumDep FROM Empleado2);
DELETE 1
```

h) Multiplica por 2 la comisión a todos los empleados del departamento de Ventas con una comisión inferior a 300 €.

```
postgres=# UPDATE Empleado2
postgres-# SET Comision = Comision * 2
postgres-# WHERE Comision < 300 AND NumDep =(SELECT NumDep FROM
Departamento2
postgres(# WHERE NomDep = 'Ventas');
UPDATE 4
```

i) El departamento de compras se va a trasladar a Málaga. Refleja esta modificación en la base de datos.

```
postgres=# UPDATE Departamento2 SET Localidad = 'Málaga'
postgres=# WHERE NomDep = 'Compras';
UPDATE 1
```

6. A partir de la tabla *Empleado* del esquema *empresa*, lleva a cabo las siguientes operaciones relacionadas con vistas:

a) Crea una vista llamada *VistaEmple* que contenga por cada empleado con una antigüedad de al menos un año en la empresa, su nombre, su salario, su antigüedad (calculada como la diferencia de años entre la fecha de hoy y la fecha de ingreso en la empresa) y el número del departamento en el que trabaja. Los nombres de los atributos de la vista deben ser *NomEmp*, *Salario*, *Antig* y *NumDep*. Después de crear-la, muestra el contenido de la vista.

Para el cálculo de la antigüedad debes tener en cuenta lo siguiente:

- La fecha actual se puede obtener haciendo uso de la función *CURRENT_DATE*.

- Es posible restar dos fechas, para lo que se debe usar el operador −. De esta forma, es posible calcular la antigüedad de un empleado en la empresa restando a la fecha actual su fecha de ingreso. La resta de dos fechas nos devuelve la diferencia entre las dos fechas en número de días.

- Dado que la antigüedad la debemos calcular en años, hemos de dividir el resultado de la resta anterior entre 365 y quedarnos con la parte entera.

```
CREATE VIEW VistaEmple
AS SELECT NomEmp, Salario, (CURRENT_DATE - FecIngreso) / 365 Antig,
          NumDep
FROM Empleado
WHERE (CURRENT_DATE - FecIngreso) / 365 >= 1;

SELECT * FROM VistaEmple;

         nomemp        | salario | antig | numdep
-----------------------+---------+-------+--------
 Alberto Rey Ruiz      | 5500.00 |    10 |      1
 Luis Grande Gil       | 3200.00 |    10 |      1
 Ana Ruiz Almeida      | 1525.00 |    10 |      1
 Albert Rius García    | 3100.00 |     8 |      2
 Georgina Ruiz Plà     | 1420.00 |     8 |      2
 Laura Díaz Folgado    | 1320.00 |     7 |      2
 Esther Gómez Bilbao   | 2800.00 |     6 |      3
 Vanessa Amor López    | 1600.00 |     6 |      3
 Ángel Jiménez Sánchez | 1450.00 |     6 |      3
 Sandra Rojo Núñez     | 1900.00 |     6 |      3
 María Galiano Lastra  | 1300.00 |     4 |      3
 Pedro Gómez Sanz      | 1250.00 |     2 |      3
(12 filas)
```

b) Realiza una consulta sobre la vista *VistaEmpleDep* que muestre por cada departamento, el número del departamento y su número de empleados.

```
SELECT NumDep, COUNT(*) "Nªempleados"
FROM VistaEmple
GROUP BY NumDep;

 numdep | Nªempleados
--------+-------------
      2 |           3
      3 |           6
      1 |           3
(3 filas)
```

c) Intenta modificar la antigüedad de Esther Gómez Bilbao a 8 años. ¿Es posible realizar esta modificación? ¿Por qué?

```
postgres=# UPDATE VistaEmple
postgres-# SET Antig = 8
postgres-# WHERE NomEmp = 'Esther Gómez Bilbao';
ERROR:  no se puede actualizar la columna «antig» vista «vistaemple»
DETALLE:  Las columnas de vistas que no son columnas de su relación
base no son actualizables.
```

No es posible realizar la modificación porque el atributo *antig* no es actualizable por tratarse de un atributo definido mediante una expresión.

d) Intenta modificar el salario de Esther Gómez Bilbao a 2850 €. ¿Es posible realizar esta modificación? ¿Por qué?

```
postgres=# UPDATE VistaEmple
postgres-# SET Salario = 2850
postgres-# WHERE NomEmp = 'Esther Gómez Bilbao';
UPDATE 1
```

Es posible porque la vista es actualizable, ya que la consulta por medio de la que se crea la vista cumple las siguientes condiciones:
- Hay un solo elemento en la cláusula FROM, que es una tabla.
- No hay ni GROUP BY, ni HAVING, ni DISTINCT, ni LIMIT.
- No hay operaciones UNION, ni INTERSECT, ni EXCEPT.
- No hay funciones de resumen: COUNT, MAX, MIN, AVG, SUM.

Además, la columna que se modifica en la instrucción UPDATE es actualizable por ser una referencia simple a una columna de la tabla subyacente, es decir, por no contener una expresión.

7. Crea un procedimiento que añada un nuevo pedido a la tabla *Pedido* con datos pasados como parámetro. Por tanto, este procedimiento recibirá como parámetros la referencia del pedido y la fecha. Muestra al final un mensaje que indique que la inserción se ha realizado.

```
CREATE OR REPLACE PROCEDURE InsertarPedido (refe Pedido.RefPed%TYPE, fec
                                            date)
LANGUAGE plpgsql
AS $$
BEGIN
INSERT INTO Pedido VALUES (refe, fec);
RAISE NOTICE 'Se ha añadido un pedido con referencia % y fecha %.',
            refe, fec;
END $$;

postgres=# CALL InsertarPedido ('P0007', CURRENT_DATE);
NOTICE:  Se ha añadido un pedido con referencia P0007 y fecha 2024-08-14.
CALL
```

8. Escribe un procedimiento que muestre en pantalla la descripción y el precio del artículo más barato de la base de datos.

```
CREATE OR REPLACE PROCEDURE ArticuloMasBarato ()
LANGUAGE plpgsql
AS $$
DECLARE
descri Articulo.DesArt%TYPE;
precio Articulo.PVPArt%TYPE;
BEGIN
SELECT DesArt, PVPArt INTO descri, precio
FROM Articulo WHERE PVPArt = (SELECT MIN(PVPArt)
                                     FROM Articulo);
RAISE NOTICE 'El artículo más barato es % y su precio es % €.', descri,
             precio;
END $$;

postgres=# CALL ArticuloMasBarato();
NOTICE:  El artículo más barato es Goma de borrar y su precio es 0.15 €.
CALL
```

9. Crea un procedimiento que reciba la referencia de un pedido y muestre en pantalla dicha referencia y la fecha del pedido y se encargue de eliminarlo de la base de datos. Debe mostrase un mensaje informando del borrado.

```
CREATE OR REPLACE PROCEDURE EliminarPedido(refe Pedido.RefPed%TYPE)
LANGUAGE plpgsql
AS $$
DECLARE
fecha Pedido.FecPed%TYPE;
BEGIN
SELECT FecPed INTO fecha
FROM Pedido WHERE RefPed = refe;
RAISE NOTICE 'Referencia del pedido: %. Fecha %.', refe, fecha;
DELETE FROM Pedido WHERE RefPed = refe;
RAISE NOTICE 'Se ha eliminado el pedido con referencia %.', refe;
END $$;

postgres=# CALL EliminarPedido ('P0007');
NOTICE:  Referencia del pedido: P0007. Fecha 2024-08-14.
NOTICE:  Se ha eliminado el pedido con referencia P0007.
CALL
```

10. Crea una función que devuelva la descripción del artículo más caro de la base de datos.

```
CREATE OR REPLACE FUNCTION ArticuloMasCaro () RETURNS Articulo.
DesArt%TYPE
LANGUAGE plpgsql
AS $$
DECLARE
descri Articulo.DesArt%TYPE;
BEGIN
```

```
SELECT DesArt INTO descri
FROM Articulo WHERE PVPArt = (SELECT MAX(PVPArt) FROM Articulo);
RETURN descri;
END $$;

postgres=# SELECT ArticuloMasCaro() "Artículo más caro";
   Artículo más caro
----------------------
 Bolígrafo rojo normal
(1 fila)
```

11. Crea un procedimiento que reciba el código de un artículo y un número entero positivo o negativo. El procedimiento debe modificar el precio del artículo según el porcentaje pasado como parámetro y mostrar el precio del artículo antes y después de la modificación.

```
CREATE OR REPLACE PROCEDURE CambiarPrecio (cod Articulo.CodArt%TYPE,
                         porcen int)
LANGUAGE plpgsql
AS $$
DECLARE
precioAntiguo Articulo.PVPArt%TYPE;
precioNuevo Articulo.PVPArt%TYPE;
BEGIN
SELECT PVPArt INTO precioAntiguo FROM Articulo
WHERE CodArt = cod;
RAISE NOTICE 'Precio anterior: % €.', precioAntiguo;
precioNuevo := ROUND (precioAntiguo + precioAntiguo * porcen / 100,
2);
UPDATE Articulo SET PVPArt = precioNuevo
WHERE CodArt = cod;
RAISE NOTICE 'Precio nuevo: % €.', precioNuevo;
END $$;

postgres=# CALL CambiarPrecio ('AC078', 5);
NOTICE:  Precio anterior: 1.05 €.
NOTICE:  Precio nuevo: 1.10 €.
CALL
```

12. Crea una función que reciba un número entero como parámetro y que devuelva su factorial si el número recibido como parámetro es mayor o igual que 1. Si el número recibido como parámetro es menor que 1, deberá devolver el valor -1. El factorial de un número se calcula multiplicando todos los números desde el 1 hasta el número para el cual se desea calcular el factorial. Así, el factorial de 4 se calculará haciendo $1 \times 2 \times 3 \times 4 = 24$.

```
CREATE OR REPLACE FUNCTION factorial (num int) RETURNS int
LANGUAGE plpgsql
AS $$
DECLARE
```

```
fact bigint := 1;
i int := 1;
BEGIN
IF num < 1 THEN
    RETURN -1;
ELSE
    WHILE i <= num LOOP
        fact := fact * i;
        i := i + 1;
    END LOOP;
    RETURN fact;
END IF;
END $$;

postgres=# SELECT factorial (-2);
 factorial
-----------
        -1
(1 fila)

postgres=# SELECT factorial (5);
 factorial
-----------
       120
(1 fila)
```

13. Crea una tabla dentro del esquema *pedidos* llamada *ArticulosAntiguos*. Esta tabla tendrá los mismos atributos que la tabla *Articulo* y servirá para contener los datos de los artículos eliminados de la tabla *Articulo*. Crea un disparador llamado *BorradoArticulos* que se ejecute cada vez que se realice un borrado sobre la tabla *Articulo*, de manera que el artículo que se borre se añada a la tabla *ArticulosAntiguos*.

```
postgres=# SET SEARCH_PATH TO pedidos;
SET
postgres=# CREATE TABLE ArticulosAntiguos AS SELECT * FROM Articulo;
SELECT 5
postgres=# DELETE FROM ArticulosAntiguos;
DELETE 5

CREATE FUNCTION GuardarArtAntiguo() RETURNS TRIGGER
LANGUAGE plpgsql
AS $$
BEGIN
INSERT INTO ArticulosAntiguos VALUES (OLD.CodArt, OLD.DesArt, OLD.
PVPArt);
RETURN NULL;
END $$;+


CREATE TRIGGER BorradoArticulos AFTER DELETE ON Articulo
FOR EACH ROW EXECUTE FUNCTION GuardarArtAntiguo();
```

14. Crea una tabla llamada *AuditoriaPrecios* con un solo atributo llamado *Linea* de tipo varchar(100). Crea después un disparador llamado *AuditarPrecios* que dé fe de las modificaciones de precios sobre los artículos de la base de datos. Cada vez que se incremente o decremente el precio de un artículo más de un 10 % se debe añadir una fila a la tabla *AuditoriaPrecios* con el texto: "El artículo xxxx ha cambiado su precio de yyyy a zzzz el aaaa-mm-dd", donde xxxx es la descripción del artículo; yyyy, el precio antes de la modificación; zzzz, el precio después de la modificación y aaaa-mm-dd, el día de la modificación.

```
postgres=# CREATE TABLE AuditoriaPrecios
postgres-# (Linea varchar(100));
CREATE TABLE

CREATE FUNCTION GuardarAuditoria() RETURNS TRIGGER
LANGUAGE plpgsql
AS $$
DECLARE
diferencia numeric(6,2);
BEGIN
diferencia = ABS (NEW.PVPArt - OLD.PVPArt);
IF diferencia > OLD.PVPArt * 10 / 100 THEN
    INSERT INTO AuditoriaPrecios VALUES ('El artículo ' || NEW.DesArt ||
                ' ha cambiado su precio de ' || OLD.PVPArt || ' a ' ||
                NEW.PVPArt || ' el ' || current_date);
END IF;
RETURN NULL;
END $$;

CREATE TRIGGER AuditarPrecios AFTER UPDATE OF PVPArt ON Articulo
FOR EACH ROW EXECUTE FUNCTION GuardarAuditoria();
```

Ejercicios propuestos

Tema 2: Lenguajes de definición, manipulación y control.

1. Hay que crear un esquema llamado *geografía* dentro de la base de datos *postgres* para el siguiente esquema relacional:

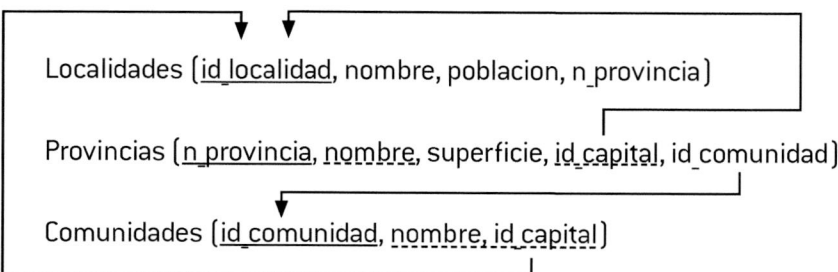

Debido a que existen claves ajenas cruzadas entre las tablas, es imposible escoger un orden de creación de tablas tal que se puedan crear estas tablas solo con instrucciones *create table*. Esto implica que habrá que crear las tablas con instrucciones *create table* y posteriormente emplear alguna instrucción *alter tabl*e para añadir alguna restricción de clave ajena.

Se indican, a continuación, la descripción de cada uno de los atributos y las restricciones que debe soportar, si bien las restricciones de clave primaria y de clave ajena no están especificadas, pues se pueden deducir del esquema relacional expuesto más arriba.

Tabla	Atributo	Descripción	Restricciones
Localidades	id_localidad	Número identificativo de la localidad	Número entre 1 y 9000
	nombre	Nombre de la localidad	Obligatorio
	poblacion	Número de habitantes de la localidad	Obligatorio. Número entre 1 y 10000000
	n_provincia	Número de la provincia a la que pertenece el municipio	Obligatorio Es única la pareja de atributos {nombre, n_provincia}
Provincias	n_provincia	Número que identifica a la provincia	Número entre 1 y 52
	nombre	Nombre de la provincia	Obligatorio y único
	superficie	Superficie de la provincia en km2	Obligatorio Número entre 1 y 150000

Tabla	Atributo	Descripción	Restricciones
Provincias	id_capital	Identificavo de la localidad capital de la provincia	Obligatorio y único
	id_comunidad	Identificado de la comunidad autónoma a la que pertenece la provincia	Obligatorio
Comunidades	id_comunidad	Número que identifica a la comunidad autónoma	Número entre 1 y 19
	nombre	Nombre de la comunidad autónoma	Obligatorio y único
	id_capital	Identificavo de la localidad capital de la comunidad autónoma	Obligatorio y único

Crea el esquema *geografia* teniendo en cuenta además de lo anterior que:

- Se desea que, si se modifica el identificativo de una localidad en la tabla *Localidades*, se modifique dicho identificativo en las tablas *Comunidades* y *Provincias* si se da el caso de que esa localidad es capital de comunidad o de provincia.

- Se desea que, si se modifica el número de una provincia, se modifique dicho número para todas las localidades que pertenezcan a dicha provincia.

- Se desea que, si se modifica el identificativo de una comunidad, se modifique dicho identificativo para todas las provincias pertenecientes a dicha comunidad.

2. Se va a trabajar con un esquema llamado *centros* que contiene información sobre los centros de trabajo de que consta una empresa, los departamentos ubicados en cada centro y las ciudades donde están los centros. Hay establecida una jerarquía entre los departamentos, de manera que por cada departamento se almacena el departamento del que depende (*CodDepJefe*).

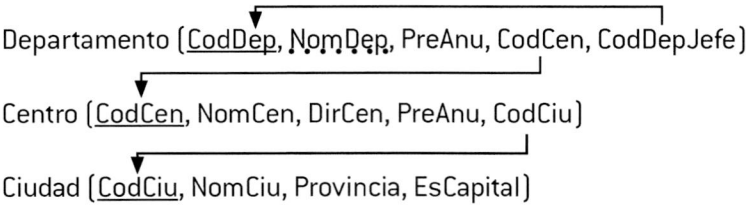

Departamento (CodDep, NomDep, PreAnu, CodCen, CodDepJefe)

Centro (CodCen, NomCen, DirCen, PreAnu, CodCiu)

Ciudad (CodCiu, NomCiu, Provincia, EsCapital)

Tabla DEPARTAMENTO

Atributo	Tipo de dato	Significado
CodDep	char(5)	Código del departamento
NomDep	varchar(40)	Nombre del departamento
PreAnu	numeric(9,2)	Presupuesto anual del departamento
CodCen	int	Código del centro al que pertenece el departamento
CodDepJefe	char(5)	Código del departamento jefe

Tabla CENTRO

Atributo	Tipo de dato	Significado
CodCen	smallserial	Código del centro de trabajo
NomCen	varchar(40)	Nombre del centro de trabajo
DirCen	varchar(40)	Dirección del centro de trabajo
PreAnu	numeric(9,2)	Presupuesto anual del centro de trabajo
CodCiu	int	Código de la ciudad donde está ubicado el centro de trabajo

Tabla CIUDAD

Atributo	Tipo de dato	Significado
CodCiu	smallserial	Código de la ciudad
NomCiu	varchar(40)	Nombre de la ciudad
Provincia	varchar(30)	Nombre de la provincia
EsCapital	boolean	Indicativo de si la ciudad es capital de la provincia

Se muestran los datos contenidos en las tablas:

```
Tabla Centro

codcen | nomcen  |        dircen       |   preanu   | codciu
-------+---------+---------------------+------------+--------
     1 | General | Gran Vía, 80        | 1200000.00 |      1
     2 | Centro  | La Castellana, 175  | 1150000.00 |      2
     3 | Sur     | La Cartuja, s/n     |  800000.00 |      4
```

```
Tabla Departamento

coddep |        nomdep         |   preanu   | codcen | coddepjefe
-------+-----------------------+------------+--------+-----------
DIRGE  | Dirección general     | 500000.00  |      1 |
RECHH  | Recursos humanos      | 350000.00  |      1 | DIRGE
PRODU  | Producción            | 240000.00  |      1 | DIRGE
VENTA  | Ventas                | 380000.00  |      2 | DIRGE
CALID  | Calidad               | 180000.00  |      2 | DIRGE
NOMIN  | Nóminas               | 400000.00  |      2 | RECHH
IN+DI  | Investigación y diseño| 350000.00  |      3 | CALID
INNOV  | Innovación            | 400000.00  |      3 | CALID
```

Tabla Ciudad

codciu	nomciu	provincia	escapital
1	Bilbao	Vizcaya	t
2	Madrid	Madrid	t
3	Ermua	Vizcaya	f
4	Sevilla	Sevilla	t
5	Jerez de la Frontera	Cádiz	f

Se proporcionan las instrucciones necesarias para crear el esquema *centros* y añadir datos en las tablas por medio del archivo *centros.sql* disponible en la web de Paraninfo.

Lleva a cabo las siguientes operaciones empleando el lenguaje SQL en PostgreSQL:

a) Para todos los departamentos con presupuesto entre 390 000 y 520 000 €, muestra el nombre del departamento, su presupuesto, el nombre del centro al que pertenece, su presupuesto y el porcentaje que supone el presupuesto del departamento en relación con el presupuesto del centro redondeado a un decimal. Muestra el resultado ordenado por presupuesto del departamento de menor a mayor y asigna un alias al porcentaje.

b) Para el departamento que no tiene departamento jefe, muestra su nombre, presupuesto, el nombre del centro al que pertenece y el nombre de la ciudad donde este está ubicado.

c) Muestra para todos los departamentos pertenecientes a centros ubicados en la provincia de Vizcaya, el nombre del departamento, su presupuesto anual, el nombre del centro al que pertenece, su dirección y el nombre de la ciudad donde se encuentra. Ordena el resultado por presupuesto del departamento de mayor a menor.

d) Muestra para todos los departamentos cuyo presupuesto sea superior al 40 % del presupuesto del centro al que pertenece, el nombre del departamento, su presupuesto, el nombre del centro al que pertenece, su presupuesto y el porcentaje que supone el presupuesto del departamento en relación con el presupuesto del centro, redondeado a dos decimales. Asigna alias a todos los atributos y ordena el resultado por porcentaje de mayor a menor.

e) Para todos los centros para los que se cumpla la condición de que la suma de los presupuestos de sus departamentos es mayor que el 75 % del presupuesto del centro, muestra el nombre del centro, el nombre de la ciudad donde está ubicado, el presupuesto del centro y la suma de los presupuestos de sus departamentos. Asigna el alias 'Suma presupuestaria' a este último dato y ordena el resultado de la consulta por este dato de mayor a menor.

f) Muestra para cada departamento, su nombre, presupuesto, el número de departamentos que dependen de él (que lo tienen como departamento jefe) y la media de los presupuestos de estos redondeada a dos decimales. Asigna a estos dos últimos datos los alias 'Nº dptos. subordinados' y 'Media presupuestaria'. Ordena el resultado por media presupuestaria de menor a mayor.

g) Para todos los centros con más de dos departamentos, muestra el nombre del centro, el nombre de la ciudad donde está ubicado, el número de departamentos que contiene y la media de sus presupuestos redondeada a dos decimales. A los dos últimos datos llámalos 'Nº dptos.' y 'Media presupuestaria'. Ordena el resultado por la media de los presupuestos de menor a mayor.

h) Muestra para todos los departamentos con presupuesto superior a 380 000 €, el nombre del departamento y su presupuesto. Además, para los departamentos de estos que tengan departamento jefe, hay que mostrar el nombre del departamento jefe y el presupuesto de este. En caso de que un departamento no tenga departamento jefe, estos dos datos deberán aparecer con valores nulos. A los dos últimos datos asígnales los alias 'Dpto. jefe' y 'Presupuesto dpto. jefe', respectivamente.

i) Para los departamentos con un presupuesto mayor que la mitad del presupuesto del departamento que no tiene departamento jefe, muestra el código del departamento, su nombre, su presupuesto y el nombre del centro al que pertenece.

j) Para los centros tal que la suma de los presupuestos de sus departamentos sea superior al presupuesto mínimo de los centros, muestra el nombre del centro, su presupuesto, el nombre de la ciudad donde se encuentra, el número de departamentos que contiene y la suma presupuestaria de estos.

k) Para los departamentos con un presupuesto mayor o igual que el presupuesto del departamento con mayor presupuesto del centro llamado *Sur*, muestra el nombre del departamento, su presupuesto y el nombre del centro al que pertenece.

l) Para todos los departamentos con mayor presupuesto de cada centro, muestra el nombre del departamento, su presupuesto, el nombre del centro al que pertenece el departamento y el nombre de la ciudad donde está ubicado el centro.

m) El centro llamado *General* se debe trasladar a la ciudad de la provincia de Vizcaya que figura en la tabla *Ciudad* y no es capital de provincia. Escribe la instrucción para reflejar esto en la base de datos.

n) Elimina de la tabla *Ciudad* todas aquellas ciudades en las que no haya ningún centro.

3. Para las tablas *Empleado* y *Departamento* del esquema *Empresa*, lleva a cabo las siguientes operaciones relacionadas con vistas:

a) Crea una vista llamada *VEmpleados2014* que contenga por cada empleado su número, nombre, fecha de ingreso y número de departamento en el que trabaja para todos los empleados con fecha de alta en el año 2014. Muestra el contenido de la vista.

b) Intenta añadir un nuevo empleado a través de la vista *VEmpleados2014* indicando como número de empleado el 15, nombre Pablo Fernández Gutiérrez, fecha de alta el día de hoy y número de departamento el 1. ¿Qué ocurre en la tabla *Empleado*?

c) ¿Se puede modificar a través de la vista *VEmpleados2014* el departamento en el que trabaja Ana Ruiz Almeida de manera que sea el número 2? ¿Por qué?

d) Elimina, si es posible, a la empleada Ana Ruiz Almeida por medio de la vista *VEmpleados2014*. ¿Es posible?, ¿por qué?

4. Crea una función que reciba el código de un artículo y devuelva el número de unidades que de dicho artículo ha sido solicitado en total en todos los pedidos.

5. Crea una función que reciba el número de un departamento y devuelva un número redondeado a dos decimales que indique el porcentaje que supone la suma de los salarios de los empleados de ese departamento en relación con la suma salarial de todos los empleados de la empresa.

6. Crea una función que reciba el número de un empleado y devuelva un número redondeado a dos decimales que indique el porcentaje que supone el salario del empleado en relación con la suma salarial de todos los empleados de su departamento.

7. Crea un procedimiento que reciba el nombre de un departamento y su localidad. Se debe insertar ese departamento en la tabla *Departamento* asignándole como número el que resulte de sumar 1 al número más alto de los departamentos de la empresa. Muestra un mensaje que informe acerca del número del nuevo departamento.

8. Crea un procedimiento que reciba dos números enteros tal que el segundo de ellos sea mayor o igual que el primero y se encargue de sumar todos los números pares entre ellos dos. En caso de que el segundo número sea menor que el primero se mostrará el mensaje: "El segundo número debe ser mayor o igual que el primero".

9. Crea una tabla dentro del esquema *pedidos* llamada *Pedido2* con la misma estructura que la tabla *Pedido* y un campo adicional llamado *NumArt* que contenga el número de artículos diferentes solicitados en cada pedido. Añade a esta tabla los datos que correspondan de acuerdo con los datos almacenados en la base de datos en el momento de creación de la tabla. Crea tres disparadores:

a) *AñadirLinea*, que cada vez que se añada una fila a la tabla *LineaPedido* incremente en una unidad el atributo *NumArt* para el pedido al que se le añade la línea de pedido.

b) *BorrarLinea*, que cada vez que se borre una fila de la tabla *LineaPedido* decremente en una unidad el atributo *NumArt* para el pedido del que se elimina la línea de pedido.

c) *CambiarLinea,* que cada vez que se cambie la referencia de pedido de una línea de pedido, decremente en una unidad el atributo *NumArt* para el pedido cuya línea de pedido se elimina e incremente en una unidad el atributo *NumArt* para el pedido cuya línea de pedido se añade.

Anexo I: Instalación de PostgreSQL

Podemos descargar PostgreSQL desde su página oficial (https://www.postgres-ql.org) haciendo clic en el enlace *Download* que aparece en dicha página, como se muestra en la Figura 1:

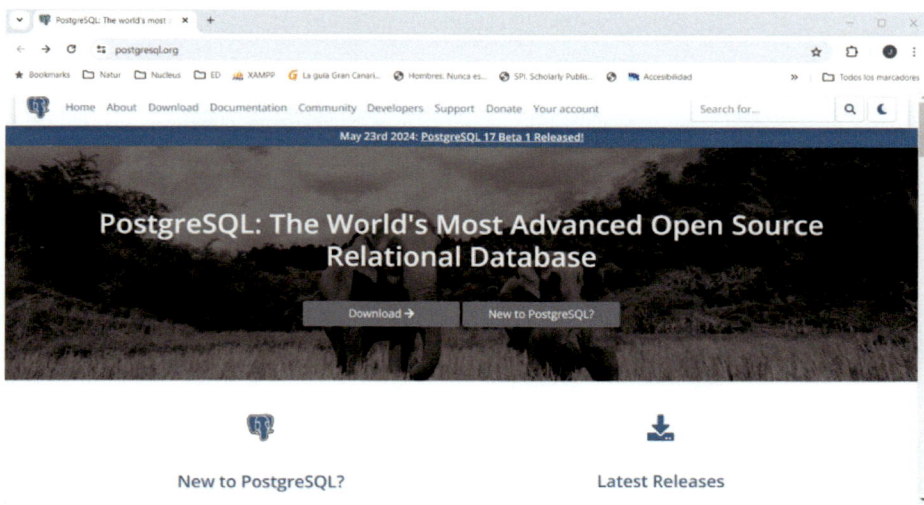

Figura 1. Página oficial de PostgreSQL.

Seleccionamos el sistema operativo Windows y en la siguiente pantalla debemos hacer clic en el enlace «Download the installer» que aparece en la primera línea del primer párrafo de texto.

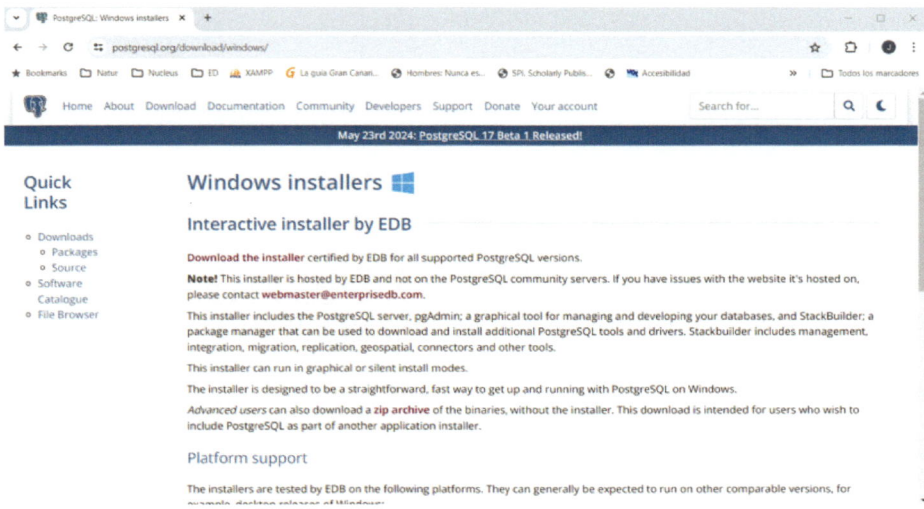

Figura 2. Página para descarga de PostgreSQL.

En la siguiente pantalla hacemos clic en el enlace correspondiente a la versión y sistema operativo en el que se desea realizar la instalación. Podemos elegir la última versión disponible para Windows.

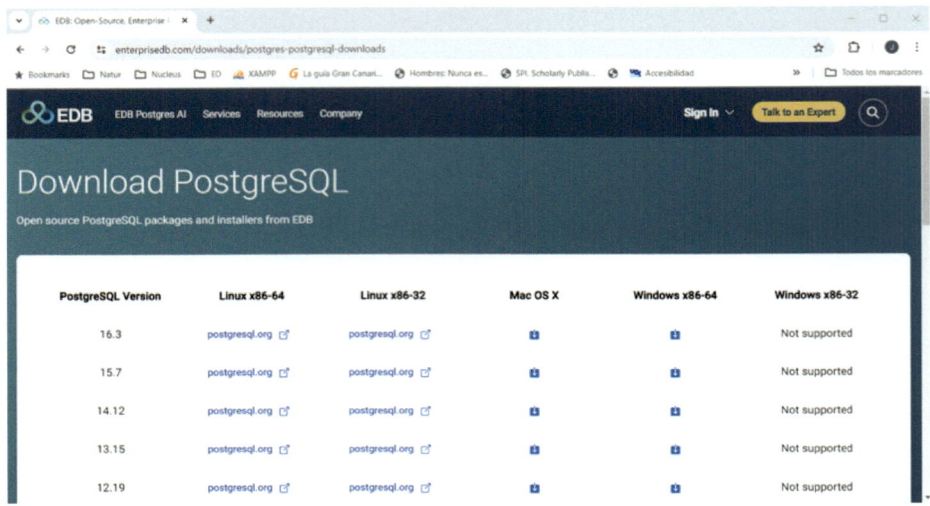

Figura 3. Selección de versión de PostgreSQL para Windows.

Se procederá entonces a la descarga del programa ejecutable postgresql-16.3-2-windows-x64.exe. Al hacer doble clic sobre él, se procederá a la instalación. Tras pulsar el botón Siguiente en la pantalla de bienvenida, en la siguiente pantalla se nos pide el directorio o carpeta donde deseamos instalar PostgreSQL.

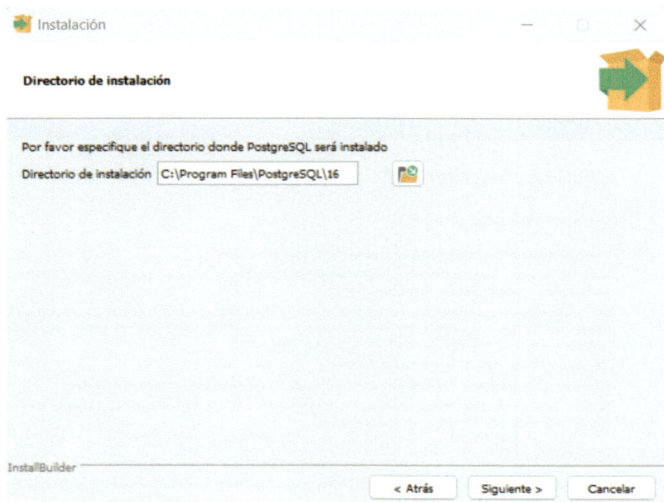

Figura 4. Selección de la carpeta de instalación.

A continuación, se pide seleccionar los componentes que se desean instalar. Dejaremos marcados todos ellos.

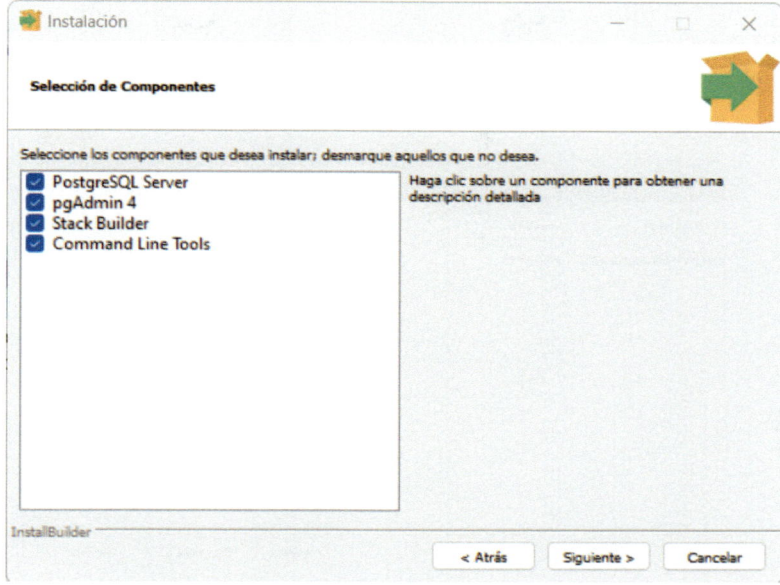

Figura 5. Selección de componentes que se desean instalar.

Luego se solicita indicar el directorio o carpeta donde se almacenarán los datos. Podemos dejar el directorio que aparece por defecto.

Figura 6. Selección de la carpeta donde se almacenarán los datos.

En la siguiente pantalla se nos pedirá introducir dos veces la contraseña para el usuario de la base de datos *postgres*. Podemos poner, por ejemplo, la contraseña 12345678.

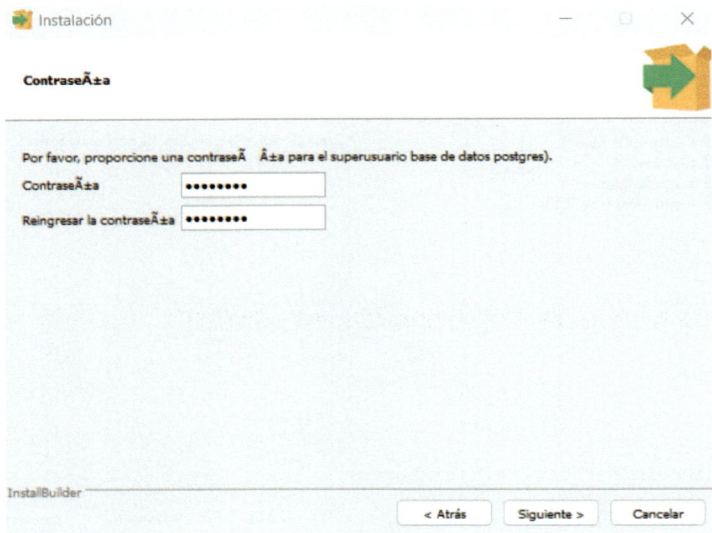

Figura 7. Introducción de la contraseña para el usuario *postgres*.

Mantenemos el número de puerto por defecto que escuchará el servidor (el 5432).

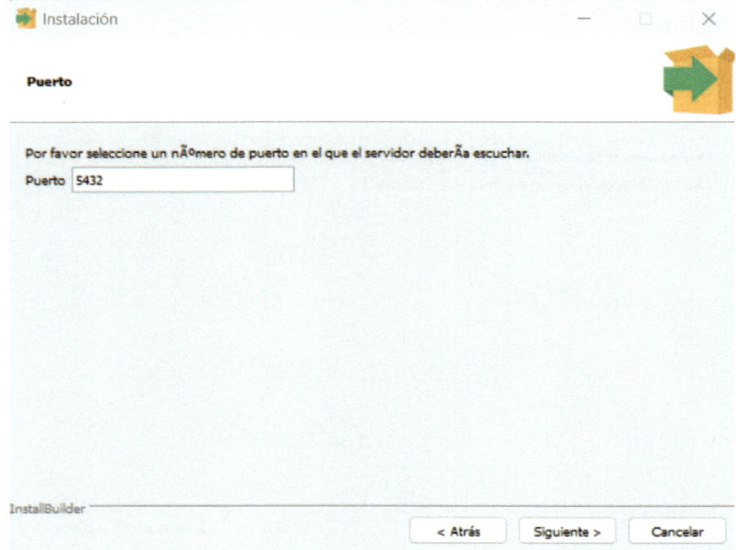

Figura 8. Introducción del puerto que escuchará el servidor.

Luego se nos pide indicar la configuración regional que se desea para la base de datos. Vamos a elegir la configuración regional por defecto.

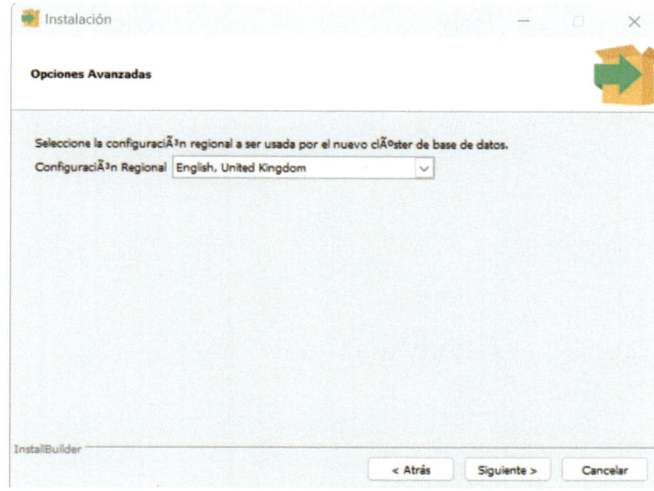

Figura 9. Introducción de la configuración regional.

En la siguiente pantalla se mostrarán los parámetros que se van a utilizar para la instalación:

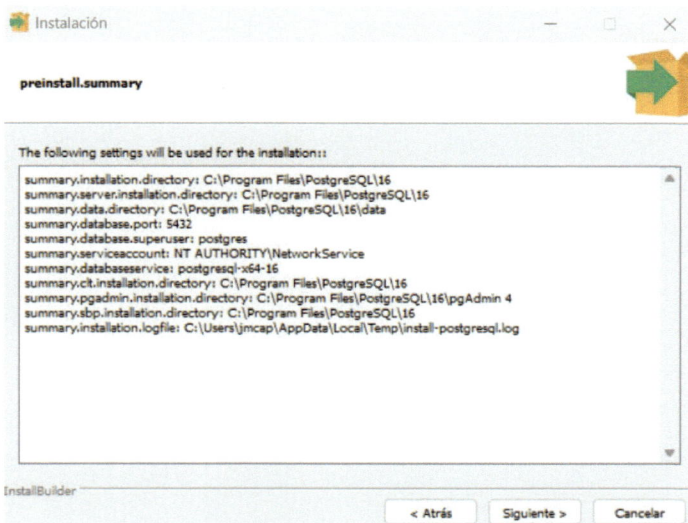

Figura 10. Indicación de parámetros que se usarán para la instalación.

Tras hacer clic en el botón Siguiente de esta pantalla y en el de la siguiente, se procederá a la instalación.

Bibliografía

Khoshafian, S.; Abnous, R. *Object Orientation. Concepts, Languages, Databases, User Interfaces*. John Wiley & Sons, 1990.

Piñeiro, J. M. *Bases de datos relacionales y modelado de datos*. Paraninfo, 2025.

Silberschatz, A.; Korth, H. F.; Sudarshan, S. *Fundamentos de bases de datos*. McGraw-Hill. Madrid, 2002.

Páginas web

The PostgreSQL Global Development Group (s.f.). *PostgreSQL 16.3 Documentation*. https://www.postgresql.org/docs/16/